·教育部人文社会科学重点研究基地重大项目
（编号：ILJJD0790040）

中央企业深化改革研究

潘　石　王子林　等著

中国财经出版传媒集团

经济科学出版社
Economic Science Press

图书在版编目（CIP）数据

中央企业深化改革研究/潘石，王子林，等著．
—北京：经济科学出版社，2017.3
ISBN 978 - 7 - 5141 - 7775 - 6

Ⅰ.①中…　Ⅱ.①潘…②王…　Ⅲ.①国有企业 –
经济体制改革 – 研究 – 中国　Ⅳ.①F279.241

中国版本图书馆 CIP 数据核字（2017）第 029983 号

责任编辑：于海汛　宋　涛
责任校对：王苗苗
责任印制：潘泽新

中央企业深化改革研究
潘　石　王子林　等著
经济科学出版社出版、发行　新华书店经销
社址：北京市海淀区阜成路甲 28 号　邮编：100142
总编部电话：010 - 88191217　发行部电话：010 - 88191522
网址：www. esp. com. cn
电子邮件：esp@ esp. com. cn
天猫网店：经济科学出版社旗舰店
网址：http://jjkxcbs. tmall. com
北京汉德鼎印刷有限公司印刷
三河市华玉装订厂装订
710 × 1000　16 开　15.25 印张　280000 字
2017 年 3 月第 1 版　2017 年 3 月第 1 次印刷
ISBN 978 - 7 - 5141 - 7775 - 6　定价：46.00 元
（图书出现印装问题，本社负责调换。电话：010 - 88191510）
（版权所有　侵权必究　举报电话：010 - 88191586
电子邮箱：dbts@ esp. com. cn）

课　题　组

课题负责人　潘　石
课题组成员　王子林　庞长亮　赵岳阳
　　　　　　　廖红伟　张炳雷　潘国刚

目　　录

第一章　毛泽东国有企业经营管理及改革思想论析 ……………… 1
　　第一节　创造性践行马克思关于"剥夺剥夺者"理论，建立
　　　　　　中国社会主义国有经济 ………………………………… 1
　　第二节　毛泽东的国有企业经营管理思想 …………………… 5
　　第三节　毛泽东对国有企业改革的探索 ……………… 17
　　参考文献 …………………………………………………… 25

第二章　中央企业改革发展目标：国际"一流"企业 ………… 27
　　第一节　中央企业改革发展目标应避免三个"陷阱" ……… 27
　　第二节　中央企业改革发展战略目标选择 ………………… 33
　　参考文献 …………………………………………………… 38

第三章　论中央企业深化改革与科学发展 …………………… 39
　　第一节　深化改革绝不是改掉国有企业 …………………… 39
　　第二节　深化改革：中央企业可持续发展的动力机制 …… 42
　　第三节　中央企业的科学发展与转变发展方式 ………… 46
　　参考文献 …………………………………………………… 48

第四章　中央企业治理结构创新与优化 ……………………… 49
　　第一节　国有企业治理结构改革和演变的路径 ………… 50
　　第二节　中央企业公司治理结构的现状 ………………… 55
　　第三节　中央企业公司治理结构存在的问题 …………… 60
　　第四节　中央企业公司治理结构优化创新的思想桎梏及突破 … 66
　　第五节　中央企业公司治理结构优化创新的政策构想 … 73
　　参考文献 …………………………………………………… 80

第五章　中央企业战略性调整与重组 …………………………………… 81

　　第一节　中央企业战略调整与重组的现状分析 …………………… 81

　　第二节　中央企业战略调整与重组：要不要继续进行？ ………… 88

　　第三节　中央企业战略调整与重组若干理论问题探析 …………… 90

　　第四节　推进中央企业战略调整与重组的路径与对策思考 ……… 95

　　参考文献 ……………………………………………………………… 98

第六章　中央企业内含集约发展研究 ………………………………… 100

　　第一节　关于"内含""集约"发展的理论认识 ………………… 101

　　第二节　外延增长与粗放经营：中国中央企业发展模式的典型特征 …… 105

　　第三节　中央企业由外延与粗放发展方式向内含与集约发展

　　　　　　方式转变的难点及对策 ……………………………………… 111

　　参考文献 ……………………………………………………………… 121

第七章　中央企业社会责任问题研究 ………………………………… 123

　　第一节　中央企业社会责任内涵分析 ……………………………… 123

　　第二节　中央企业社会责任与私营企业社会责任之比较 ……… 129

　　第三节　中央企业社会责任制度化 ………………………………… 134

　　第四节　中央企业社会责任的评价与监管体系 ………………… 138

　　第五节　当前中央企业履行社会责任中值得注意的几个问题 … 143

　　参考文献 ……………………………………………………………… 146

第八章　将中央企业收入分配装进根本收入分配制度的笼子 ……… 147

　　第一节　将中央企业收入分配装进"制度笼子"的理论依据 …… 147

　　第二节　将中央企业收入分配装进制度笼子的现实性 ………… 151

　　第三节　中央企业收入分配未被关进按劳分配为主体、多种分配

　　　　　　方式并存的根本分配制度笼子的主要表现及原因 …… 154

　　第四节　将中央企业收入分配装进根本收入分配制度笼子的

　　　　　　路径与建议 ……………………………………………………… 160

　　参考文献 ……………………………………………………………… 168

第九章　中央企业资产管理体制改革深化 …………………………… 170

　　第一节　中央企业资产管理体制的形成与演进 ………………… 170

第二节　中央企业资产管理体制的缺陷 ……………………………… 176

第三节　建立防止国有资产流失的长效机制 …………………………… 179

第四节　构建国有资产保值增值的新体制 ……………………………… 184

参考文献 …………………………………………………………………… 192

第十章　第二次世界大战后日本国有企业私有化的特点、后果
　　　　评析及启示 ………………………………………………………… 193

第一节　"国有企业"概念及"私有化"之界定 ………………………… 193

第二节　日本国有企业"私有化"的背景与特点 ………………………… 194

第三节　日本国有企业私有化后果评析及启示 ………………………… 196

参考文献 …………………………………………………………………… 201

第十一章　中央企业海外投资的困境与对策研究 ………………………… 202

第一节　社会责任缺失制约着国有企业海外投资的成功 ……………… 202

第二节　社会责任缺失的根源在于改革过程中的制度缺失 …………… 204

第三节　解决国有企业海外投资过程中社会责任缺失的途径 ………… 205

第四节　中央国有企业海外投资所面临的困境 ………………………… 207

第五节　解决中央国有企业海外投资困境的对策 ……………………… 211

参考文献 …………………………………………………………………… 214

第十二章　提升国际竞争力，有效开发利用国外资源 …………………… 215

第一节　企业国际竞争力与相关概念分析 ……………………………… 215

第二节　影响中央企业提升国际竞争力的因素与机制分析 …………… 223

第三节　有效利用国外资源：建设世界强国富国的要求 ……………… 232

参考文献 …………………………………………………………………… 235

第一章

毛泽东国有企业经营管理及改革思想论析

毛泽东经济思想是建设中国特色社会主义理论体系的坚实基础与根本指南。建立与发展国有经济并对国有企业进行改革是毛泽东经济思想的重要组成部分。毛泽东在领导中国革命与建设过程中，紧密结合中国实际，创造性地运用马克思主义关于"剥夺剥夺者"的理论，对官僚资本进行无偿没收，对民族资本实行和平赎买，丰富与发展了马克思主义国有经济理论。毛泽东关于国有经济性质、地位、作用的论述以及国有企业如何经营管理和改革的探索，都对当今中国国有企业改革与发展具有重大指导意义。

毛泽东同志不仅是伟大的无产阶级革命家，也是杰出的马克思主义经济学家。他在领导中国人民进行社会主义革命和建设的过程中，坚持马克思主义基本原理与中国实际相结合，创造性地丰富与发展了马克思主义，形成了伟大的毛泽东思想。其中，建立与发展国有经济思想是毛泽东思想的重要组成部分。值此中国国有企业历经 30 年改革取得巨大成就，面临深化改革攻坚克难阶段，学习毛泽东同志关于中国建立国有经济之必然性、性质、地位、作用等论述，研究毛泽东关于国有企业如何经营管理及进行改革的探索，无疑对当今中国深化国有企业改革，推动国有企业健康可持续发展，都具有重大指导意义。

第一节 创造性践行马克思关于"剥夺剥夺者"理论，建立中国社会主义国有经济

马克思在《资本论》中通过对资本主义积累历史趋势的分析，提出了著名的"剥夺者被剥夺"的理论，亦称"资本主义丧钟论"。他指出："一旦资本主义生产方式站稳脚跟，劳动的进一步社会化，土地和其他生产资料的进一步转化为社会使用的即公共的生产资料，从而对私有者的进一步剥夺，就会采取新的形式。现在要剥夺的已经不再是独立经营的劳动者，而是剥削许多工人的资本家了。……资

本的垄断成了与这种垄断一起并在这种垄断之下繁盛起来的生产方式的桎梏。生产资料的集中和劳动的社会化，达到了同它们的资本主义外壳不能相容的地步。这个外壳就要炸毁了，资本主义私有制的丧钟就要响了。剥夺者就要被剥夺了。"[1]马克思的上述论断科学地揭示了资本主义私有制被社会主义公有制所取代的历史必然性，不仅从理论上敲响资本主义制度的丧钟，而且在实践上极大地鼓舞了无产阶级的革命斗争，指导他们顺应生产资料和劳动社会化要求，剥夺剥夺者即对资产阶级占有的生产资料进行剥夺，建立社会主义制度。

在中国，无产阶级和广大劳动群众完成"剥夺剥夺者"任务，是通过无偿没收官僚资本及和平赎买民族资本来实现的。

一、没收官僚资本，建立社会主义国有经济，掌握国家的经济命脉

这个过程是在中国民主革命过程中，伴随解放战争取得胜利实现和完成的。解放大军每攻占一个城市便庄严宣告：官僚买办资产阶级所占有的一切生产资料和财产，无偿收归国有。

由于旧中国是半殖民地半封建社会，所以毛泽东同志认为没收官僚资本是新民主主义革命的三大经济纲领之一，也是建立社会主义的基础与前提。1945年4月，毛泽东在《论联合政府》中谈到共产党的一般纲领时指出："没有一个新民主主义的联合统一的国家，没有新民主主义的国家经营的发展，没有私人资本主义经济和合作社经济的发展，没有民族的科学的大众的文化即新民主主义文化的发展，没有几万万人民的个性的解放和个性的发展，一句话，没有一个由共产党领导的新式的资产阶级的彻底的民主革命，要想在半殖民地半封建废墟上建立起社会主义来，那只是完全的空想。"[2]1947年12月，毛泽东在《目前的形势和我们的任务》中，明确提出新民主主义革命三大经济纲领，将"没收蒋介石、宋子文、孔祥熙、陈立夫为首的垄断资本归新民主主义国家所有"[3]确定为三大经济纲领之一。

毛泽东科学地分析了官僚资本的性质、特点与作用，指明没收官僚资本的必要性与意义。毛泽东在《目前形势和我们的任务》中指出："蒋宋孔陈四大家族，在他们当权的20年中，已经集中了价值达一百万万到二百万万美元的巨大财产，垄断了全国的经济命脉。这个垄断资本，和国家政权结合在一起，成为国家垄断资本主义。这个垄断资本主义，同外国帝国主义、本国地主阶级和旧式富农密切地结合着，成为买办的封建的国家垄断资本主义。这就是蒋介石反动政权的经济基础。"[4]从上可见，旧中国官僚资本一是具封建买办性；二是具有垄断资本性；三是具有国家性。正是由于中国官僚资本具有上述性质与特点，所以没收

官僚资本具有多重意义：一是就其消灭封建买办性来讲，它具有民主革命的性质，因为消灭封建地主阶级和买办势力是民主革命的根本任务；二是就其消灭垄断资本性来讲，就是剥夺垄断资产阶级的生产资料和财产，又具有社会主义革命的性质，因为剥夺垄断资产阶级生产资料和财产的任务与过程，是建立社会主义制度的一项重要任务。三是由于旧中国这个垄断资本不是一般垄断资本，而是国家垄断资本，具有国家性，同国家政权结合在一起，控制着全国的经济命脉，因此没收官僚资本，就等于从根本上消灭了蒋介石反动政权的经济基础，建立起社会主义国家所有制经济，奠定社会主义国家政权的重要经济基础。

通过没收官僚资本建立起来的国有经济是社会主义性质的经济，它在整个国民经济中所占比重虽然不大，只占总产值的10%左右，但是由于它高度集中，掌握国民经济命脉，因而是领导力量或领导成分。毛泽东在著名的《新民主主义论》中明确指出："在中国建立这样的共和国，它在政治上必须是新民主主义的，在经济上也必须是新民主主义的。大银行、大工业、大商业，归这个共和国的国家所有。凡本国人及外国人之企业，或有独占之性质，或规模过大为私人之力所不能办者，如银行、铁道、航空之属，由国家经营管理之；……在无产阶级领导下的新民主主义共和国的国营经济是社会主义的性质，是整个国民经济的领导力量。"[5]

新中国成立前夕，毛泽东又在中国共产党第七届中央委员会第二次全体会议上的报告中明确指出："中国的现代性工业的产值虽然只占国民经济总产值的百分之十左右，但是它却极为集中，最大的和最主要的资本是集中在帝国主义者及其走狗中国官僚资产阶级的手里。没收这些资本归无产阶级领导的人民共和国所有，使人民共和国掌握了国家的经济命脉，使国营经济成为整个国民经济的领导成分。"[6]首先，它要领导合作社经济和个体经济。毛泽东明确指出："单有国营经济而没有合作社经济，我们就不可能领导劳动人民的个体经济逐步地走向集体化，就不可能由新民主主义社会发展到将来的社会主义社会，就不可能巩固无产阶级在国家政权中的领导权。谁要是忽视或轻视了这一点，谁就要犯绝大的错误。"[7]其次，领导私人资本主义经济。毛泽东指出："由于中国经济现在还处于落后状态，在革命胜利以后一个相当长的时期内，还需要尽可能地利用城乡私人资本主义的积极性，以利于国民经济的向前发展"[8]并特别强调："为了整个国民经济的利益，为了工人阶级和劳动人民现在和将来的利益，决不可以对私人资本主义经济限制得太大太死，必须容许它们在人民共和国的经济政策和经济计划的轨道内有存在和发展的余地，"[9]"争取国营经济对私人经济的领导，造成将来发展到社会主义的前提。"[10]最后，国有经济的"领导"作用实现的根本条件内涵是掌握国民经济命脉，"使私有资本制度不能操纵国民之生计"，[11] "决不能让少数资本家少数地主'操纵国民生计'，决不能建立欧美式资本主义社会，也决不能还是旧的半封建社会。"[12]

由上可见，毛泽东这里讲的"领导"作用，即引领与导向作用，是指国有经济在与其他经济成分共同存在与发展中起引领与导向作用，而不是直接干预其他经济成分，更不是否定与取代其他经济成分。

毛泽东关于上述国有经济在多种经济成分共同存在与发展中起领导作用的思想，无疑对当今我国如何对待国有经济，具有重大指导作用。当今的国有企业改革不仅不能改掉国有企业，即从国民经济中"完全退出"，而且要坚持其在国民经济发展中起"领导"作用。如果改掉了国有经济，国民经济发展失去了"领导力量"，社会主义国家政权便由于失去了主要经济基础而改变性质或发生灭亡。

二、和平赎买民族资本，壮大国有经济

所谓和平赎买，就是用和平的手段有偿地剥夺民族资产阶级所占有的生产资料和财产的一种方式。它是中国无产阶级在夺取国家政权以后，依靠国家政权的力量，在国有经济控制与掌握国民经济命脉的条件下，对民族资本实行剥夺，将民族资本主义工商业企业改造成社会主义国有企业的过程。

1953 年 8 月，毛泽东同提出了党在过渡时期的总路线，那就是：从中华人民共和国成立，到社会主义改造基本完成，这是一个过渡时期。党在这个过渡时期的总路线和总任务，是要在一个相当长的时期内，基本上实现国家工业化和对农业、手工业、资本主义工商业的社会主义改造。毛泽东明确地把对资本主义工商业的社会主义改造纳入过渡时期党的总路线，并由此开启了对民族资本实行和平赎买的进程。

采取什么办法实现对民资本主义工商业的社会主义改造呢？毛泽东于 1953 年 9 月 7 日国民主党派和工商界部分代表谈话时明确指出："国家资本主义是改造资本主义工商业和逐步完成社会主义过渡的必经之路"，"经过国家资本主义，完成由资本主义到社会主义的改造。"并对国家资本主义的性质做了明确科学的界定，指出："它已经不是普通的资本主义经济，而是一种特殊的资本主义经济，即新式的国家资本主义经济。同时，他还强调这种新式国家资本主义经济是带着很大的社会主义性质的，是对工人和国家有利的。"

通过国家资本主义对民族资本主义工商业进行社会主义改造，在我国采取了两步走：第一步，是工业上加工订货，统购包销及商业上代购代销，从流通领域限制资本主义的剥削；第二步是实行公私合营，进入生产领域对民族资产阶级的

生产资料和财产逐渐实行"剥夺"，改变企业的产权关系。在个别企业公私合营阶段，实行"四马分肥"的制度，即企业利润为四方分割：国家获所得税；职工得福利费；企业留得公积金；资方获红利。其中，国家所得税与职工福利已占到企业利润分配的 50% 左右。待进入全行业公私合营之后，"四马分配"制度就让位于定息制度。这时，民族资本家对企业生产资料和财产的所有权，仅仅表现在其按核定的私有股份取得固定股息上，企业的生产资料和财产则完全由国家所有和支配了。可见，全行业公私合营以后，企业则基本上是社会主义国有企业了。到 1956 年年底，全国实行全行业公私合营的企业已占私人企业总数的 99%，占私人企业生产总值的 99.6%，基本完成了对民族资本的社会主义改造。由此，国有经济进一步壮大。

从 1953 年开始到 1956 年年底，我国仅用三年多时间就胜利完成对民族资本的和平赎买，实现对资本主义工商业的社会主义改造，是毛泽东同志带领全国人民创造性践行马克思主义"剥夺剥夺者"理论的结果，丰富与发展了马克思主义国有经济思想与理论。在历史上，马克思和恩格斯都曾主张用赎买的办法剥夺资产阶级占有的生产资料。恩格斯说："我们决不认为，赎买在任何情况下都是不容许的；马克思曾向我讲过（并且讲过好多次！）他的意见：假如我们能用赎买摆脱这整个匪帮，那对于我们是最便宜不过的事情了。"[13] 列宁在十月革命后曾试图用和平赎买的办法，对那些"文明资本家"进行有偿剥夺，但由于资本家们的激烈抵抗而未能实行。毛泽东同志之所以在中国和平赎买民族资本取得成功，很重要的原因在于：一是科学地将中国的资本区分为官僚资本（亦称大资本）和民族资本（亦称中小资本）。二是科学地分析了中国民族资本的两面性：一方面它同帝、封、官有很大矛盾，同它进行一定程度的斗争，适应与促进社会生产力的发展；另一方面它又同帝、封、官有千丝万缕的联系，具有一定的软弱性及落后性，存在一定的阻碍社会生产力发展的状况。这两面性在新中国成立后，又决定并形成其在经济发展中的两重作用：既具有促进国民经济发展的积极作用，又具有不利于国民经济发展的消极作用。根据民族资本区别于官僚资本的上述两面性和双重作用，毛泽东创造性地运用赎买办法，实现了我国对民族资本的剥夺，这无疑是对马克思主义所有制理论的重大创新与发展，极大地丰富了社会主义国有经济的理论与实践。

第二节　毛泽东的国有企业经营管理思想

除了没收官僚资本、赎买民族资本，建立及壮大国有经济，国家从 1953 年起实行第一个五年计划，开始进行大规模投资，创办大型现代化国有企业。第一个五年计划，国家投资 156 个大项目，建设的几乎全部都是大型国有企业。以后，每个五年计划，国家都创办一批现代化国有企业，不仅填补了许多空白，形成了较完整的工业体系和社会主义商业网络，并且在农业中也创办了众多国有农场，使社会主义国有经济空前壮大起来。

对日益壮大发展的国有企业如何进行经营管理，毛泽东在领导全国人民进行社会主义建设的过程中，大胆实践，勇于探索，逐步形成了一整套经营管理思想体系和政策策略。

一、依靠工人阶级，让职工群众参与企业管理

毛泽东是尊重人民群众的伟大的人本主义先驱与典范。1956 年 11 月 15 日，毛泽东在中国共产党第八届中央委员会第二次全体会议上的讲话中指出："生产力有两项，一项是人，一项是工具。工具是人创造的。工具要革命，它会通过人来讲话，通过劳动者来讲话，破坏旧的生产关系，破坏旧的社会关系。"毛泽东总是把人作为生产力发展的决定因素，把人民群众作为推动人类社会变革与发展的根本动力。

依据上述人本主义思想，毛泽东同志明确提出社会主义国有企业"依靠工人阶级"，实行"党政工团统一领导"的思想。新中国成立不久，1951 年 2 月 18 日，毛泽东在《中共中央政治局扩大会议决议要点》中提出："向干部做教育，明确依靠工人阶级的思想"，"工厂内，以实现生产计划为中心，实行党政工团的统一领导。"他还具体指出："一个工厂内，行政工作、支部工作与职工会工作，必须统一于共同目标之下，这个共同目标就是以尽可能节省的成本（原料、工具及其他开支），制造尽可能多与尽可能好的产品，并在尽可能快与尽可能有利的条件下推销出去，这个成本少、产品好、推销快的任务是行政、支部、工会三方面三位一体的共同任务。"并特别强调："党与工会的任务就是保障生产计划的完成"。[14] 可见，企业党政工团的领导必须是保证企业经营共同目标的实现，否则就会成为空头领导。虽然今天国有企业已发生重大变化，但党组织与工会的保证作用，仍然是有重要使用价值的。

毛泽东还认为，参与企业管理是社会主义制度下劳动者的最大最根本的权利。针对社会上出现的否定劳动者参与企业管理的倾向，毛泽东尖锐指出："我们不能够把人民的权利问题了解为人民只能在某些人的管理下而享受劳动、教育、社会保险等权利；劳动者管理国家、管理各种企业、管理文化教育的权利，是社会主义制度下劳动者最大的权利，是最根本的权利，没有这个权利，就没有工作权、受教育权、休息权等等。"[15] 劳动者参与企业管理，是社会主义国有企业实现管理民主化，充分调动劳动者积极性与创造性，提高劳动生产率与经济效益的根本保证与决定性举措。在国有企业普遍推行股份公司制度条件下，如何更好地让一般劳动者或职工群众参与企业管理，参与企业重大生产经营决策，参与利益分配关系的决定，显得更加迫切和十分的必要。因为目前在许多国有大股份公司中，不仅劳动者参与企业管理的权利被取消了，甚至劳动者的主人翁地位也名存实亡了。

二、实行严格的经济核算制度

中央国有企业的生产是社会化大生产，其经营也是社会化经营，必须有极其严格的簿记与核算。马克思指出：生产经营"过程越是按社会的规模进行，越是失去纯粹个人的性质，作为对过程的控制和观念总结的簿记就越是必要；因此，簿记对资本主义生产，比对手工业和农民的分散生产更为必要，对公有生产，比对资本主义生产更为必要。"[16]

毛泽东创造性地发展了马克思主义的簿记与经济核算理论，早在1942年就提出："一切农工畜运商业实行企业化，建立经济核算制度"。[17] 为了更好地实行经济核算制度，毛泽东具体地提出了如下要求：（1）企业要独立进行资金核算。每个工厂"应有相当独立的资金（流动的和固定的），使它可以自己周转，而不致经常因资金困难，妨碍生产。"[18]（2）企业收支要按财会制度办事，"克服收支不清、手续不备的糊涂现象"。[19]（3）推行成本核算，"以尽可能节省成本。"[20]（4）企业要建立"节省原料和保护工具的制度，养成节省原料与爱护工具的习惯。"[21] 企业实行严格的经济核算制度的根本目的在于实现企业的发展目标，用毛泽东的话说："就是以尽可能节省的成本（原料、工具及其他开支）制造尽可能多与尽可能好的产品，并在尽可能快与尽可能有利条件下推销出去。"[22] 毛泽东的上述论述，虽然是针对新中国成立前边区工业企业的经营管理讲的，但对社会主义制度下国有企业经营管理依然是有效和适用的。

第一，要严格地进行资金核算，坚决反对花钱大手大脚，做到每花费一笔资金都要精打细算，把钱用在刀刃上，让每一笔钱都取得更大的收益。当今中国中央企业的资金管理漏洞百出，许多不该省的钱却没有省下，资金浪费现象异常严重。

第二，企业财务收支要坚决按财会制度办事，杜绝收支不清、手续不备的现象。当今中央企业并不是没有严格的财会制度，而是没有真正认真地按财会制度办事，如一些企业收入不入账，而入"小金库"；企业支出列虚假发票，由"一支笔"批准报销；这就会为一些人贪污、浪费打开了方便之门。

第三，要进行严格的成本核算，坚决反对滥摊成本的现象。成本核算的根本目的是尽可能节省成本，以增加企业盈利，使企业经济效益逐渐提高。当今，中国国有企业包括中央企业为了追求 GDP 增长，为了扩大企业规模，往往干些不计成本的傻事和蠢事。如搞一些"面子工程"、"形象工程"及"纯粹政治工程"等，既劳民伤财，又不能真正体现"企业社会责任"。为此，对中央企业的业绩考核，绝不能单以"产值论英雄"，而应把盈利指标的考核作为重要的考核，因为只有成本不断降低，企业盈利才会不断增加。所谓"滥摊成本"，就是企业把本不该计入企业生产经营成本的支出强行或偷偷列入成本项目的行为。把企业管理层尤其是高管人员吃、喝、玩、乐、游等项目花费以所谓"招待费"名义摊入企业生产经营成本，有的甚至将"公关"行贿等费用也列入成本，这在中央企业已成为一个心知肚明的"潜规则"。滥摊成本已成为中央企业滋生腐败的温床，引发职工群众痛恨与不满，必须坚决予以治理。

第四，建立科学的产品质量考核体系，全面提升产品质量。产品质量是企业的生命，只有不断提高产品质量才会使企业保持良好市场销路，才能使企来保持旺盛持久的生命力，才能使企业经久不衰，实现可持续发展。产品质量不合格或产品质量差是最大的浪费，因为在产品的研发、生产过程中已付出巨大的代价，耗费了大量人力、物力和财力。企业进行经济核算，其核心就是实现产品质量的节约，千方百计地减少废品率，尽可能减少残次品率，提高产品的性能与安全可靠性，延长产品的使用寿命。对企业来说，产品质量上的节约是最大的节约。据中国质量管理协会公布的数字，全国每年废品损失占工业总产值的 1.51%，按此比例推算，2012 年全国 GDP 是 519 322 万亿元，仅 2012 年的废品损失该是何等巨大！由此耗费的生产资料及能源的损失又该何等巨大！所以，中央企业必须狠抓产品质量的管理与核算，全面提升产品的质量。

三、贯彻勤俭节约的方针和原则

为了更好地实行经济核算，社会主义国有企业必须全面贯彻勤俭节约的方针和原则。1955 年 10 月 11 日，毛泽东在中国共产党第七届中央委员会扩大的第 6 次全体会议上对农业合作化过程中出现"勤俭办社"的口号给予充分肯定，认为"这个口号很好"，并深刻指出："要提倡勤俭持家，勤俭办社，勤俭建国。我们的国家一要勤，二要俭，不要懒，不要豪华。懒则衰，就不好。要勤俭办社，就要提高劳动生产率，严格节约，降低成本，实行经济核算，反对铺张浪费。提高劳动生产率，降低成本，是任何一个合作社都必须要做的工作。至于经济核算，那就是要逐步来。合作社办大了，没有经济核算那是不行的，要逐步学会经济核算。"这里勤俭建国绝不仅仅包括勤俭办社，也应包括勤俭办厂、勤俭办企业。不久，毛泽东在《中国农村的社会主义高潮》的按语（二十八）中就明确指出："勤俭办工厂，勤俭办商店，勤俭办一切国营事业和合作事业，什么事情都应当执行勤俭的原则。" 1957 年 2 月 27 日，毛泽东在最高国务会议第十一次（扩大）会议上所做的《关于正确处理人民内部矛盾的问题》报告中明确要求"在全国各个方面提倡节约，反对浪费"，并明确将其上升为建国方针："要使我国富强起来，需要几十年艰苦奋斗的时间，其中包括执行厉行节约、反对浪费这样一个勤俭建国的方针"。

当今中国国有企业贯彻执行厉行节约、反对浪费这样一个勤俭建国的方针尤为必要、尤为迫切。因为当今中国国有企业的铺张浪费现象实在是相当严重。

（一）资源利用率低

造成资源损失浪费。据国家统计局的最新统计，我国共、伴生矿产资源综合利用率仅为 20%，矿产资源总回收率只有 30%，[23]而国外先进水平则在 50% 以上。每年矿产资源开发损失约 780 多亿元。我国铜铅锌矿伴生金属冶炼回收率为 50% ~ 60%，伴生银的选矿回收率只有 60% ~ 70%，与国外先进水平相比均落后 10 个百分点。2001 年，我国的"三废"资源的综合利用率很低。钢渣、粉煤灰、煤矸石等综合利用率分别只有 83.7%、47.9% 和 38%，[24]10 年后的今天，这种状况尚无根本性提高与改观。而如今国外先进水平则是基本完全利用。[25]据估算，全国每年大约有上千亿元的宝贵资源被作为"三废"浪费掉了。

（二）能源利用率低，造成能源损失浪费

我国单位产值能耗是发达国家的 3 ~ 4 倍，主要工业产品单位能耗比国外高 40%，能源平均利用率只有 30% 左右，而发达国家均在 40% 以上，美国、日本均在 50% 左右。作为能源结构主体的煤炭热效率仅为 20% ~ 30%，而许多发达国家则达到 40% ~ 50%。[26]例如，中国华能集团这个著名大央企，其单位供电煤耗比德国和法国高 10 克左右，厂用电率比国际先进水平高出 0.67 ~ 1.62 个百分点；中国石化集团多数炼油企业能耗 68.59 千克标油/吨，而世界先进水平则是 53.2 千克标油/吨，差距为 15.39 千克标油/吨。[27]

（三）重复建设和重复引进，造成损失浪费

重复建设是计划经济体制下"诸侯经济"竞相投资的一种"顽疾"，在市场

经济条件下不仅未能得到有效抑制与治理，反而愈演愈烈。20 世纪 80 ~ 90 年代，各地竞相引进建设家电生产线，数量高达数十条。90 年代以后，国内"家电大战"硝烟四起，经过几年的恶性竞争，一大批家电企业被市场所淘汰，造成数千亿元资产的浪费与损失。其苦果尚未尝尽，新一轮重复引进、重复建设的激战又起。全国各省、市都争上汽车生产线，都将汽车产业作为本省、市支柱产业，全国汽车厂家达 100 多家，汽车产销量逼近 2 000 万辆。为了争夺市场，各家竞相降价促销，最高单车直降近 10 万元。这其中虽然有少数民营企业加入，但主体是国有及国有控股企业，自相残杀。所赚利润又有相当大部分被外方拿走，中方所得利润甚少。业内人士认为，中国汽车市场无序竞争的局面，必然"重新洗牌"，淘汰一批低水平重复的产能。美国、日本、德国等汽车大国 80% ~ 90% 的产量均集中在 3 ~ 5 家大企业，产业集中度很高。按照美、日、德的汽车产业集中度，中国汽车厂要经过残酷的竞争淘汰 100 多家，这该会有多大的浪费！

（四）产能过剩造成损失与浪费

受利润率规律的支配与驱使，国有企业为了追逐与实现利润最大化，什么赚钱大家争着上，你上汽车我也上汽车，你上电器我也上电器，结果使产业超过市场需求，这就必然带来产能过剩，大量生产能力闲置，形成产品积压，造成损失与浪费。

据资料显示，全国 900 多种主要工业品生产能力利用率在 60% 以下，彩电、冰箱、洗衣机等家电生产能力闲置达 1/2，钢铁生产能力已超过 2 亿吨，现生产能力利用率不足 60%。由于经济危机，外贸外运大受冲击，中国集装箱生产有 40% 以上的生产能力被闲置，中国远洋集团已连续 3 年严重亏损。自行车行业约有 1/3 生产能力被闲置，发电设备、日用铝制品、复印机、农药、录像机、内燃机、金属切削机床、水泥、玻璃、机械制造等生产能力利用率均在 1/3 ~ 1/2 之间，最低者只有百分之几。据有色金属工业协会统计，2012 年我国电解铝产能已超过 2 700 万吨，产量却只有 2 000 万吨，行业亏损面达 93%。据统计，到 2015 年全国新老产能总量将达 4 000 万吨以上，远远超过"十二五"规划目标 2 400 万吨的产量。2012 年全国市场消费 1 902 万吨，即使原铝消费每年增长 9%，产能过剩也极为严重。[28] 据中广网北京 2013 年 6 月 17 日报道，2010 年，我国的味精产量已达 256 万吨，但国内消费只有 140 万吨，国际市场业已饱和，产能过剩已成定局。让很多人想象不到的是，该行业既是一个高能耗、高粮耗、高污染大户，也是废水排放大户，3 ~ 5 年内尚无法淘汰。生产能力过剩，必然形成设备闲置与产品积压，严重影响企业经济效益，甚至引致企业破产。

（五）"地王圈地"造成大量土地资源闲置浪费

在当今土地拍卖大战中，国有企业屡屡胜出，媒体频频曝出大国企成为"地王"的消息。自 2007 年以后，有 70% 以上的土地拍卖中，国有企业夺得"地王"宝座。之所以大国企成为"地王"，背后是国有或国有控股的大银行在支撑。因其购地的十几亿元或几十亿元的资金均为国有大银行提供的贷款，或股市上的融资。大国企的融资条件及融资成本远比民营企业优越得多，且还款能力更强，自然要偏向支持大国企拿地。房地产业大国企往往又是圈地大户、囤地大户，许多地块不能及时开发建房，造成土地闲置。如保利地产 2007 年在广州高价拍得两块土地后，长期搁置，迟迟不予开发，而此间却又投入 80 亿元开发其在北京的房地产。截至 2011 年 11 月，保利地产的土地储备居内地房地产企业之首，多达 3 369 万平方米。[29]再据《每日经济新闻》2013 年 7 月 24 日报道：中粮地产以 23.6 亿元的价格一举拿下北京朝阳区孙河西甸村 HIj 地块，剔除保障房部分折合楼面价高达 4.6 万/平方米，刷新了北京单价"地王"。

（六）人才流失造成人力资源损失浪费

中国社会调查事务所（SSIC）曾对北京、上海、重庆、广州等城市的 500 家大中型国有企业进行了问卷调查，得出结论：国有企业人才流失严重，尤其是中青年科技骨干流失已对国有企业发展造成严重影响。调查显示，在过去 5 年，被调查企业共引入各类科技人才 7 813 人，流出各类科技人才 5 521 人，流出引入比达到 0.71。人才流失最严重的一家企业的流出引入比高达 1.79，即每引进一个科技人才，该企业就要流出 1.79 名人才。人才流动到外企及合资企业的比例达到 54.7%，流动到私营企业的占 25.4%，且流出的人才大都是 40 岁以下的科技骨干，一般都有自己的专长，有良好的素质与外语水平，正是个人事业及对企业发展做贡献的黄金时期，此时流向外企及民营企业，对国有企业来说则是巨大的损失与浪费。由于近年来中央国有企业工资与福利大幅提升，出现一些科技人员回流的势头。

（七）管理失误或管理混乱造成损失浪费

国有企业的损失与浪费，在很大程度上都与管理失误或管理混乱有关。重复建设、过度囤地，资源利用率过低，能源消耗过高，无不是管理不到位、水平低下的结果。在 20 世纪 90 年代，国家计委对 2 586 户国有工业亏损企业的调查表明，由于管理原因造成企业亏损的有 2 120 户，占 81.7%。在这 2 120 户亏损企业中，由于管理混乱、制度松弛、浪费严重而造成亏损的企业达 697 户，占总调查数的 33.17%。2008 年 4 月，中国储备粮管理总公司，未经批准将"河北三河糙米物流"项目变更为精米加工项目，导致计划配套的糙米加工项目不能如期正常投产，因无法获得粮源，投产率仅为 29%。截至 2012 年年底，中储粮（三河）米业公司累计亏损 4 033 万元。[30] 进入 21 世纪后，中国国有企业大举进军海外，在海外投资失败中蒙受巨大损失，无不是由国企管理层决策失误或管理失当造成的。中国远洋由于海外扩张决策失算。继 2011 年净亏损 104 亿元之后，2012 年再亏损 95 亿元，蝉联亏损冠军，紧随其后的中国铝业、中国中冶、ST 鞍钢、马钢股份、山东钢铁、安阳钢铁、ST 锌业、华菱钢铁、ST 二重工，去年净亏损近 500 亿元。2016 年一季度 88 个 ST 公司中，有 20 家连续两年亏损，其中中央国有企业就占到 13 家，占比高达 65%。[31] 据 2012 年审计报告披露：中央企业有 1 784 项重大决策不合规，形成损失及潜在损失 45.57 亿元。从审计调查的 53 户中央骨干企业看，45 个项目未经国家有关部门批准就先行建设。尽管企业亏损有多种原因，但管理体制漏洞、管理机制不健全、管理层素质不高及管理程序不规范等至今仍是造成国有企业损失浪费严重的根本因素。因此，要从根本上遏制国有企业的浪费现象，一定要加大国有企业管理体制与机制改革的力度，强化国有企业的体制与机制建设，实现企业管理的民主化、科学化与规范化。

（八）"三公消费"过度增长造成损失与浪费

讲排场，比阔气，大吃大喝，铺张浪费，追求享乐主义，追求奢靡生活方式，如今已成为"三公消费"迅猛增长的重要原因，是勤俭办企业的大敌，更是勤俭建国的公敌。有人估计，当今中国的"三公消费"总额超过 1 万亿元，显然增长过快、过度。这虽然不能通通记在国有企业头上，但无可否认，国有企业要占相当大部分。国有企业的公款旅游、公费出国、公款消费、公款吃喝、公车私用等在各种经济成分中是居前列的，并且有增无减，仅中央企业五大建筑公司 1 年的吃喝送礼费用就达 22 亿元。其中，中国交建总公司 2012 年的招待费增速是其利润的 7 倍。[32] 一桌招待宴会几千元，甚至上万元，高档烟、茅台和五粮液酒请客送礼，如闻名的中石化"天价酒"事件等，曾是一些大国企"搞关系"的"正常行为"，致使企业招待费高得惊人。2012 年，中国铁建总公司的招待费达 8 亿多元，中国交通总公司的招待费也达 7.79 亿元。中国水电总公司的招待费为 3.43 亿元。上海建工、葛洲坝、中国北车、金隅股份等大国企的招待费也超过 1 亿元。[33] 超标配置高档豪华车，已是司空见惯。如河南周口烟草公司本在 3 年前已更换了用车，需要在 8 年后才能更换公用车，但在 2013 年却又花 600 万元购买 39 辆豪华车，凭借垄断地位获取垄断利益，花钱大手大脚，由此可见一斑。[34] 至于修豪华办公楼、办公室、比排场、讲阔气，更是平常之事；甚至个别国企领导人赴国外公款赌博和逛色情场所等，真可谓穷奢极欲，触目惊心！

（九）改革中国有资产流失而形成损失浪费

国有企业改革及其深化，国有企业兼并重组及破产倒闭，工人下岗失业都必须付出一定代价，支付必要的成本。这个成本要尽可能降低，超过必要的成本界限就为损失与浪费。如果企业遵循合法程序进行破产，资产合理作价，职工得到合理安置，这样付出的代价就为合理的成本与代价。但是，在国有企业改革中，众多企业被无端贱卖，甚至以极其低廉的价格被管理层收购；在所谓"靓女先嫁"理念支配下众多质量与效益均尚佳的国有企业被拱手送给私营企业老板；这都是国有资产的流失与损失。2006 年，李炳炎先生在其著作《共同富裕经济学》一书中估计，改革开放二十多年，国有企业有 5 000 万职工下岗失业，国有资产流失 4 万多亿元。[35] 现中国国有企业改革已近 35 年，国有资产流失到底有多少尚无具体准确的数字，但肯定要比上述数字大得多！

如今中国国有企业已拥有几十万亿元资产，可算是"家大业大"。如何经营管理好这么大的国有资产，确保其不断保值增值，切不可以为"浪费点没啥"。倘若浪费 1% 的话，也是几千亿元，不可谓不触目惊心！反过来，如果能节约 1% 的话，其收益也是相当可观！所以，厉行节约，勤俭办企业，实行严格的经济核算，对国有企业的发展是何等重要！

四、用"股份合作社方式"经营管理"公营工厂和农场"

对解放区的公营企业如何进行经营管理，毛泽东是有十分独到的见解与设想的。早在 1943 年 10 月，他在边区高级干部会议上的《论合作社》的报告中充分肯定了股份合作社的生产经营模式，指出："今年边区在发展生产上，又来了一个革命，这就是用合作社的方式，把公私劳动力组织起来，发动了群众生产的积极性，提高了劳动效率，大大发展了生产。"[36] 毛泽东以杨家岭运输合作社为例，说明股份合作社的经营管理方式及其变化。

杨家岭股份合作社原为杨家岭运输队，按如下原则改为股份合作社：公家以大车 8 辆，驮骡 20 头及全部用具作为 80 股，运输员 20 名以其身份股名义作为20 股，共 100 股，实行"每月按股数二八分红；一切人员、牲口、添置等费用开支，概由合作社自行解决"，[37] 这种股份合作社显然是以生产资料公有制为基础的自负盈亏的生产经营组织，社员们按身份股来参与"分红"，无疑是具有按劳分配因素的社会主义分配方式。在实行股份合作社之前，杨家运输队效率很低，其经营开支除按标准供给外，边区政府还要倒贴6万元之多。改为股份合作社后，每月的运输量由原来的19万斤剧增到38万斤，同时"大大提高运输员对工作的责任心和积极性，节省了许多经费和工具，又更加爱护牲口"，[38]使运输开支节省1/3，不仅不要公家倒贴，而且每月获利数万元。在当时边区，凡是推行这种股份合作社方式的生产单位都"获得了很大的效果"，因此毛泽东积极建议推广这种生产经营方式："请大家考虑这种合作办法，是否可以广泛运用于我们的公营工厂及公营农场"，[39]并强调说："我愿各地同志注意提倡合作社的生产"。[40]

　　毛泽东上述关于公营经济可以用"股份合作社"方式进行经营管理的思想，完全是毛泽东同志结合中国根据地实际进行的一种创造。马克思、恩格斯和列宁等经典作家都对合作社问题有许多精辟论述，可以说已形成了一套完整的合作经济理论，但用股份合作社的方式来经营管理公有制企业，则是对马克思主义合作经济理论的一个巨大丰富和创造。毫无疑问，它对指导当今中国国有企业进一步深化改革，实现可持续发展，具有重大的指导意义。

五、工厂组织企业化

　　公有工厂内部组织机构如何建立与管理，直接关乎企业管理的效率，直接关乎企业的经济效益。因此，毛泽东同志历来主张精简机构，提高组织机构效率，不仅政府机关如此，工厂企业内部也要如此。

　　早在根据地建设中，毛泽东就明确指出：边区公营工厂内部组织一定要实行"企业化"管理。针对当时工厂内组织普遍存现"机关化"倾向，他明确提出要进行机构改造与整顿，以便"克服工厂机关化与纪律松懈的状态"。[41]工厂内部组织机关化的主要表现：一是管理人员过多，使管理人员与生产一线人员的比例严重不合理，造成管理人员人浮于事；二是机构庞大，容易产生官僚主义与瞎指挥，并且各种机构之间互相推诿扯皮，降低管理效率。1957年，毛泽东在《关于正确处理人民内部矛盾的问题》的报告中指出："我们在增产节约运动中要求精简机关，下放干部，使相当大的一批干部回到生产中去"。改革开放前，我国几次大的精简机构运动，例如1962年经济困难时期的干部下放，确实取得了巨大的成功。但一到经济形势好转，便强劲反弹。改革开放以来，我国也曾几次大力推进机构改革，最大的一次是朱镕基总理亲自领导的机构改革，曾试图将国务院机构精简一半，由于各省市并未完全照此改革，很多地方走了过场，这场改革最终并未取得成功。特别值得注意的是，以往的机构改革都将重点放在政府机构精简上，这是必要的，但很少或根本没有考虑国有企业的组织机构改革，这不能不认为是一大缺憾。在毛泽东的增产节约思想中，很重要的一环是企业内部组织机构的"减员增效"，优化企业管理人员与一线生产人员的比例。在深化国有企业改革中，一度曾大力推动"减员增效"，打破"铁饭碗"、打破"铁交椅"，但由于只注重减少企业冗员，让大批职工下岗而企业管理干部的"铁交椅"并没有"打破"，因此，企业"机关化"的问题不但没有解决，反而有日趋加重和强化的趋势。

在国有企业推行股份公司制以后，企业组织机构机关化演变为所谓"科层制"，即企业内部组织被多级科层管理体系所代替，仍是变相的企业管理官僚体制，所不同的是以前为较纯粹的行政官僚，现在多为技术官僚或行政官僚与技术官僚的混合体。实践证明：这种科层制仍是束缚企业生机与活力，阻碍企业创新发展的一种企业组织制度，必须进行改革。为此，我们认为，应当进一步落实并推动毛泽东同志倡导的企业组织机构"企业化"思想，将国有企业办成"去机关化"的真正自主独立的市场主体。

六、学习外国的先进科学技术与管理方法

毛泽东同志虽然没有明确提出对外开放政策，但他从来不排斥学习外国，甚至把学习外国确定为国家之大政方针。早在1956年4月25日，他在中共中央政治局扩大会上做的《论十大关系》报告中就指出："我们的方针是，一切民族、一切国家的长处都要学，政治、经济、科学、技术、文学、艺术的一切真正好的东西都要学。"

在如何经营管理国有企业问题上，中国向苏联学习具有历史的必然性。这是由当时的历史条件与中国国情所决定的。新中国成立之初，受到西方帝国主义的重重封锁与包围，并且美国纠集18个国家的军队以联合国的名义对中国的近邻发动了侵略战争，向资本主义国家学习已不可能。特别是，中国是社会主义国家，中国经营管理社会主义国有企业只能向苏联学习，因为苏联是世界上第一个社会主义国家。苏联从1917年十月革命胜利后，在建立与发展社会主义国有经济中取得重大胜利，也经历不少曲折与弯路，积累了不少宝贵经验与教训。因此，向苏联学习经营管理国有企业的经验，无疑是符合当时历史条件与国情的正确抉择。问题在于，我们在学习过程中出现了教务主义、机械照搬照抄的倾向。为了克服这种偏向，毛泽东在《论十大关系》中明确指出要反对照抄照搬行为，以苏联的教训为借鉴，走自己的经济发展道路。可以肯定地讲，这为中国走符合自己国情的有中国特色的社会主义道路奠定了坚实的理论基础。

向外国学习，不仅要向苏联社会主义国家学习，而且也要向资本主义国家学习。毛泽东在《论十大关系》报告中强调指出："我们去学习资本主义国家的先进的科学技术和企业管理方法中合乎科学的方面。工业发达国家的企业，用人少，效率高，会做生意，这些都应当有原则地好好学过来，以利于改进我们的工作。"这为国有企业如何向资本主义国家学习、学什么等，指明了方向。首先，要学习资本主义国家的先进的科学技术；其次，要学习资本主义国家先进的企业管理方法；再次，学习他们用人少、效率高的一切办法；再其次，学习他们做生意的经验；最后，强调要有原则地学习，反对盲目无条件地照抄照搬。

在向资本主义国家学习的问题上，毛泽东主张"两点论"，反对两种偏向：一是反对"对外国的科学、技术和文化，不加分析地一概排斥"的倾向；二是反对"对外国的东西，不加分析地一概照搬"的倾向。这为中国国有企业向资本主义国家学习指明了正确的方法论原则，更为中国实行正确的对外开放战略与政策奠定坚实的思想基础，提供了可靠的理论依据。

七、要按价值规律办事

1955 年 3 月 21 日，毛泽东在《中国共产党全国代表会议上的讲话》中指出："只要我们更多地懂得马克思列宁主义，更多地懂得自然科学，一句话，更多地懂得客观世界的规律，少犯主观主义错误，我们的革命工作和建设工作，是一定能够达到目的的。"客观世界包括自然界与人类社会，懂得马克思列宁主义可以更好地掌握人类社会发展的规律；懂得自然科学可以更好地掌握自然界的发展规律。搞好国有企业的经营管理，从根本上来说，就是更多更好地懂得马克思列宁主义和自然科学，更多地懂得客观世界的规律，按客观世界的规律办事。

毛泽东特别主张：在商品经济社会，一定要按价值规律办事，这是社会主义事业胜利的根本保证。所谓价值规律就是商品价值由社会必要劳动时间决定，商品交换要按等价原则进行的规律，它是商品生产与商品交换的基本规律。市场经济是发达的商品经济，因此价值规律也是市场经济运行的基本规律，一切市场经济活动都要受价值规律的支配与调节。

毛泽东同志在政治经济学读书笔记中，充分肯定了斯大林关于社会主义生产是商品生产，价值规律在社会主义制度下仍然在一定范围起调节作用的思想，并突破了他的商品生产"外壳"论及价值规律"一定范围调节"论，创造性地提出"价值规律是个大学校"的伟大论断，把马克思主义的商品生产与价值规律的理论提高到一个崭新阶段。

1958～1959 年，我国曾发生的否定商品生产与价值规律"共产风"，给我国社会主义建设带来巨大损失。毛泽东认真总结当时的经验教训，明确向全党提出："价值规律是个伟大的学校，只有利用它，才有可能教会我们几千万干部和几万万人民，才有可能建设我们的社会主义和共产主义，否则一切都不可能。"[42]实现国有企业的科学有效的经营管理，不利用好价值规律是不可能的。搞好国有企业经营管理，是对商品生产与商品交换的经营与管理，是对企业所有市场经济活动的管理，因此它必须充分利用价值规律，按照价值规律的要求办事。价格机制是市场经济中价值规律作用的主要机制，国有企业经营管理的产、供、销活动，无不要运用价格机制。企业生产的产品质量优良，价格低廉，就会在市场竞争中具有较强的竞争力，获取更多的利润，企业就兴旺发达；反之，企业生产的产品质次价高，在市场上便难以销售掉，不仅得不到更多的利润反而会发生亏损，以致破产倒闭。可见，企业能否懂得利用价值规律，按价值规律要求办事，是关系企业生存发展的头等大事，绝不可等闲视之。

为了更好地利用价值规律，毛泽东同志认为，国有企业可以在统一计划下按市场需要进行生产，即"以需定产"。在指导边区建设中，毛泽东一方面肯定国有企业的生产要有计划性；另一方而又指出这种计划性与市场需要并不矛盾，他指出：在"统一计划下，给予各厂以一定数额的生产任务，需要什么就生产什么，需要多少就生产多少，成品有一定机关按时接收，解决产销之间的矛盾现象。"[43]在新中国成立以后，毛泽东曾一再提出推广经济合同制，用以衔接产销平衡。他在关于《苏联社会主义经济问题》的《读书笔记》中充分肯定了合同制。1964年1月7日在听取全国工交会议汇报时，再次强调："目前这种用行政办法管理经济的办法不好，要改，生产出来的物质，必须搞合同收购。"经济合同就是企业之间签订的契约，契约双方必须依据正确的市场信号与市场价格机制来行事。从上可见，毛泽东主张利用价值规律，用经济办法管理国有经济，用经济合同衔接产销关系，以便企业更好地在计划指导下按市场需要进行生产。

第三节　毛泽东对国有企业改革的探索

毛泽东对国有企业进行改革的思想比较集中地体现在《论十大关系》报告中，是毛泽东强国富民思想体系的重要组成部分。毛泽东用几个月时间认真听取了中央工业、农业、运输业、商业、财政等三十四个部门的汇报，经过认真分析研究，综合提出十个问题即十大关系，其核心思想是正确处理十大关系，调动国内外一切积极因素，目标是建设强大的社会主义国家。毛泽东在文章开头指出：

"提出这十个问题，却是围绕一个基本方针，就是要把国内外一切积极因素调动起来，为社会主义事业服务。"在文章结语更加强调："我们一定要努力把党内外、国内外的一切积极因素，直接的、间接的积极因素，全部调动起来，把我国建设成为一个强大的社会主义国家。"

毛泽东对国有企业改革的探索，是建立在对苏联社会主义建设经验教训进行总结借鉴基础上展开与进行的，是力图突破苏联传统计划经济体制下国有经济管理模式的伟大尝试，开启了中国国有经济管理模式改革之先河。这在《论十大关系》中讲得十分清楚："最近苏联方面暴露了他们在建设社会主义过程中的一些缺点和错误，他们走过的弯路，你还想走？过去我们就是鉴于他们的经验教训，少走了一些弯路，现在当然更要引以为戒。"[59]为了避免苏联的缺点与错误，少走弯路，中国社会主义建设必须走自己的道路，中国国有经济经营管理必须创新自己的模式。毛泽东研究十大关系的总体思路清晰可见。

一、国有企业要有与统一性相联系的独立性

中国国有企业的经营管理体制基本上是照搬苏联的高度集权体制。这种体制在中央与地方关系上，一切权力集中在中央，地方没有任何独立性和应有的权力；在国家与企业的关系上，一切权力集中在国家手里，企业没有任何独立性，没有自身的权力和利益，是一种以行政为中心且以行政手段来管理经济的体制，企业是毫无自主性、独立性的政府机构的附属物。由于这种体制否定市场机制和价值规律的作用，在分配上搞全国平均主义，企业吃国家的"大锅饭"，职工吃企业的"大锅饭"，企业毫无生产经营自主权，企业与职工干好干坏均一个样，干多干少一个样，缺乏生产经营积极性与创造性，窒息了企业生机与活力，阻碍了生产力的发展。毛泽东在听取中央工业、农业等34个部门的工作汇报和调研中，敏锐地观察到国有经济经营管理体制方面的上述问题。他指出："这里还要谈一下工厂在统一领导下的独立性问题。把什么东西统统都集中在中央或省市，不给工厂一点权力，一点机动的余地，一点利益，恐怕不妥。中央、省市和工厂的权益究竟各有多大才适当，我们经验不多，还要研究。从根源上说，统一性和独主性是对立的统一，要有统一性，也要有独立性"。他还特别强调："各个生产单位都要有一个与统一性相联系的独立性，才会发展得更加活泼。"从上可见如下含义：一是在国家与企业关系上，要实行分权、给利；二是中央、省市和工厂的权益划分，究竟各占多大比例要探索、研究；三是不能只讲统一性，不讲独立性。在坚持国家统一性的条件下，要使各企业都有一个相对的独立性和独立利益。

上述举措无一不是向传统计划经济条件下国有企业经营管理体制开刀，将中

央集权体制改为向企业分权的体制，这在实际上就为中国实行市场经济体制奠定了理论基础。因为要使企业真正具有独立性，别无他路，只有实行政企分开和两权分离，即将企业从国家行政机构附属物的状态中解脱出来，将企业的所有权与经营管理权分开，而这样做，中国国有企业就必须进行市场化取向的体制改革。只有将企业推向市场，成为具有独立自身利益的独立市场主体，才能从真正意义上保障企业"有一个与统一性相联系的独立性"，那就是在国家统一掌握所有权的前提下，企业成为自主决策、独立自主经营管理，政企分开，自我约束，自负盈亏的经济实体，才能在市场竞争中增强和激发企业的生机与活力。这不正是改革开放以来，中国国有企业所走的改革之路吗？

二、坚持"三兼顾"的物质利益原则

这是毛泽东结合中国实际，正确处理国家、企业和劳动者个人三者关系的指导方针与物质利益原则。在国家、企业和劳动者三者的利益关系中，企业的集体利益是核心与关键。它与毛泽东关于让企业具有独立性的改革思想是相一致的。国有企业要具有独立性，没有独立的自身利益做基础、做根本保证，那是不可能的。而国有企业有了自身独立的利益，才能有条件处理好企业与劳动者的物质利益关系。"工人的劳动生产率提高了"，企业才能有条件对"他们的劳动条件和集体福利""逐步有所改进"。这是毛泽东同志在《论十大关系》中阐明的"三兼顾"的根本物质利益原则。

在国家、企业和劳动者三者的利益关系中，劳动者的个人物质利益是基础。个人物质利益原则，是社会主义的一项基本原则。建设社会主义任何时候都不能忽视和否定个人物质利益原则。列宁有句名言："必须把国民经济的一切大部门建立在同个人利益的结合上面。共同讨论，专人负责。由于不善于实行这个原则，我们每走一步都吃到苦头。"[44]劳动者的个人物质利益与他们的劳动积极性密切相关。劳动者的个人物质利益越是增大，他们的劳动积极性便会越高，也会保持持久。毛泽东历来十分关心群众生活，重视劳动者的个人物质利益。他在《论十大关系报告》中特别强调说："我们历来提倡艰苦奋斗，反对把个人物质利益看得高于一切，同时我们也历来提倡关心群众生活，反对不关心群众痛痒的官僚主义。"这里，毛泽东只是"反对把个人物质利益看得高于一切"的行为，而不是反对劳动者的正当个人物质利益，同时反对不关心劳动群众疾苦的官僚主义。

毛泽东特别重视职工群众的个人物质利益，还表现在他十分关心下层职工群众的工资收入增加问题。他在《论十大关系》报告中明确指出："随着整个国民经济的发展，工资也需要适当调整。关于工资，最近决定增加一些，主要加在下面，加在工人方面，以便缩小上下两方面的差距。"

在国家、企业与劳动者个人三者利益关系中，国家利益是全体人民的根本利益。毛泽东在《论十大关系》报告中还指出："我们的人民政府是真正代表人民利益的政府，是为人民服务的政府，但是它同人民群众之间也有一定的矛盾……这种矛盾也是人民内部的一个矛盾。一般来说，人民内部的矛盾，是在人民利益根本一致的基础上的矛盾"。劳动者的个人利益和企业的集体利益都必须服从国家利益，国家利益高于一切。所谓"国家"，是只有"国"才有"家"，"国"破"家"必亡。只有国家富强起来，劳动者家庭或个人利益才能更好地实现。所以劳动者个人利益和企业集体利益任何时候都不能高于国家利益。把个人物质利益看得高于一切，就是把个人物质利益放在企业集体利益和国家利益之上的行为，那是典型的个人主义，也是毛泽东坚决反对的。

正是由于国家、企业与劳动者个人三者之间的利益都十分重要，即劳动者个人利益是基础，企业集体利益是核心与关键，国家利益又是全体人民的根本利益，所以我们必须像毛泽东所主张的那样，对它们"都必须兼顾，不能只顾一头。无论只顾哪一头，都是不利于社会主义，不利于无产阶级专政的。"由此可见，"三兼顾原则"，并非是一种权宜之计，而是一项有利于社会主义、有利于无产阶级专政的根本原则。在当今市场经济条件下，深化国有企业改革，更应当坚持贯彻这个"三兼顾"原则。

邓小平在带领全国人民进行改革开放的实践中，将毛泽东的"三兼顾"原则具体化为"统筹兼顾"原则。他指出："在社会主义制度之下，个人利益要服从集体利益，局部利益要服从整体利益，暂时利益要服从长远利益，或者叫小局服从大局，小道理服从大道理。我们提倡和实行这些原则，绝不是说可以不注意个人利益，不注意局部利益，不注意暂时利益"，"我们必须按照统筹兼顾的原则来调节各种利益的相互关系。如果相反，违反集体利益而追求个人利益，违反整体利益而追求局部利益，违反长远利益而追求暂时利益，那么，结果势必两头都受损失。"[45]改革的过程实质是各方利益的调整过程，伴随改革的深化，各种利益关系的矛盾日益凸显，处理得好可以促进生产力发展，处理得不好可以造成严重后果。基于各种矛盾错综复杂的情况，江泽民在总结改革经验的基础上，明确提出"统一和结合"的原则。他在《纪念党的十一届三中全会召开二十周年大会上的讲话》中说："改革越深化，越要正确认识和处理各种利益关系，把个人利益与集体利益、局部利益与整体利益、当前利益与长远利益正确地统一和结合起来，把广大人民群众的切身利益实现好、维护好、发展好，把他们的积极性引导好、保护好、发挥好，只有这样，我们的改革和建设才能始终获得最广泛最可靠的群众基础和力量源泉。"[46]

从上可见，邓小平的"统筹兼顾"原则也好，江泽民的"统一和结合"原则也好，无不传承了毛泽东"三兼顾"思想，是毛泽东"三兼顾"思想在改革开放环境下的创造性运用与发挥。实践证明：毛泽东"三兼顾"思想至今仍是指导我国国有企业改革深化的伟大指针及理论武器。在今后国有企业深化改革的实践中，仍要继续探索国家、企业与劳动者三者利益关系的具体比例及其调节机制，以使毛泽东的"三兼顾"原则进一步发扬光大。

三、中央国有企业与地方国有企业都必须服从全国统一计划和统一纪律

为了突破苏联中央高度集权的体制，毛泽东在《论十大关系》报告中创造性地提出扩大地方权力，给地方更多独立性的主张。他指出："我们不能像苏联那样，把什么都集中到中央，把地方卡得死死的，一点机动权都没有。"他认为，有中央与地方两个积极性比只有中央一个积极性好得多，另外地方有了自己的独立性和权力，可以"让地方办更多的事情"，对人口众多，各地情况复杂的中国来说，是十分必要的，"对我们建设强大的社会主义国家比较有利。"

在中央与地方进行行政分权的基础上，毛泽东提出了中央国有企业与地方国有企业概念。"中央要发展工业"，就是由中央政府直接投资创办企业，因此就形成中央直属并管理的企业，即中央国有企业；"地方也要发展工业"，就是由地方政府投资创办企业，因此就形成地方政府直属并管理的企业，即地方国有企业。中央国有企业与地方国有企业二者的统一性在于它们均属于国有，具有所有制性质的同一性；中央国有企业与地方国有企业的差异性，亦即地方国有企业与中央国有企业的区别，在于它们的投资经营管理主体不同，一个是中央政府，一个为地方政府。

自 1956 年年底中国所有制方面的社会主义改造基本完成，伴随大规模社会主义建设的展开，不仅大批中央国有企业新建立起来，使中央国有企业的数量及规模都大幅度增加，而且地方国有企业如雨后春笋般发展起来，使整个国有经济发展出现了空前高涨与繁荣的局面，在国民经济中的比重大幅度上升。到改革开放初的 1980 年，国有经济的产值占工业总值的比便达到 76%，其固定投资占全国固定资产投资的比例达 81.9%，国有经济占非农就业的比例也达 59.3%，占全国总就业的比例为 18.9%。[47]国有经济不仅牢牢地控制了国民经济命脉，甚至控制了第二、第三产业。

从国有经济中分建出地方国有企业，并在理论与实践上承认其独立性，允许其独立发展，具有独立利益，这确实是对中国照搬苏联中央集权的行政体制及国有经济体制模式的重大改革与突破，它使得各省、市、区、县等地方政府生产建设的积极性充分调动起来，地方国有企业为繁荣与发展地方经济，满足各地人民不同的生活需要作出了重大贡献。

关于如何处理好中央企业与地方政府及国有企业的关系，毛泽东同志在《论十大关系》的报告中也提出原则性意见："就是中央直属的工业，也还是要靠地方协助"。他还提出："中央的部门可以分成两类。有一类，它们的领导可以一直管到企业，它们设在地方的管理机构和企业可以由地方进行监督；有一类，它们的任务是提出指导方针，制定工作规划，事情要靠地方办，要由地方去处理。"

处理好中央与地方的关系包括正确处理中央国有企业与地方国有企业关系的根本方针是在服从中央的统一领导，服从全国统一计划和统一纪律的前提下，充分调动各个地方的积极性。毛泽东明确指出："为了建设一个强大的社会主义国家，必须有中央的强有力的领导，必须有全国的统一计划和统一纪律，破坏这种必要的统一，是不允许的。同时，又必须充分发挥地方的积极性，各地都要有适合当地情况的特殊。"这就为中央企业与地方国有企业协调发展指明了方向与具体路径。

从 1978 年年底改革开放始至 2003 年国资委成立之前，中国国有企业改革历经放权让利、利改税、承包制、租赁制、股份制等阶段，始终是作为一个整体来推进的，并没有严格区分为中央国有企业改革与地方国有企业改革。2003 年国务院国资委挂牌成立，各地相对应地成立了省、市、区级国资委，国务院国资委专管中央国有企业，各省、市、区级国资委专管本省、市、区的地方国有企业。经过兼并重组，2003 年中央直属国有企业只有 196 家，后又经战略调整，2013 年又降到 117 家。地方国有企业经过改革大部分都从竞争领域退出，至今尚在垄断行业保持与占有很大比重。

四、坚持按劳分配原则，反对平均主义

毛泽东同志对收入分配制度的探索，是经历过曲折与反复逐渐深化的。

早在井冈山时期，由于根据地物质匮乏，边区政府普遍实行官兵一致的供给制，在物质上实行平均分配。进入抗日战争时期，战争环境更加残酷，根据地为了满足战争的需要，公营经济虽然有了一定的发展，但力量还十分薄弱，因而在分配上只能实行"平均主义的薪给制"。这种"薪给制"，虽然与以前的供给制有所不同，即用"薪金"代替了实物，但仍然是进行平均主义的分配。其弊端很

快就在实行过程中暴露出来，并影响边区公营经济的发展。毛泽东当时经过分析研究后，指出："平均主义的薪给制抹杀熟练劳动与非熟练劳动之间的差别，也抹杀了勤惰之间的差别，因而降低劳动积极性，必须代以计件累进工资制，才能鼓励劳动积极性，增加生产的数量与质量。"[48]用计件累进工资制代替平均主义薪给制，反映了毛泽东按劳分配思想的形成，同时也看出毛泽东事实上看到并承认劳动者的劳动差别及勤惰差别，看到并承认计件累进工资制能更好地鼓励劳动积极性，促进生产力的发展。毛泽东同志在根据地建设时期就对收入分制度进行大胆改革尝试，实为难能可贵。

毛泽东在领导边区建设中，还主张股份分红制度。1943年在边区的大生产运动中，出现了一种把公私劳动力组织为股份合作社的新型经济组织。这种组织实行劳动力带资入股，"每月按股数二八分红"。私人劳动力可以带着自己的生产资料如生产工具、牲畜等加入股份合作社，这样不仅可以壮大公营经济的生产，还可以将社会上的生产资料及生产潜力充分调动并运用起来。由于采取"按股分红"的分配方式，使劳动者的收入同其入股的数量及经营成果直接联系起来，因而充分调动了劳动者投劳投资的积极性，这在实际上是创造性地运用了按劳分配原则及按要素分配。

在新中国成立以后，普遍取消了战争年代的实物配给制，继而实行等级工资制。在不同行业和领域实行不同的等级工资制。在企业实行八级工资制，在国家干部中实行行政二十几级工资制，在高教系统中实行高教十四级工资制等等。针对等级工资评定过程中出现的争级争利问题，毛泽东于1957年1月18日，在省市自治区党委书记会议上的讲话中，针对一些干部在评级中争名争利，严肃指出："在评级过程中，有那样的人，升了一级不够，甚至升了两级还躺在床上哭鼻子，大概要升三级才起床。他这么一闹，就解决了一个问题，什么干部评级，根本不评了，工资大体平均，略有差别就是了。"毛泽东这里并不是主张平均主义工资制，而主要是批评当时的争级争利倾向。因为他《在中国共产党第八届中央委员会第二次全体会议上的讲话》中非常明确地说："我赞成在和平时期逐步缩小军队干部跟军队以外干部的薪水差额，但不是完全平均主义。"毛泽东历来主张艰苦奋斗，同时也主张关心民生，尤其关心基层职工的工资收入，注意缩小干部与群众的收入差距。他还在《论十大关系》报告中提出："我们历来提倡艰苦奋斗，反对把个人物质利益看得高于一切，同时我们也历来提倡关心群众生活，反对不关心群众痛痒的官僚主义。随着整个国民经济的发展，工资也要适当调整。关于工资，最近决定增加一些，主要加在下面，加在工人方面，以便缩小上下两方面的距离。"

　　从上可见，毛泽东同志在收入分配制度上突出了如下几个思想：第一，反对平均主义，承认劳动差别，用按劳分配方式调动劳动者的劳动积极性；第二，"按股分红"有利于生产发展，可以在"公营工厂"中广泛运用；第三，在等级工资制度中，他反对差别过大，主张"工资大体平均，略有差别"；第四，主张缩小上下级干部之间及干部与群众之间的工资收入差距。总体上说，毛泽东在收入分配上最担心的是争级追利，把个人物货利益看得高于一切，扩大收入差距，尤其扩大上下、干群收入差距的倾向发生发展，会导致干部滋生官僚主义和腐败，干群矛盾激化，不仅使党的艰苦奋斗传统丧失掉，而且危及执政党的领导地位，危及政权的巩固。因为毛泽东从长期的革命斗争中深深知道"水能载舟也能覆舟"的道理。所以，他力图在实际上限制差别过大，坚持在收入分配上"大体平均，略有差别"，并且主动将自己的工资从国家一级降为三级，仅为404.80元。

　　在计划经济体制下，收入分配权掌握在国家手里，各地各行业收入差距扩大的倾向都在强劲增长，因此毛泽东的上述担心和主张具有重大的合理性。但是，由于他晚年错误地提出了所谓"无产阶级专政下继续革命"的理论，发动了"文化大革命"并否认了八级工资制和按劳分配，在收入分配问题上偏离了马克思主义的分配原则，也否定了自己以前一贯倡导的正确分配思想。这正是我们今天要引以为戒的。

　　等级工资制，包括企业中推行的八级工资制是计划经济时代贯彻按劳分配原则的重要具体形式，客观历史地看，它对当时中国贯彻按劳分配，建设社会主义分配制度是起到了一定积极作用的。首先，它承认劳动能力差别，即"它默认不同等的个人天赋，因而也就默认不同等的工作能力是天然特权"[49]这是实现按劳分配的基本条件和依据。其次，由于它实现了劳动能力与劳动报酬相对称，因而确实调动了各种不同的劳动者的劳动积极性，使他们都尽其所能地从事各种不同的劳动。再次，这种工资制度有效地保证了劳动者的生活及生活水平的逐渐提高，并没有产生收入过分悬殊及两极分化现象。问题在于这种等级工资制度一旦固定之后便不能反映劳动者在现实劳动过程中劳动支出的变化，尤其不能完全反映劳动者的实际劳动成果的变化，因而它存在很大弊端，即：等级工资一旦确立后，劳动者在实际劳动中干与不干一个样、干多干少一个样、干好干坏一个样，劳动成果多少一个样，不利于在实际上调动劳动者的劳动积极性，更不利于于劳动者关心自己的实际劳动成果，从而不利于提高企业的经济效益。正是基于此，改革开放以后，中国对等级工资制进行了重大改革。国有企业的八级工资制便改掉了。

　　国有企业起初实行工效挂钩的工资制度，即国家控制企业工资总额，由企业按职工实际创造效益决定工资收入的制度。后来，随着国有企业改革深化，尤其是大批国企破产、重组、实行股份制改革以后，企业自身掌握了收入分配大权，完全自主地进行收入分配了。由于职工没有决定企业收入分配的权利，按劳分配制度实际被取消了，代之以按要素分配。这或是导致企业内部收入分配不公，收入差距无限制扩大的一个重要原因。

参考文献

［1］《资本论》第1卷，人民出版社1975年版。

［2］《毛泽东选集》第3卷，人民出版社1963年版。

［3］《毛泽东选集》第4卷，人民出版社1991年版。

［4］《毛泽东选集》第4卷，人民出版社1966年版。

［5］《毛泽东选集》第2卷，人民出版社1966年版。

［6］《毛泽东选集》第4卷，人民出版社1966年版。

［7］《毛泽东选集》第4卷，人民出版社1966年版。

［8］［9］《毛泽东选集》第4卷，人民出版社1966年版。

［10］《毛泽东选集》第1卷，人民出版社1991年版。

［11］［12］《毛泽东选集》第2卷，人民出版社1952年版。

［13］《马克思恩格斯选集》第4卷，人民出版社1972年版。

［14］《毛泽东选集》，东北书店1948年版。

［15］引自叶剑英：《关于修改宪法的报告》，人民出版社1978年版。

［16］《资本论》第2卷，人民出版社1975年版。

［17］［18］［19］［20］［21］［22］《毛泽东选集》，东北书店1948年版。

［23］［24］［25］［26］赖德胜：《关注浪费》，中国财政经济出版社2001年版。

［27］李寿生、陈国栋：《中央企业在资源节约型社会建设中的地位和作用研究》，载《管理世界》2007年第1期。

［28］杨烨：《电解铝产能过剩，全行业亏损面高达93%》，新华网新闻，2013年6月27日。

［29］《保利地产荣登内地上市房企"囤地王"》，2010年11月3日。

［30］刘军辉、赵纲：《多家央企存在违规问题》，人民网财经，2013年5月11日。

［31］《国企包揽上市公司巨亏榜前10位》，人民网中国央企新闻网，2013年5月7日。

［32］《去年上市公司吃喝送礼 133 亿，金融公司差旅费高企》，中国新闻网，2013 年 5 月 10 日。

［33］金慧瑜、张国栋：《8 亿元招待费背后的建筑业潜规则》，载《第一财经报》2013 年 5 月 9 日。

［34］ http：//wwwsina. com. cn. 2013. 6. 24.

［35］李炳炎：《共同富裕经济学》，经济科学出版社 2006 年版。

［36］《毛泽东选集》，东北书店 1948 年版。

［37］［38］［39］［40］［41］《毛泽东选集》，东北书店 1948 年版。

［42］洪远朋主编：《经济理论比较研究》，复旦大学出版社 2002 年版。

［43］《毛泽东选集》，东北书店 1948 年版。

［44］《列宁全集》第 42 卷，人民出版社 1987 年版。

［45］《邓小平文选》第 2 卷，人民出版社 1983 年版。

［46］江泽民：《在纪念党的十一届三中全会二十周年大会上的讲话》，人民出版社 1988 年版。

［47］徐传谌：《国有经济资源优化配置系统论》，经济科学出版社 2006 年版。

［48］《毛泽东选集》，东北书店 1948 年版。

［49］《马克思恩格斯选集》第 3 卷，人民出版社 1972 年版。

第二章

中央企业改革发展目标：国际"一流"企业

中央企业就是由中央人民政府直接所有并经营管理的企业，它是中国国有经济的核心与精华部分，是国民经济的命脉和支柱，在社会主义市场经济中起重大导向作用，是社会主义国家政权的重要经济基础与决定性力量。因此，其改革发展战略目标的确定与选择，不仅关乎中国的社会主义方向问题，更是关乎中国在国际经济中的地位与作用问题，对如何把中国建成世界一流强国具有重大的现实意义。

第一节　中央企业改革发展目标应避免三个"陷阱"

一、"企业大而不倒论"

在中外企业理论研究中，一直存在着"扬大抑小"的倾向，即认为"大企业不倒"，只要把企业规模做大，不仅可以具备经济学上讲的"规模效益"，而且"不易倒闭"，甚至"不能倒闭"，亦谓"大而不倒论"。其实，这是个理论认识误区。企业在激烈市场竞争中能否取胜和发展壮大是由多种因素所决定的，并不单纯取决于规模大小。一般来讲，中小企业势单力薄，资本也不雄厚，在激烈市场竞争中确实存在被资本力量雄厚大企业所吞并即被"大鱼吃掉"的风险。但这并非是绝对的、必然的。（1）中小企业在市场经济的海洋中具有运营方便、经营灵活的特点，"船小掉头快"，可以快速追波逐浪、勇立潮头，且由于其"吃水浅"，"负载不重"，不易触礁翻船或搁浅。（2）中小企业由于规模小、易组建、管理层少、体制机制简单、不易产生体制缝隙及管理漏洞，人际关系单纯明晰，可以减少内部摩擦与力量损耗，提高运营效率。（3）中小企业并不等于技术设备必然陈旧落后。中小企业对改革传统技术管理体制的要求更紧迫，对设备更新与技术升级的行动更积极，并且，较之大企业，中小企业进行设备更新与技术改造所需资本要少，所用时间更短一些，因而采用新技术新设备要相对更快一些。因此，中小企业的技术进步，尤其在技术集成创新和引进消化再创新方面往往具有一定的先进性。(4) 中小企业一般都是国民经济的主体部分。世界上无论是发展中国家还是发达国家，不屑说自由资本主义时代，即便是垄断资本主义时期，都总是中小企业占绝大多数。当代资本主义虽然诞生了众多垄断巨头，但由于各国普遍施行了反垄断法，限制大垄断企业的存在与发展，这也为大量中小企业提供了生存与发展空间，并且，正是由于大量中小企业的存在与发展限制了垄断并强化自由竞争，才使国民经济保持了旺盛的活力。正是由于中小企业具有上述优势，所以在激烈的市场竞争中并非必然失败或被大企业所吞并。尤其是，大企业也有自身所固有的劣势及局限性。俗话说："大有大的难处和弊端。"

目前，中国的大公司普遍罹患有"大企业病"。据中国企业联合会、中国企业家协会在重庆发布 2014 年中国企业 500 强榜单，企业入围门槛首次突破 20 亿元，总体营业收入、资产总额、利润总额，也继续保持增长。然而，盈利能力连年下降、核心竞争力缺失，成为国有企业亏损的重灾区。明显的大企业的"虚胖症"，是有其客观原因的：(1) 难以经营管理科学合理化。大企业集团内部都设有二、三级分公司，每级分公司又内设不同经营管理部门，大董事会内套小董事会，大经理层下有次级经理层。由于经营管理层次多，每个层次都是相对独立核算的利益主体，每级董事会与经理层又要各司其职、各尽其责，难免产生利益碰撞与摩擦，甚至发生利益争夺与冲突。并且不同层次之间乃至同一层次不同部门之间不可避免地存在体制与管理漏洞，不可避免地存在相互推诿与扯皮现象，使得企业经营管理科学化难以真正落到实处。(2) 难以避免下层单位欺上瞒下进行造假等违法违规行为。尽管大跨国企业制订了种种严格的规章制度并有各种纪律约束，但也难保下属企业（尤其是远离总部的海外企业）不出现违法经营及非法牟利问题。沃尔玛和家乐福是世人皆知的国际一流大零售企业，它们在中国的众多分店在 2011 年通货膨胀中都趁机违规涨价，涉嫌价格欺诈。[1] 地处湖南益阳市的某大中央国有企业下属单位，为了达到少缴社保基金，公司领导集体决定伪造益阳市劳动和社会保障局公章，为单位职工编造假档案，并办理"提前退休"。此事一被曝光，大使该中央企业蒙羞。(3)"家大业大浪费点没啥"，这几乎是所有大企业的通病，也是难以治愈的顽疾。家大业大管理费用大，这里面包含着诸多的浪费。所谓公车私用、公款私存、公款吃喝、公费旅游在许多大企业都不同程度的存在。办公楼的长明灯、长流水，以及笔墨纸张的浪费更是比较常见。(4) 一些大国企的"世袭接班"制度致使企业缺乏活力。改革开放前，大国企业一直盛行"子女接班"惯例，甚至成为一种制度。随着改革的推进，国企绩效的好转，关照企业职工子女的各种"内招""特招"等世袭接班制度又复兴起来。据新华网北京 2014 年 9 月 22 日专电报道："在能源、金融、铁路、交通等一些待遇高、门槛高、垄断程度高的国有企业中，'接班'现象并未随着改革消失，关照企业职工子弟的'世袭招工'成为突出的企业管理顽疾，造成新的社会不公"。祖孙几代人同在一家国企效力的现象，严重窒息了企业生机与活力。

从上可见，大企业与中小企业各有其优势与弊端，企业并非越大越好，也并非越小越好。企业规模客观上有一个合理的数量界限，达到这个界限便能产生良好的规模效益；达不到这个界限，就没有规模效益。因此，企业规模一定要适度。企业无论大小只要规模过度或不适度，都不可能实现其最佳经济效益。中央企业改革发展一定要把企业做大，但要大得适度，而不要盲目追求规模过大，防止掉入"大而不倒"的陷阱。

所谓"企业大而不倒"论，不仅理论是不成立的，而且实践证明也难以立足。第二次世界大战以来世界经济发展的实践表明，在激烈的市场竞争中，许多"小而强"的新兴优质企业战胜"大而杂"的传统弱质企业，出现令人震惊的"小鱼"吃"大鱼"现象。1985 年销售额仅为 3 亿美元的泮特雷普来得公司收购了年销售额达 24 亿美元的雷夫隆公司就是典型一例。[2] 在 2008 年 1 月，美国第一大商业银行花旗银行和第二大商业银行摩根大通银行均因次贷而出现巨额亏损。美国两大住房抵押贷款融资机构"房利美"和"房地美"宣告破产，由美国政府接管；紧接着，美国第三大投资银行美林证券公司被美国银行收购；美国第四大投资银行雷曼兄弟公司宣布破产保护；美国第一大投资银行高盛公司和第二大投资银行摩根士丹利公司双双被改组转型。希腊、葡萄牙、西班牙、意大利不仅大银行纷纷陷入困境或倒闭，连整个国家也发生严重主权债务危机。欧洲其他主要国家英、法、德的一些大企业和大银行也受到全球金融危机尤其是欧债危机的影响而破产或濒临破产。活生生的事实击破了大银行、大企业"大而不倒"的神话。

同时，活生生的事实也表明，中小银行和企业必然不如大企业甚至必然倒台的说法是错误的。在非金融危机时间，一般来看，美国的中小金融企业——社区银行远不如大银行业绩那么好，那么风光，但在 2008 年以来的金融危机中，上述状况却发生了逆转。美国社区银行亏损的比例远低于大银行，大有"风景这边独好"之景象。有些学者通过认真研究评论说："总体来看社区银行较为保守稳健，与大银行相比发展较为平稳，虽然受金融危机冲击，但幅度远不如大银行那么剧烈。"[3] 所以，不能笼统地认定大企业必然好，中小企业必然不好；同样也不能认为大企业必然不好，中小企业就必然好，企业好坏优劣不能简单依据规模大小而定。

二、"唯产值高论"

在现代企业理论研究中，有一种颇具代表性的观点认为，创建国际一流企业，必须产值越高越好。世界企业500强排座次，就是依据其产值多少来排定的。这是按产值论英雄，只有企业所创产值达到世界最高或本行业最高才算得上"一流企业"，否则不能判定为世界"一流企业"。笔者认为，这种"唯产值高论"是一个误区。

诚然，达到世界"一流"企业的标准可以有"产值"方面的要求，要求企业所创造的产值达到一定数量界限才算达标。但这只能作为企业达到世界"一流"水平的一个必要条件，而不能作为唯一的衡量标准。

笔者认为，衡量一个企业的好坏优劣不能只是依据产值多少来断定，而主要应看其盈利能力和盈利水平。苏联著名经济学家利别尔曼在20世纪60年代初向当时的执政当局提出一个重要改革建议：应把利润作为考察社会主义企业经营效果的唯一指标。此说被当局加以批判，但却在国内外学界引起不小震动。中国老一辈著名经济学家孙冶方在企业理论研究中，大胆提出了"利润是考核社会主义企业经营效果好坏的唯一标志"的思想和观点，在"文化大革命"中被冠以"利润挂帅"而加以理论批判与政治陷害。我们认为，孙冶方关于利润是衡量社会主义企业经营好坏的"牛鼻子"，牵住这个"牛鼻子"，企业就会活起来，其经营的实际效果就会越来越好。这种主张不仅是对当时中国社会主义企业不问亏损与否甚至追求利润有罪、亏损光荣等理念的有力抨击与批判，而且对改革开放后中国国有企业的改革与发展也具有重要的指导价值与实际意义。

凡是现代商品经济或市场经济条件下的企业，都必须以追求利润为目标，无论资本主义企业还是社会主义都概莫能外，理应如此。所不同的是利润是否是企业追逐的唯一目的，取得的利润（当然是合法利润）归谁所有，由谁支配，为谁谋福利。资本主义企业，如马克思所说，赚钱发财是这个生产方式的绝对规律，除了追逐利润，它不知道别的其他什么目的。"不管生产方式本身由于劳动隶属关系而产生了怎样的变化，生产剩余价值或榨取剩余劳动，是资本主义生产的特定内容和目的。"[4]"资本主义生产的目的是发财致富，是价值的增殖，是价值的增大，因而是保存原有价值并创造剩余价值。"[5]马克思还进一步指出："不但资本主义生产的决定性的目的不是为生产者（工人）而生产，而且它的唯一的目的就是纯收入（利润和地租）"，[6]"资本主义生产的直接目的不是生产商品，而是生产剩余价值或利润（在其发展形式上）"。[7]社会主义企业由于其生产资料所有制是公有制，所以它们取得的剩余价值或其发展形势——利润是归劳动者共同所有，国有企业所获取的利润自然就归国家所有，由国家代表全体人民对利润行使占有、支配、使用权，用它来为全体人民谋福利。这是社会主义企业与资本主义企业在生产经营目的上的根本区别。此外，社会主义国有企业作为国家的企业，是由社会主义国家直接掌握的重要经济力量，要为实现国家的重要经济目标服务，要为实现国家利益即全体人民根本利益服务。为此，除了追求盈利，实现利润不断增长以外，它还要为国家担负保证社会公共福利、增加就业、调节经济运行、保持社会稳定等方面的任务。其生产经营目标是多元化的，并且它所追求和获取的利润也是归全体人民所有，以各种方式为全体人民谋利益，这也是社会主义国有企业同资本主义企业的另一个重要区别。

正如国家发展不能盲目追求高产值一样，中国国有企业要建成国际"一流"企业，也不能盲目追求高产值。依据经济学的一般原理，总产值从一个国家角度讲叫国民生产总值（GNP），在统计上往往只统计国内的量称国内生产总值（GDP），而从微观的企业来说则是企业总产值，其价值构成为 C + V + M。其中，C 为生产资料消耗，主要包括：（1）原材料、燃料、动力消耗；（2）生产经营所用各种辅助材料及辅助设施消耗；（3）生产经营设备的折旧费，包括机器、经营场地、厂房等折旧费用。V 为支付给劳动者的工资费用，包括奖励工资、奖金、隐性收入、年金分红等。以上两项 C + V 构成企业经营成本。在上述成本中还要包括为使企业产品产值实现的交易费用、广告费用等。由于众多企业均存在"乱摊成本"现象，将公款消费部分也摊入成本，这使 C + V 内含的内容十分复杂且过度扩张与膨胀。

以上 C + V 为企业生产经营活动所消耗的部分，构成企业的总成本费用，它在企业所创造的总产值中所占的比重越高，越说明企业投入高。一定的高产值是用高投入取得的，表明企业投入—产出率低，经营管理绩效很差。一个企业的一定的高产值是靠高投入、过多消耗能源与资源来实现的，这在什么时候都不可能建成国际"一流"企业，即使是国内"一流"企业也不可能达到。

M 作为剩余价值的发展形态利润是生产经营优劣好坏的最根本标志。在生产企业 C + V + M = 总产值中，只有 C + V 部分充分降低，M 部分才可能尽量多；在流通企业经营成本 + 利润 = 总收入中，只有经营成本尽可能减少，企业的利润或纯收入才可能尽可能多。所以，要把企业建成国内"一流"企业乃至建成国际"一流"企业都必须采用利润这个指标。国际"一流"企业必须具有国际"一流"的盈利能力及盈利水平。如果只看企业是否创造了"一流"的产值，就很容易把其能源和资源的高消耗、高浪费掩盖起来，实际上是鼓励与支持能源与资源的高浪费，不利于生态优良的节约型社会的建设与发展。

三、"单一产品竞争力论"

产品竞争力是企业参与市场竞争的基本能力，也是企业不被市场淘汰，可以生存发展的基础条件。强者胜，弱者败，弱肉强食，强者生存，弱者淘汰，这是市场竞争的基本规则。现代市场，尤其是十分发达的国际市场，竞争并非是当年那样一般的竞争，不仅竞争主体庞大，力量雄厚，而且竞争手段多样化，竞争活动错综复杂，竞争程度空前残酷剧烈，用"经济战争"来形容毫不为过。要将中国中央国有企业建成国际"一流"企业，仅有一般的产品市场竞争力是远远不够的，而必须要具备"综合市场竞争能力"，即综合竞争力。

所谓综合竞争力，就是企业在人、财、物、产、供、销以及技术、产品、服务等方面优势转为市场竞争优势的水平与能力。它不是单一某一个方面的竞争能力，也不是几个方面市场竞争能力的简单相加，而是企业在上述其他方面综合实力在市场上博弈、竞争中的体现。衡量企业综合竞争力水平高低，就看其在现代市场中综合较量中能否站住脚，并取得长足发展。产品竞争力只是企业市场竞争力的一个重要方面。如果企业其他方面竞争力很弱也不能在竞争博弈中取胜。如某名牌汽车在市场上竞争力很强，但由于售后服务差、召回率高，使企业名誉受损，经济效益大幅下降。

产品要有品牌和名牌，技术要高、新，服务要一流，生产要低耗高效，供销渠道要灵活通畅，人才要优秀、资本要雄厚、设备及生产资料要精良等这些均是形成与提高企业综合竞争力的必备条件。可见，提高企业的综合竞争能力与水平，不是一件简单容易的事情，而是一项十分艰巨复杂、需要下大工夫培养与建设的系统工程。中国中央国有企业要跻身世界"一流"企业，必须把综合市场竞争力与水平提升到世界先进水平。

在综合竞争力中，笔者认为核心竞争力是产品品牌＋优秀人才＋服务一流。这三者是相互联系、相互促进的三位一体的关系。其中最关键的是人才。一流产品要由优秀或一流人才创造，一流的服务也要由优秀或一流人才来提供。所以，现代市场竞争，归根结底是优秀人才（或一流人才）的争夺与竞争。

所谓"优秀人才"用经济学术语表达就是"优质人力资本"。人力资本是"活的资本"，是"劳动者藉以获得劳动报酬的专业知识与技能"[8]，是推动经济增长的重要因素和力量。保罗·罗默认为，具有专业知识和技术的人力资本是经济增长的重要内生因素，而罗伯特·卢卡斯则认为，特殊的"专业化人力资本"是经济增长的"发动机"。任何企业若要增强其竞争力固然要不断提高物质资本的功效，但关键是要特别注意提高人力资本的功效，使其成为企业发展的决定性力量。微软公司和苹果公司之所以能成为世界一流 IT 企业，就是因为有比尔·盖茨和乔布斯这样一些世界一流科技人才艰苦创业，坚持不懈地进行自主创新的结果。更为典型的是，苹果公司由于乔布斯带领其研发团队不断研发新产品，创世界品牌，使苹果公司走向繁荣与鼎盛。由于某种原因，乔布斯一度离开苹果公司，这段时间企业出现严重亏损，世界市场的竞争力和产品的市场占有率都严重下滑。为了拯救苹果公司，身患重病的乔布斯重返苹果公司。他大刀阔斧地进行企业改革与整顿，大力提升人力资本的运营质量与效率，开发一代又一代新产品，使苹果公司重新焕发生机与在国际市场上的竞争能力。可见，一流的科技人才对企业自主技术创新，发展自主品牌和新产品，永保企业在世界市场上的竞争优势地位，居于世界一流企业前列，具有重要的决定性作用。

第二节　中央企业改革发展战略目标选择

一、"改革完成论"：中央企业改革发展战略目标选择的障碍

改革开放 30 多年，中央企业改革确实取得了举世瞩目的成就。经过利润分成、放权让利、利改税、租赁及承包责任制等一系列改革，尤其是进入 21 世纪以后国有企业进行产权制度改革，通过兼并、收购及优化重组等改革攻坚，中央国有企业已经由过去的几万户，猛降至 2012 年 2 月的 115 户了。尽管其在国民经济中所占比重大幅下降，但生产经营绩效却明显提高。2011 年全年累计实现营业收入 20.2 万亿元，同比增长 20%；累计实现净利润 9 173 亿元，同比增长 6.4%；累计上缴税金 1.7 万亿元，同比增长 19.7%。截至 2011 年年底，中央企业总资产已达 28 万亿元，同比增长 14.9%，净资产达 10.7 万亿元，同比增长 11.4%。特别值得一提的是，中央企业大力开展境外资源开发与互利合作，国际经营水平显著提高。2011 年 1～11 月，中央企业在境外（含港澳地区）营业收入 3.4 万亿元，实现利润 1 280 亿元，分别同比增长 30% 和 28%。[9] 据此，有些同志认为中央企业改革基本完成了。

对这种"改革完成论"，笔者不敢苟同。在我们看来，中央企业的改革成就固然十分巨大，但改革远未完成与终结，尚需大力推进与深化。（1）上述业绩的取得基本上是靠国家垄断地位实现的。人所共知，中央企业基本上都是自然垄断企业，只凭国家垄断市场价格就能获取高额利润。中央企业如何像其他企业一样自由竞争，去掉国家给予资源、技术、资金等方面的优势，不再凭借垄断市场价

格来获取最大限度的利润，这个问题并没有解决。垄断利润是非国有企业无法企及的，对他们来讲也是最不服气的。（2）中央企业的治理结构基本上"一股独大"。实事求是地讲，当今中国企业治理结构现状基本上是国有企业不如非国有企业，中央企业远不如股权多元化的股份制企业。由于中央企业的股权结构"一股独大"，因此很难实现政企分开，企业往往受到国家政治与行政方面的干预与困扰。（3）中央企业的管理漏洞还很多，管理水平与管理效率还比较低下。中央企业一般都管理机构庞杂，机构臃肿，人浮于事，相互扯皮现象较多，决策效率低下，管理成本高昂。这与国际"一流"企业管理标准相距甚远。某中央国企购买高档茅台酒招待一事，某些中央企业存在大量"表外资金"，还有某些中央企业利用从银行便于贷款然后进行"高利贷"活动等，这些现象充分说明中央企业管理漏洞很多，管理水平低下。

上述问题要想得到解决，必须完善企业管理体制机制，从制度上堵塞漏洞，提高管理水平，而这样就必须依靠中央企业不断地深化改革。只有大力推进改革才能打破垄断引进市场机制，增强中央企业竞争活力；只有深化改革，才能使中央企业股权结构及治理结构不断优化；也只有深化改革，才能激活中央企业管理体制机制，为中央企业发展提供新动力，并为中央企业发展成为世界一流企业创造充足条件。

二、中央企业实现改革发展战略目标的路径及对策

中央企业深化改革，实现"十二五"发展战略目标，建成并长久居于世界"一流"企业行列，必须抓住如下关键环节进行攻坚，通过以下途径取得实质性进展，跃上新的台阶。

第一，改革深化必须在理论认识上率先突破。理论是实践的指南，中央企业深化改革，必须有科学正确的理论做指导。以往的中央企业改革一直是在传统国有制理论指导下进行的，如今在很大程度上已经形成理论惯性及"路径依赖"。"十二五"时期中央企业改革要取得突破性进展，必须打破传统国有制理论的束缚。

在国有经济理论研究中，一直盛行着"国有经济控制论"。这种理论认为，国有经济不仅要"控制国民经济命脉"，而且要控制其他经济成分，作为国有经济的核心与精华部分，更应担负起这种控制职能与作用。这种理论认识明显存在偏颇；一是显示出对非国有经济的歧视与"不放心"，似乎非国有经济成分一发展壮大，就会改变国家的社会主义性质与发展方向。二是混淆了国家与国有经济的职能与作用。国家是权力机关，不仅具有管理经济的职能与作用，而且有管理

社会的职能与作用。国有企业包括中央企业虽然属于国家所有，但它只是一种经济成分，不等同于国家权力机构，不具有调控整个社会经济的职能与作用。至多在市场经济的各种经济成分中起主导作用，即主要的导向作用，不能直接控制其他非国有经济的存在与发展。三是市场经济是平等经济，国有经济包括中央企业与其他非国有经济地位平等，都是独立市场主体，相互之间是平等竞争，不存在谁控制谁的问题。显然，国有企业包括中央企业控制其他非国有企业是违背市场经济基本规则的，不仅缺乏理论依据，在实际中也无必要。

第二，发展战略由"内控为主"转向"内竞外争"。既然国有企业包括中央企业在国内没有控制其他各种经济成分存在与发展的功能与职责，国家或中央政府就没有必要令其去执行完成毫无必要性的职责。在理论上如果一再强调国有企业包括中央企业"控制"其他非国有制企业，令其干不该干的事情，势必误导其主攻方向，影响和妨碍其主要功能与职责的发挥，并且使其该干的事情无力干好。国有企业包括中央企业在国内只能以"兄弟"身份与其他非国有经济成分平等竞争，不能以"父辈"身份控制非国有经济这个"儿子"。其在国内的主攻方向应是占据战略行业的制高点，坚守与发展关系国家安全和国民经济命脉的重要行业及关键领域，如军工、自然垄断行业、重要资源、公共产品等行业或领域。除了在国内公平、平等竞争以外，国有企业尤其是中央企业则需大胆跨出国门，积极参与国际市场竞争。要实现建成国际一流企业的战略目标，中央企业必须把占领国际市场作为一个主攻方向，以国际市场为主要战场，在国际市场竞争中"唱主角"。

第三，转变经济发展方式与调整经济结构"二轮驱动"。对中央企业来说，转变发展方式与调整经济结构的任务远未完成。迄今为止，中央企业的发展依然依靠扩大投资，过度消耗资源，过度扩张规模，进行粗放式的经济增长。据媒体引用的数据，仅2011年国资委下属的中央企业与地方政府协议签约的投资项目就超过10万亿元，某些省仅一家就超过2万亿元。到2012年，更是势头不减。仅2月份，中央企业就分别同新疆、安徽、河南、广西召开项目对接会、合作发展、投资洽谈会，迎来中央企业扩大地方投资的新热潮。有资料表明，2011年中央企业的地方投资平均净资产收益率仅约8.4%，剔除息税后的总资产回报率约为3.2%，还不及银行1年期基准存款利率3.25%高。[10]依靠低效率投资来拉动经济增长是一种典型的外延型粗放式经济发展方式。

中央企业应成为转变经济发展方式的榜样与典范。无论在节能减排上还是绿色环保方面；也无论在增产节约上还是资源优化配置及合理利用方面，中央企业都应作出表率。但事实上却恰恰相反，中央企业不仅是中国的投资大户，还有相当一部分是耗煤大户、耗电大户、碳排放大户，甚至还有一些污染大户。不仅如此，某些中央企业还是圈地大王，是土地闲置浪费大户；"三公消费"中央企业也是大户，等等。这些问题的解决，从根本上讲要依赖于经济发展方式的根本转变：从上述"大户"变成内涵型集约式发展的"大户"。

强调中央企业转变发展方式，已有多年了，为什么迟迟不能实现真正转变？我们认为根本的症结在于：（1）没有做到以改革促发展。或者说在这方面抓力不足。改革是中央企业发展的根本动力。改则进，保则退；攻则前，守则后。只有深化中央企业管理体制改革，才能引入市场竞争机制，破除垄断地位及"一股独大"状况，才能实现人、财、物合理利用及资源优化配置，从而提高企业运营效率。（2）没有把转变经济发展方式与调整经济结构有机结合起来。从某种程度上讲，甚至自觉或不自觉地把二者割裂开来，对立起来。某些中央企业把转变经济发展方式与调整经济结构看做不相干的两件事，做起来"单打一"，抓"转"忘了"调"；抓"调"忽略了"转"。实际上，转变经济发展方式与调整经济结构二者不仅紧密相关联，而且是相辅相成的关系。转变经济发展方式不仅要求调整经济结构，而且要以经济结构调整为条件；而调整经济结构不仅可以促进经济发展方式转变，而且还可以使新的经济发展方式建立在合理的结构基础上，从而使新的经济发展方式得以稳固与发展。因此，中央企业要建成世界"一流"企业，必须继续以改革为动力，大力转变经济发展方式，加大调整经济结构的步伐和力度，把调整经济结构与转变经济发展方式有机地结合起来，实现"双轮齐动"。这是中央企业达到国际"一流"企业目标的根本途径与选择。

第四，全力提高企业的自主创新能力，创造更多的世界"一流"的品牌产品。品牌是现代市场经济的一种新竞争力。当今中国的中央企业之所以大多数没有跨进世界"一流"企业行列，原因就在缺少世界"一流"的品牌产品。如"海尔"、"贵州茅台"、"一汽"等品牌，不仅自身具有很高价值，而且它附着在产品上使产品具有更高的价值，会成倍地增加产品的市场竞争能力。然而，要创造出更多的品牌产品，中央企业必须全力提高企业的自主创新能力。企业自主创新主要包括制度创新、管理创新、科技创新，这些创新是创造品牌产品的不竭动力及源泉。而要实现如上创新，中央企业要培育并且拥有大批世界"一流"的人才（包括科技精英与管理人才等）。只有"一流"人才管理"一流"企业，才能出"一流"产品，才能具有国际市场的"一流"竞争力。所以说，优质人才（或人力资本）是做强做优中央企业，建成世界"一流"企业的根本条件与重要基础。

第五，大力引进民营资本，将中央企业建成国家控股的混合所有制经济。中央企业绝大多数为国家垄断型企业，垄断容易妨碍与破坏市场竞争，不利于价值规律自动起调节作用，窒息企业生机与活力。列宁曾有句名言：任何垄断都会产生停滞趋势，对中央企业也不例外。体制僵化、机制不活，效益下降，浪费严重，腐败现象丛生，投资失误，管理混乱等都无不与央企的垄断有关。打破垄断的根本出路就在于引入民营资本，打破国家对企业的独占及垄断地位，让股权多元化，以实现管理决策民主化及科学化。

第六，坚决改变"一把手"、"一支笔"决定企业命运的状况，让企业决策民主化、科学化。这是中央企业实现跨越式发展，成为国际"一流企业"的重要先决条件。中央企业的垄断性内在具有腐败性，而企业的"一把手"的"一支笔"进行管理与投资决策，不但是企业经营失败的重要原因，而且是产生腐败的重要温床。近些年来中央企业高管频频落马，一起起窝案发生，无不由企业"一把手"腐败落马牵出。中石油董事长蒋洁敏，中石化董事长陈同海，中国移动广东公司董事长总经理陈龙，广东新广国际集团董事长总经理吴日晶，首都机场集团公司总经理董事长李培英，华润集团董事长、党委书记宋林等，这些"一把手"们不但其本性个个百倍的贪婪，而且由于企业对"一把手"失去约束与管控的权力过分膨胀，使得他们能够快速地成为大贪巨腐。究其原因，目前中央国有企业政企不分的管理体制弊端是一个极为重要的因素。在目前的中央国有企业管理体制下，企业"一把手"具有双重身份，他们既是官员又是企业头头；既有企业董事长、总经理，又有行政级别或党委书记等头衔。面对官场的利益和种种权力带来的待遇及好处，他们无疑要尽力追逐，官场的权力可以带来金钱与美女，哪一个能禁得住诱惑呢？况且，官场上的行政制度存在种种漏洞，又给"一把手"们利用手中掌握的企业资源与钱财向官员们行贿，为自己升迁打开通道。不仅如此，由于他们手中直接掌控几十亿、几百亿乃至上千亿国有资产，可以直接借助收购、转制、拍卖、开发及各种金融活动将国有资产化公为私，攫为己有。因此有人形象地说：国企"一把手"养腐贪腐已成为当今中国高腐高危职业。

第七，为了保证更多的中央企业达到国际"一流"企业的目标，必须对现有中央企业建立严格的惩戒与淘汰机制。在"十二五"期间，除了对现有113家央企进行战略重组外，也还要经过市场竞争优胜劣汰，对那些连年考核不达标、长期亏损、安全生产事故频发、节能环保不合格等少数企业，实行关、停、并、转，让其退出市场。少数劣质中央企业被淘汰出局，可以有效促进大多数中央企业更好地改体制、转机制、调结构，上档次，提质量，增效益，跃进至国际"一流"企业行列。这是贯彻市场经济竞争规律的必然要求与结果，中央企业的主管部门应自觉而为之、自觉推动之。

一言以蔽之曰："十二五"乃至今后一个较长时期，中央企业改革发展的战略目标是建成国际"一流"企业，它不是单纯的"规模大"、"产值高"的企业，也不是简单具有一般"竞争力"的企业，而是具有适度规模的世界一流盈利能力与水平的企业，并且是具有以不断自主创新为核心支撑的综合国际竞争力的企业。

参考文献

［1］谢卫群：《家乐福八家分店分别被罚 50 万》，人民网，2011 年 1 月 31 日。

［2］冯子标等：《企业并购中的经济技术关系》，中国审计出版社 2000 年版。

［3］龙超、邓琨：《中小企业融资与社区银行发展》，载《经济学动态》2011 年第 8 期。

［4］马克思：《资本论》第 1 卷，人民出版社 1975 年版。

［5］［6］［7］马克思：《剩余价值理论》第 1 卷，人民出版社 1975 年版。

［8］贝克尔：《人力资本》，北京大学出版社 1987 年版。

［9］聂丛笑：《去年央企营收 20.20 万亿，累计上缴税金 1.7 万亿元》，人民网，2012 年 2 月 21 日。

［10］张立栋：《央企在地方低效率投资令人担心》，载《中华读书报》2012 年 12 月 17 日。

第三章

论中央企业深化改革与科学发展

2003 年，国务院国资委挂牌成立，标志着中央企业改革进入一个新阶段。此时，中央企业总共有 196 家，大部分企业陷入生产经营困境，几乎个个企业都为不良资产难以处置而苦恼。经过 8 年多兼并、重组优化等方面的改革，企业户数减少到如今的 117 家。虽然企业户数大大减少了，但企业整体素质及综合竞争力却大幅度提高，经济效益明显提升。2005 ~ 2011 年，中央企业资产总额从 10.5 万亿元增长到 28 万亿元；营业收入从 6.79 万亿元增长到 20.2 万亿元；实现净利润从 0.45427 万亿元增长到 0.9173 万亿元；上缴税金从 0.57799 万亿元增长到 1.7 万亿元；实现了资产总额、营业收入、实现净利润及上缴税金等主要经济指标翻番，年均国有资产保值增值率达到 115%。在 2011 年公布的世界 500 强中，中央企业已有 38 家上榜。它再也不是负债累累、包袱沉重、举步维艰的国民经济发展的累赘，而是成为国民经济发展的重要支柱力量。上述伟大成就的取得，固然取决于多种因素，但根本因素是靠改革。可以肯定地讲，没有近 10 年中央企业的改革攻坚，就没有中央企业辉煌的今天。

切不可因眼前的胜利冲昏了头脑。我们必须清醒地认识到，眼前的成就来之不易，必须全力巩固与发展，切不可放弃或放松改革。只有坚持不懈地深化改革，中央企业才会在科学发展的道路上充满生机与活力地前进，实现可持续的发展。本章拟就中央企业今后如何坚持深化改革，实现可持续的科学发展，谈谈我们的一些看法或意见，求教于专家与学者们。

第一节 深化改革绝不是改掉国有企业

目前，中国有一股很强的理论鼓噪；即："国有企业障碍论"。其主旨是说，国有企业（尤其是中央企业）现在已成为中国经济发展的最大障碍，若深化改革必须首先将它改掉，除掉这个最大障碍，否则的话，中国经济就不可能实现可持续发展。之所以说这种理论鼓噪"很强"，就是因为鼓噪者中既有老一辈经济学家，又有一些中青年经济学家，且其在经济学界地位很高，名声也很大，自然影响较广。因此，有必要加以剖析。

改掉国有企业（或曰国企"退出"）理由之一是：产权主体虚置或"缺位"。这完全是从西方产权理论出发，强加在国有企业头上的一顶"破帽子"。按照马克思主义所有制理论，产权是所有制在法律制度上的实现，即法律意义上的所有权。国有企业在所有制形式上是全民所有制，其产权是全体人民拥有所有权，这是十分明确的，不存在什么"虚置"或"缺位"的状况。问题在于：全民所有，人人有份，人人又不实际占用。这主要是由于所有权与经营权分离所致。占用权、支配权、使用权同属于经营权范畴，是所有权派生的一种权利，占用权的"虚置"并不等于所有权的"虚置"。全体人民的财产所有权，并不意味全体人民直接占用或经营，委托国家这个"中介"，由其特派机构——国有资产管理委员会来实际运营与管理，并不损伤全体人民拥有所有权。因此，将全体人民的占用权误读为法律上的所有权，并冠以产权主体"虚置"，是毫无道理的。

改掉国有企业（或曰国企"退出"）理由之二是：垄断。国有企业尤其是中央企业在我国国民经济中一般居于垄断地位，甚至居于自然垄断地位。在传统经济学中，垄断被认为是自由竞争的否定和替代物，是一种市场失灵，会使市场经济丧失活力，从而导致国民经济的僵化与停滞。在我们看来，这种看法无疑是一种绝对化的理解与认识。事实上，世界任何事物都是辩证的，都具有两面性，垄断现象或垄断范畴也是一样。上述看法只是讲到垄断不利的一面，忽视或否定其积极的一面。垄断是由自由竞争引起并在自由竞争基础上形成的，它并不完全否定或排斥竞争。并且，纯粹垄断和纯粹自由竞争一样在现实生活中实属偶然状态，垄断与竞争并存是现实市场经济运行的常态。从单个国家来看，某企业是垄断型企业，它垄断了某一行业的生产和销售；但从国际上来看，它不仅不居于垄断地位，反而自由竞争能力还很弱。目前，中国的许多"垄断型"国有企业都属于这种情况。在中国加入 WTO 后，中国经济融入世界经济体系，实现世界经济一体化的情况下，中国市场与世界市场二者融合为一个统一的大市场，中国国有企业还能否轻易断言垄断呢？据说，在 1994 年时，中国最大的 500 家国有企业，其中有相当大的部分是国家垄断企业。其全年销售收入的总和还不如美国通用汽车公司一家的销售收入[1]，讲反垄断能否把这 500 家最大的国有企业统统反掉呢？美国有国家反垄断法，为什么没有依法将通用汽车公司这样的大企业反掉呢？恰恰相反，美国政府为了避免其在危机中破产还千方百计加以保护，令其继续发展壮大。

从表 3 - 1 可见，无论是企业的绝对规模和相对规模还是寡头企业绝对数和相对数，占据前 5 位的是美国、日本、德国、英国和法国。全世界绝大部分寡头企业基本上都分布在上述主要发达国家。从行业上来看，20 世纪 90 年代，世界 17 个主要产业中美国有 16 个具有销售规模居于世界排名第一的大企业，如航空业中的美国航空、饮料行业的可口可乐、化学业的杜邦、计算机和办公设备业的 IBM、电子行业的通用电气、娱乐业的迪士尼、零售业的沃尔玛、化妆品业的宝洁公司等，如今世界上的大跨国垄断企业，不都是世界上最先进、效益最好的跨国垄断企业吗？[2]

表 3 - 1　　　　　　　　　世界主要发达国家垄断寡头状况

名次	国家	绝对规模（20 亿美元）	相对规模（％）	名次	国家	寡头企业数目	相对数目（％）
1	美国	10 782.5	100	1	美国	185	100
2	日本	5 068.9	47	2	日本	100	54
3	德国	1 916.5	18	3	德国	42	23
4	英国	1 579.4	15	4	法国	39	21
5	法国	1 385.9	13	5	英国	38	21
6	意大利	1 114.6	10	6	加拿大	12	6
7	加拿大	789.8	7	7	意大利	11	6
8	西班牙	621.7	6	8	瑞士	11	6
9	韩国	614.9	6	9	韩国	9	5
10	澳大利亚	466.5	4	10	荷兰	7	4
11	荷兰	379.2	4	11	澳大利亚	7	4
12	瑞士	253.1	2	12	西班牙	5	3

资料来源：鲁政委、冯涛：《寡头垄断企业的效率性分析》，载《河北经贸大学学报》2005 年第 4 期，对规模数据以美国为基准，由作者自行整理。

垄断企业由于规模庞大，更有利于开发新技术，采用优越先进的生产方法，实现规模经济。对此，创新主义经济学家熊彼特明确指出："垄断者能得到优越的生产方法，一大批竞争者根本得不到这些方法或者很难得到它们。……换言之，此竞争这个要素可能完全失去作用，因为垄断价格和垄断产量与那种和竞争假设相一致的企业能达到的生产效率和组织效率水平上的竞争价格和竞争产量相比，价格不一定较高，产值不一定较小。……没有理由怀疑，在我们时代条件下，这种优越性事实上是典型大规模控制单位的突出特征。"[3]

改掉国有企业（或曰国企"退出"）理由之三是：国家所有制缺乏存在的

必然性。持这种意见的人认为，马克思主义经典作家讲社会主义存在国家所有制是指发达的社会主义，而我国目前的社会是不发达社会主义，即社会主义初级阶段。以此从理论上否定社会主义初级阶段国有制存在的必要性，笔者认为是站不住脚的。

国家所有制的性质取决于国家的性质。有资本主义国有制，也有社会主义国有制。关于资本主义国有制，恩格斯明确指出："资本主义社会的正式代表——国家不得不承担起对生产的领导。这种转化为国家财产的必然性首先表现在大规模的交通机构，即邮政、电报和铁路方面。"关于社会主义国有制，恩格斯指出："这种生产方式（指资本主义生产方式——引者注）迫使人们日益把巨大的社会化的生产资料变为国家财产，同时它本身就指明完成这个变革的道路。无产阶级将夺取国家政权，并且首先把生产资料变为国家财产，"他还指出："国家真正作为整个社会的代表所采取的第一个行动，即以社会的名义占有生产资料，同时也是它作为国家所采取的最后一个独立行动。"[4]从上可见，伴随资本主义生产方式被社会主义生产方式所取代，资本主义国家所有制亦将被社会主义国家所有制所取代。国家所有制不仅是社会主义国家作为整个社会代表，以社会名义占有生产资料的初始的第一个行动，也是社会主义国家以社会的名义占有生产资料的最后一个独立行动，不管是社会主义初级阶段还是社会主义高级阶段，整个社会主义历史阶段，国有制都仍将存在。这种理解完全符合恩格斯的原意，因为恩格斯在做上述的论断时，他在理论上并没有把社会主义划分为初级的或高级的历史阶段。因此，以后来出现的社会主义的不同阶段划分来否认社会主义国家所制存在的必然性，是没有道理的，也是毫无根据的。

第二节　深化改革：中央企业可持续发展的动力机制

改革是一场革命，是发展社会生产力的重要推动力，这是邓小平对马克思主义关于改革与发展关系理论的重大创新与贡献。这个论断和思想，不是随意构想出来的，而是依据党的十一届三中全会以后中国农村经济体制改革的成功实践经验提出来的。邓小平说："为了发展生产力，必须对我国的经济体制进行改革，实行对外开放政策。党的十一届三中全会以来，我们逐步进行改革。改革首先从农村开始。农村改革已经见效了，农村面貌发生了明显变化。有了农村改革的经验，现在我们转到城市经济体制改革，城市经济改革是全面的改革，从去年下半年开始到现在有一年时间了。城市经济改革比农村经济改革复杂得多，难免出差错，冒风险。我们意识到了这一点。但是，要发展生产力，经济体制改革是必由之路。"[5]

同样道理，中央企业要实现可持续发展，深化其经济体制改革是必由之路。或者换句话说，深化中央企业的体制改革是实现中央企业可持续发展的根本动力机制。

一、实行国有资本集中，推进中央企业战略重组与优化，以实现企业规模效益最大化

改革开放以后，通过"抓大放小"使大量不具备比较优势的国有中小企业退出，并对那些经营不善的国有大中型企业实行兼并、破产，让市场经济的优胜劣汰机制发挥作用。1998～2003 年，我国对大约 5 000 多户经营困难的国有大中型企业实施了破产，有 900 多万员工下岗、失业并重新安置。自 2003 年国资委成立以来，我国一直大力实行国有资本集中方针，推进国有大中型企业战略调整与优化重组，促进国有资本向优势产业、战略产业、高新技术产业等产业集中，以实现控制国民经济脉及国家战略新兴产业目标，并达到企业组织规模效益最大化。这使得中央企业的数量从 2003 年的 196 户，锐减至目前的 117 户。国有企业战略重组规模之大、速度之快、效果之明显，都是亘古未有的。但这离国家确定的改革发展战略重组目标仍有很大差距。国家计划"十二五"要建成一批国际一流企业，中央国有企业数量要缩减到 80 户左右，因此要上规模、上质量、上档次、上效益，解决目前我国国有企业规模较小、质量不高、档次偏低、效益较差的问题。推动国有企业战略重组、资本集中与结构优化不仅是当今中国深化国有企业改革的必然选择，也是国有经济实现规模效益最大化，跃上新台阶的重要推动力量。

二、深化产权制度改革，以实现产权制度安排收益最大化、合理化

国有企业产权制度改革是建立起一套规范的现代企业制度，其核心是如何确立企业法人财产权制度。国有制企业的财产权利主体是国家，国家又是全体人民利益的代表，国有企业的财产归于国家，属全体人民所有，企业有占用、支配和使用的权利，即企业经营者有经营管理权。这种财政关系本来是十分明晰的。但是，企业经营者是在国家委托关系下经营管理企业，企业经营目标与国家委托目标之间存在巨大差异和矛盾，国家（全民、系股东）与经营者目标的差异和矛盾性在于国家追求资产保值增值最大化，经营者追求个人收益最大化。合理的企业法人财产制度应该是在上述双方博弈均衡条件下实现收益最大化。然而，

在当今条件下，国有企业的现状是所有者——国家（全体人民代表）的利益被企业经营者（经营管理层）损伤和侵占，即人们通常称谓的"内部人控制"。其重要表现是"企业剩余"全部归经营管理层所占有，股东（所有者）根本分不到"红利"。近两年虽然稍有改变，但大头仍被经营管理层所攫取，突出的表现即国有企业的经营管理层拿几十倍甚至几百倍高于普通劳动者收入的年薪和奖金。普通劳动者本应是企业法人财产权的一个重要主体，对"企业剩余"拥有分享权。最低起码他们还是"全民"的若干分子，理应有分享"企业剩余"的权利。正是由于上述原因，国有企业的权利安排失衡和明显不合理，所以导致企业经营管理层收益最大化、股东（全民）及企业生产者收益最小化。国有企业内部分配不公，其根源在于产权制度安排不合理，不能就分配谈分配，而必须深入进行产权制度改革。产权制度改革是推动企业收入分配合理化，股东收益、经营管理层收入和普通生产者收入三者合理化、最大化的主要动力和源泉之一。

三、技术改革与创新，是增强企业活力，增强企业综合竞争能力的不竭动力源泉

江泽民同志在党的十六大报告中指出："创新是一个民族进步的灵魂，是一个国家兴旺发达的不竭动力。"对于企业来说，更是如此。福特汽车公司创始人亨利·福特有句名言："不创新就灭亡"；微软公司创始人比尔·盖茨更是反复讲创新对企业生存与发展的极端重要性，他说："企业繁荣中孕育着毁灭自身的种子，要防止这种毁灭的唯一对策就是坚持不懈的创新"，"微软离破产永远只有28个月，不创新就灭亡。"[6]中央企业不仅是中华民族创新的重要承担者，更是创新型国家建设的顶梁柱，因此，自主创新是民族进步和国家富强赋予中央企业的神圣职责，更是时代赋予中央企业的光荣使命。

改革开放以来，中央企业在科技创新方面已取得辉煌的战绩，成为中华民族自主创新的主力军。国家科技进步奖的特等奖全部由中央企业所获得，一等奖的60%也由中央企业所获得，国家专利申请和授权数量，中央企业也占40%以上。过去的5年，有65家中央企业进入国家级创新型企业行列，有48.9%的新增国家级重点试验室在中央企业。载人航天工程、嫦娥二号工程取得圆满成功，中国南车、北车的列车制造技术的创新，大庆油田持续高产开发技术的重大突破，上海贝尔新一代宽带无线技术自主研究成功，以及特高压输电示范工程的完工等等，这些处于世界领先水平的科学技术，无一不是由中央企业完成的，或是由中央企业主导完成的。

　　然而，必须清醒地看到，中央企业的科技发展现状与民族和国家赋予的使命的要求相距甚远，明显不相适应。一是中央企业科技创新经费投入明显不足。2009 年，我国中央企业科技研发集中度为 1.05%，美国在 2008 年就达到了 3%，欧盟 100 强企业 2009 年则达到 2.4%。英国商业、创新和技能部（BIS）2010 年发布的全球 1 000 强企业研发投入报告显示，中国大陆地区 21 家进入排名的企业，其研发集中度为 1.2%，中国香港地区进入排名的 8 家企业研发集中度为 1.7%，分别比非盟国家 1 000 强企业平均研发集中度低 2.7 个和 2.2 个百分点。日本丰田汽车的科技研发投入超过 73 亿英镑，德国大众汽车的研发投入超过 57 亿英镑，而唯一上榜的中国东风汽车公司的研发投入仅为 1.47 亿英镑，连丰田、大众的一个零头都没有，[7] 那些榜上无名的中国中央企业，就更不值得一提了。二是中央企业人才流失现象严重。科技创新要靠人才。由于中央企业人才管理体制同市场经济发展要求还不相适应，企业急需的科技创新人才引不进来，原有的科技创新人才留不住。尤其是科技人员在工资及福利待遇上远不及中高层管理人员，再加上工作环境的种种不如意，使得一些科技人才流向国外和一些待遇优厚的私营企业。国内一些大型私营企业或一些知名股份制企业的科技人才有相当大的部分是靠从中央企业挖过来的。另外，中央企业与政府关系密切，企业中高层领导同政府官员藕断丝连，人事关系复杂，使得不少中央企业成为安排官员及官员亲属的"安乐窝"，有棱有角的科技人才看不到发展前景及升迁的希望，只好卷起铺盖走人。再加上如今潜规则在中央企业盛行，也使有才华的科技人才难以立足，发挥作用的"硬约束"，这些都是妨碍中央企业科技人才积极性得以发挥的障碍。三是中央企业缺乏具有独立知识产权的品牌和名牌产品。只有独立知识产权的高科技产品，是提高企业综合竞争力，扩大市场占有率的有效"武器"，更是在激烈市场竞争中制胜的有力手段。目前我国已有近 200 种产品的产量在世界排名第一，但是其质量、市场占有率并不第一，真正在国际市场上独占鳌头的名牌产品并不多。我国是制造大国，但还不是独立品牌的创造大国。我国是贸易大国，但还不是贸易强国。在出口的产品中，拥有自主知识产权和自主品牌的产品只占总量的 10% 左右。总之，我国中央企业的科技创新体制还很不完善，独立的创新体系尚未形成，长期困扰企业的产研脱节，科研成果转化渠道不畅和科研行为短期化等问题还没有从根本上得到解决。解决这些问题的根本出路与对策就是进一步深化中央企业科技体制改革，整合中央企业的科技资源，建立中央企业科技创新体系与战略联盟，搭建"产—学—研—用"相结合的科技创新平台，以使中国中央企业的科技创新跃上新高度、新水平。

第三节　中央企业的科学发展与转变发展方式

改革不是目的，改革是为了发展，发展也不是目的，目的是为了人，为了满足人的需要。社会主义企业生产的根本目的是最大限度地满足全体人民日益增长的物质文化需要。人—物—人是从人的需要出发，通过物质文化财富的生产，落脚点是满足人的需要，这是人本主义经济学的核心。

科学发展观是上述马克思人本主义经济学的运用与发展。胡锦涛在党的十七大报告中对科学发展观的科学内涵做了全面、深刻、系统的阐述，明确指出："科学发展观，第一要义是发展，核心是以人为本，基本要求是全面协调可持续，根本方法就是统筹兼顾。"中央企业深化改革一定要以科学发展观为统领，坚持以人为本，实现全面协调可持续发展。为此，中央企业必须努力转变发展方式。

第一，从追求产值、速度向追求质量、效益转变，做提高发展质量，讲求效益的排头兵。盲目追求高产值、高速度是传统经济增长方式的痼疾，具体表现是企业注重数量扩张，把产值增长看做是衡量企业业绩的主要指标，以产值高低论英雄，看企业增长速度快慢比高下。质量第一、效益至上，往往是写在墙上的口号和文件里的关键词，经济活动实践上往往丢在一边。这种情况在中央企业可以说有很大改观，但也没有从根本上摆脱产值与速度的困扰。质量第一，效益至上，真正付诸中央企业经济活动的始终，真正成为企业自觉行为和持久不懈的追求，仍需要付出艰辛的努力。在当今中国，讲求质量与效益，在全国各类企业中，最好的当属中央企业，但是距离高质量、高效益的排头兵尚有较大差距，具体表现是中央企业仍有近1/3经济效益下滑，甚至有一部分企业由于产品质量档次不高，市场销售困难，出现严重亏损的情况。

第二，从外延扩张型发展模式转向内涵集约型发展模式，做内涵集约型发展的典范。扩大投资，上新项目，铺大摊子，依靠外延扩大再生产来扩张企业规模，这是传统发展方式的典型特征，也是中央企业惯用的发展模式。中央企业要想真正转变发展方式，必须从根本上摆脱这种发展模式的束缚，自觉走上内涵集约发展之路。可以实事求是地讲，当今中央企业还没有真正完成这个转变。仅2011年国资委下属中央企业与地方政府协议签约的投资项目余额就超过10万亿元，某省仅一家就超过2万亿元。到2012年，更是势头不减。仅2~4月，中央企业就分别同新疆、安徽、河南、广西、吉林召开项目对接会、合作发展、投资洽谈会，有的省份还专门举办央企在本省扩大投资洽谈会，迎来中央企业扩大地方投资的新热潮。有资料表明，2011年中央企业的地方投资平均净资产收益率仅为8.4%，剔除息税后的总资产回报仅约3.2%，还不及银行的1年期基准存款利率3.25%高。[8]内涵集约发展方式，就是企业在发展规模不变的情况下，依靠自身挖潜，节约资源，改进生产技术，通过提高企业劳动生产率来实现经济增长与发展。中央企业应该成为全国内涵集约发展的先锋与典范。

第三，从资源浪费型企业转变为资源节约型企业，做资源节约型社会建设的中流砥柱。中央企业有1/3以上是工交企业，这些企业分布在石油石化、煤炭、电子、电力、钢铁、有色金属、机械制造、运输、建材等关系国家安全和国民经济命脉的重要领域，既是能源、原材料等资源的生产大户，也是消耗大户。以中国石油天然气集团公司为例，2005年中石油年产的油气当量折合标准煤占全国生产总量的1/10，年能耗折合标准煤占全国能耗总量的2.6%，能耗之高由此可见一斑。科学发展不仅使企业要重视"开源"——发展能源生产，同时还必须重视"节流"——搞好能源和资源综合利用与节约，坚持发展与节约并重、节能优先的原则。节约能源和原材料等资源的消耗，中央企业应唱主角，是主力军，率先建设成为能源及资源节约型企业。但现在最突出的问题是，中央企业的能源和资源的利用率与世界先进水平还存在较大差距。中国华能集团单位供电煤耗比德国和法国高14克左右，厂用电率比国际先进水平高出0.67～1.62个百分点。中国石化集团多数炼油企业能耗指标比国外先进水平都高（见表3-2）。

表3-2　　　　中国中石化集团炼油综合能耗等指标与世界先进水平比较

项目	单位	中石化	世界先进水平
炼油综合能耗	千克标油/吨	68.59	53.2
乙烯燃动能耗	亿立方米	678	550～600
加工吨原油取水量	亿立方米	1.08	0.5
加工原油损失率	%	1	0.5
综合利用率	%	5.68	

资料来源：李寿生、陈国栋：《中央企业在资源节约型社会中的地位和作用研究》，载《管理世界》2007年第1期。

可喜的是，中央企业都已看到了差距，瞄准国际先进水平，在节约能源及资源上奋起直追，现已取得长足进步。中石化集团目前已累计关停落后炼油能力1 620万吨，炼油原油加工综合能耗每吨66.23千克标油，同比减少2.81千克，乙烯燃动能耗每吨677千克标油，同比减少6.48千克，工业水重复水利用率95.5%，同比提高0.5个百分点；加工吨原油取水量0.82立方米，同比降低

0.23 立方米。中国石油天然气集团"十一五"5 年节能 660 万吨标准煤、节水 2.55 亿立方米、节地 2 100 公顷；国家电网公司 2010 年提出线损率比 2005 年下降 0.3 个百分点，线损电量减少约 90 亿千瓦时的目标；中国华能在"十一五"期间实行了建设资源节约型三步走的战略，2010 年末达到资源节约型企业标准，平均供电煤耗、发电水耗和厂用电率等项指标达到国际先进水平。[9]

　　第四，从生态环境损伤型企业转变为生态环境友好型企业，做保护生态环境的模范与标兵。中央企业有些不仅是"三废"（废水、废气、废渣）排放大户，而且是森林、植被、水流的损伤与污染大户，对改变当地的生态环境有着重大的责任与作用。如石油、煤炭的开采、矿山与草原的开发利用与建设，水利工程建设与水流的治理，这些无不涉及生态平衡与环境的优化。应当承认，在生态环境的保护与治理上，在各类企业中，中央企业做得是最好的，如"三废"的治理和环境的优化等，但是与它们应负的责任和应付出的贡献相比还有很大的差距。也就是说，117 户中央企业并没有真正成为环境优好型企业，在企业科学发展上尚需不断努力，作出新贡献。

　　总之，中央企业是企业界的"国家队"，在国际竞争舞台上反映着中国企业的整体形象，在很大程度上代表着国家经济实力与水平，因此在经济发展方式转变上，在贯彻落实科学发展观上，在经济社会发展上都应占据主体地位，发挥主导作用，率先垂范，当先锋，做表率。只有这样，才能不辜负国家的重托和全体人民的厚望。

参考文献

　　[1] 邵宁：《珍惜"来之不易"，稳步推进改革》，人民网，2012 年 4 月 12 日。

　　[2] 默里·L·韦登鲍姆：《全球市场中的企业与政府》，上海人民出版社 2002 年版。

　　[3] 约瑟夫·熊彼特：《资本主义、社会主义与民主》，商务印书馆 1999 年版。

　　[4] 恩格斯：《反杜林论》，引自《马克思恩格斯文选》第 3 卷，人民出版社 1972 年版。

　　[5]《邓小平文选》，人民出版社 1977 年版。

　　[6] [7] 李政主编：《中央企业技术创新报告》，中国经济出版社 2011 年版。

　　[8] 张立栋：《央企在地方低效率投资令人担心》，载《中华读书报》2012 年 12 月 17 日。

　　[9] 李寿生、陈国栋：《中央企业在资源节约型社会建设中的地位和作用研究》，载《管理世界》2007 年第 1 期。

第四章

中央企业治理结构创新与优化

综观中国的改革开放，在制度层面的核心改革有两项：第一，构建市场经济的基本框架，使市场在配置资源和调节经济行为等领域成为最基础的制度规则。吸引外资，发展私有经济丰富了市场中的参与主体，为市场竞争创造前提，并促进了国内市场和外部市场的接轨，因而隶属于这一任务。第二，探索公有制经济和市场经济相互融合的方法和途径。在这一过程中，以公有制属性强化和完善为核心，利用市场机制激发公有制的活力，从而弥补公有制经济跨越式发展的不足，使其优势得以充分发挥。并且通过这些优势的发挥，缓解和纠正市场经济存在的机制失灵问题，在公有制经济发展的同时促进市场经济的演进。以国有企业为核心的各项改革便隶属于这一任务。二项任务相辅相成、相互依托，统一在一起方可称为构建中国特色的社会主义市场经济。而第二项任务使社会主义市场经济与其他国家市场经济在本质上相区别，它的完成情况将决定整个改革任务的成败。

如何重新构建公有制经济的微观结构，使其真正适应市场机制，成为市场竞争的独立主体，并且据此理清公有制经济与其上层建筑和市场三者之间的彼此界限，这无疑是第二项改革任务的核心和难点。对此，不单单东欧等转轨国家，即便是资本主义发达国家，也同样在思考这一问题。虽然后者往往仅将其视为一种人道主义的价值理念，对公有制经济的发展设立种种制度限制，但公有制经济依然以不同的组织形态在经济领域发挥积极作用。公有资产局、国家投资银行以及国家企业投资委员会等，各国利用这些新的经济组织调控和管理其公有资产，使公有制经济能与市场经济对接，发挥资产的规模效应，并以此更加平等地分配由大企业创造的资产回报。[1] 而一些自发性质的准公有制经济，同样在世界各国普遍存在，如美国太平西北沿岸的胶合板合作社，将资本和劳动两大要素较为公平地结合在一起，给予工人极大的自主意识和主人翁意识，其生产效率较标准的资本主义企业有很大提高，并且工人福利水平和职业稳定性也有显著的改善。[2] 总

---

① 俞可平：《全球化时代的"社会主义"》，载《马克思主义与现实》1998 年第 2 期。
② 塞缪尔·鲍尔斯：《理解资本主义：竞争、统制与变革》，中国人民大学出版社 2010 年版，第 121 页。

之，无论对公有制经济持何种态度，各国都存在公有制经济，并且以各种独具特色的组织形态和治理结构融入市场经济当中。

中国作为少数坚守社会主义理想和路线的无产阶级专政国家，对待公有制经济的态度自然不能是漠不关心和刻意忽视，更不能是严防死守和极力遏制。1956年，毛泽东提出的十大关系中，就将政府和企业的关系作为重要的一个方面，开始了理清政企关系、激发企业活力的最初尝试。期间几经波折，至1993年十四届三中全会，中国确定公有制经济改革和发展的新方向，即建立现代企业制度，以适应市场经济。以企业形态重新组织公有资产和劳动力，是公有制经济融入市场当中的必要前提，也是中国市场经济能够和全球市场经济对接，从而利用外部资源拉动中国发展的重要途径。此后，国有企业改革，特别是中央企业改革的重点和难点便集中在以资产所有权为核心链条，以所有权和控制权相互分离为基本特点的现代企业公司治理结构的构建和完善上。而国有资产因其自身特征，以及央企所处的经济地位，发展目标和路径的特殊性，其治理结构的完善较其他种类企业面临更大的挑战。时至今日，中国的中央企业历经数次战略重组，在资产规模、技术实力和盈利能力等方面都取得了明显的进步，但是其企业治理结构领域依然存在问题，国资委的权责划分、董事会等机构设立和完善以及央企母公司和子公司的治理关系等方面的改革都远没有达到预期目标，加之近期中石油集团核心管理者出现了严重的违纪行为，这更预示着企业治理结构所要解决的根本问题——内部人控制还普遍存在，对内部人行为的激励和约束还远远没有达到理想水平。因此要深化央企公司治理结构的改革，必须认清上述问题和难点，从国资委到央企下属子公司，调整整个公司治理链条，使其既符合中国的非正式制度，满足公有制实现的要求，又能够激励和约束管理者行为，激发企业活力。

第一节　国有企业治理结构改革和演变的路径

要深入了解央企公司治理结构的现状及其存在的问题，需要以历史的视角观察关于国企治理结构等相关领域的改革和演变路径，特别是要注意其中非正式制度的逐步转变。只有如此，才能对现状和问题的形成背景和原因有清楚的认识，对央企治理结构的特点和症结所在有准确的把握，方能对症下药，找到合理的、有针对性的解决方案。

一、正式制度的变迁路径

计划经济时代，现代意义上的企业并不存在，工厂或单位成为全能政府组织生产的微观末端，绝大部分权力——"人财物产供销"都在政府的控制之下。此外，这些单位不单单承担生产职能，还要负担职工及家庭成员的学习、生活和就业等社会职能，本身机构组织庞大繁缛，且又严格服从上级指令。"所有国营企业都被放置于国家经济官僚机构的管辖之下，这些国营企业具有官僚治理结构、鲜明的管理和激励机制、为职工提供社会服务和福利的特征。"[①] 这种生产组织方式，虽然有利于短时间内恢复生产，但是本质上却超越了生产力发展的水平，单位和政府、个人和集体之间还没有能力实现信息完全对称和无交易成本的快速沟通，这对微观个体自主性和灵活性的造成了极大遏制，弱化了劳动力对生产资料的直接掌控，从而阻碍生产力的进步，改革势在必行。

(一) 原有结构下的权利调整

改革的最初，政府并不想破坏原有基本的治理结果框架，而仅仅是想通过个别权利在政府和单位之间分配和个别岗位权责的调整来实现绩效改善的改革目标。1978 年，国家就在四川省进行了 6 个国营企业扩大经营自主权的试点，并于1981 年起在全国范围内全面铺开。此次"放权让利"政策，给予企业利润分配、生产计划和产品销售等方面的部分权力，并逐步涉及用人制度等方面。在向企业放权的同时，政府和企业之间最大的关系调整体现在剩余索取权上，表现为"利改税"和"拨改贷"，这意味着政府不再对企业负有无限投资责任，也不再拥有所有的剩余索取权。政企之间的权责关系开始划分，企业的外部制度边界开始形成。此后，国家在国企改革中继续理清政企之间的权责关系，在放权的同时开始要求企业自负其责，并逐步调整企业内部的权利配比结构。1987 年，国家召开全面推行厂长负责制工作会议，要把厂长（经理）负责制作为企业的根本制度，以完成企业领导制度改革。放权之后，政府将企业获得的控制权分配给厂长（经理），并附加一系列配套的监督制度。但是这并没有从根本上改革原本企业的治理结构，"无论是行政领导负责制、书记负责制、党委领导下的厂长负责制还是厂长（经理）负责制，都可以找到当时（计划经济时期）国营企业厂长负责制这一路径的影子。"[②] 围绕着厂长负责制，政府将其作为委托代理关系的雏形，继续尝试理清企业剩余索取权的分配，国企改革步入承包经营制时期。承包制和厂长（经理）负责制成为改革初期关于剩余控制权和剩余索取权最基本的正式制度，深刻影响了其后国企治理结构的演变。但是这些正式制度的变化并没有触及

---

① 张佳康：《中国国有企业公司治理制度变迁》，载《学习与探索》2013 年第 4 期。
② 汤吉军、年海石：《国有企业公司治理结构变迁、路径依赖与制度创新》，载《汉江论坛》2013年第 2 期。

传统单位制的根本，企业及其经理所承担的权责在范围和时效上都十分有限，权利只是在量的层次上进行了重新划分，并没在质上冲破原有的治理结构。

（二）建立现代企业制度：微观主体组织形态的确立

随着时间的推延，治理结构对经济发展的负面影响越来越明显，原有小修小补的改革策略并不能从根本上解决问题。同时，企业的外部环境也发生了变化，通过各项改革的联动作用，价格、税收和财政等体制逐步转变，银行为主的金融体型初步成型，市场的力量开始成长，极大地冲击了原有的治理结构，因而建立新的治理结构迫在眉睫。1992年邓小平南方谈话确立了市场化改革的决心，国企改革的破冰之举呼之欲出。1993年中共中央十四届三中全会通过了《中共中央关于建立社会主义市场经济体制若干问题的决定》，提出要建立适应市场经济要求，产权清晰、权责明确、政企分开、管理科学的现代企业制度。并特别强调全国性行业总公司（央企的前身）要逐步改组为控股公司。至此，国企公司治理结构开始发生根本性变化，治理结构改革的视角由官僚级层框架内行政权力的分配和调整转变为企业法人产权基础上产权各种权能的分离和分配。凭借企业法人产权，企业真正可以从政府体系中独立出来，并据此融入资本市场，开展股份制和产权多元化改革。同时，企业内部各个层级也以企业法人产权为核心，形成所有权和控制权相互分离的现代企业治理结构，政府的权责最终被限定在出资人的权责范围内，整个委托代理链条逐步清晰。但是建立现代企业制度的难度很大，1994～1996年的两年试点过程中出现了只关注"产权清晰"一个方面的倾向，原有治理结构和新治理结构也存在不兼容的问题。① 此后国企改革集中在企业不良资产剥离、冗员下岗、"抓大放小"的企业战略重组等方面，为国企"排毒瘦身增强体质"。1999年中共十五届四中全会，明确提出公司法人治理结构是公司制的核心，并以"双向进入"为原则，突破性解决"新三会"和"老三会"的矛盾问题，新旧治理结构逐步调和。2000年国务院通过《国有企业监事会暂行条例》，2001年证监会颁布《关于在上市公司建立独立董事制度的指导意见》，这些政策为国企治理结构添入了新的元素，企业内部的公司治理框架趋于完善。

（三）国资委诞生：国企专业治理机构出现

微观经济组织的根本改革，自然要求其外部的管理结构也发生根本性的变化。这种改革早在确立现代企业制度之前就已开始尝试，1988年国务院批准建立国家国

---

① 彭森、陈立：《中国经济体制改革重大事件（下）》，中国人民大学出版社2008年版，第532页。

有资产管理局，但是由于政府机构改革的滞后，政府其他行政部门与其职能发生交叉和冲突，1998 年该机构被撤销，国有企业管理体制又陷入"多头治理"的困境，出资人的缺失更使国企整个治理结构体系最终的权利源头模糊。因而短暂的改革反复之后，2003 年国务院成立国有资产监督管理委员会，第一次在中央政府层面上实现政府公共管理职能与国有资产出资人职能的真正分离。国企管理权的分散和多头的局面结束，专业治理机构自此诞生。整个委托代理链条因此而完整，国有资产出资人的职责、权利和履行职责的方式被清晰的界定，企业内外部核心的制度基础就此确立，国企公司治理结构的后续改革便是在这一基础上的不断完善。国资委的出现，也使国企依据国有资产监管权限划分为中央企业和地方企业，央企从此出现且成为国企改革的核心和代表。此后，国企公司治理结构改革在国资的推动下展开，2004 年国资委颁布《关于中央企业建立和完善国有独资公司董事会试点工作的通知》，对董事会内部机构和外部董事等事项作了细致的规定，并在 7 家央企进行试点，建立现代企业治理结构在央企全面铺开。同时，国企改革在法制层面也取得进展，2008 年《中华人民共和国企业国有资产法》通过全国人大常委会审议，对国有资产及其权利分配给予法律解释，国企治理结构改革的正式制度变迁由行政领域扩展到法律领域，完成了由经济基础到上层建筑的一整套正式制度变革。

二、非正式制度的变迁路径

非正式制度多指行事准则、行为规范以及惯例，而正式制度为政治规则、经济规则和契约。① 非正式制度虽然不及正式制度具有强制性和明确性，但是其往往涉及对事物的认识领域，变化程度缓慢且连续，即可能产生思想解放来推动正式制度的演进，又可能会形成认识上的惯性导致正式制度陷入路径依赖当中。因而认清正式制度背后非正式制度的变化十分必要。

（一）不断加深对市场经济的理解

如图 4 - 1 所示，中国对市场机制以及其在经济领域中地位的认识处于不断地发展和演化当中，从最开始认为市场机制只能在经济领域起到辅助作用，到明确提出建立社会主义市场经济。中国逐渐认识到市场机制是社会主义初级阶段生产力发展的必然要求，改革围绕建立和完善社会主义市场经济而展开。同时，对市场经济在资源配置所起作用的认识也不断加深，从基础作用上升为决定作用，这意味着市场的功能被得到充分肯定，国有企业原本作为计划体制下无自主性的

---

① 道格拉斯·C·诺思：《制度、制度变迁与经济绩效》，上海人民出版社 2008 年版，第 50、65 页。

指令"末端",如今必须遵守市场的规则,同时自然要求政府赋予其参与市场竞争所必需的最基本的权利。可以说,对市场不断加深的认识的,成为推动国企改革,特别是以产权为核心的治理结构改革的思想源泉。市场得到肯定,那么以市场为导向的现代企业治理结构的实践也势在必行。

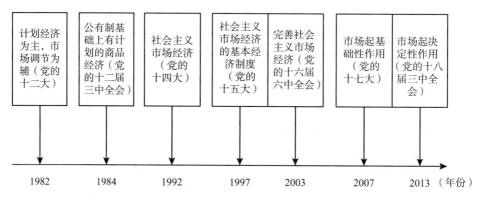

图4-1 中国对市场经济制度的认识过程

资料来源:作者根据历年中共会议内容整理而成。

(二)股东价值最大化公司治理观念在中国的兴起和传播

思想上对国有企业应市场化的观点已经达成共识,则接下来要解决的认识问题便是采取何种治理结构以使企业适应现代市场。对此,中国原有的理论体系缺乏这方面的研究,向外部发达国家学习成为可行且必然的途径。世界范围内存在多种治理模式,大致分为亚洲的家族式治理模式、日德的内部治理模式和英美的外部治理模式。[①] 这些模式是企业为了适应不同类型市场经济环境而自发产生,企业在市场竞争中对其治理结构不断调整,并且随着企业规模的扩大而将自身治理理念向外传播。而其中在世界范围内最具影响力、存在范围最广的模式恰是英美模式。这种模式以美国经验为蓝本,以股东价值最大化为企业发展的最终价值取向,股份相当分散,大部分企业控制权集中在经理层手中,必须依靠职业经理人市场和资本市场等外部成熟的监督体系来保证股东利益最大化的实现。美国经济的强势地位以及其企业在全球范围的跨国经营,使得这种治理模式迅速传播,而中国确定国企建立现代企业制度时,更是恰逢美国长达十多年的经济繁荣期,美国企业自然被视为现代企业的典型,其治理结构及其股东价值最大化的治理观念被中国引入,组织架构、股权设计和经理层激励约束也逐渐成为理论研究的焦

---

① 李维安:《公司治理学》,高等教育出版社2005年版,第33页。

点。股东价值最大化观念强调产权制度设计上的边界清楚，强调产权要有充分的市场流动性，这些观点推动了国企产权的改革，产生了企业所有权安排等同于企业治理结构的观点。① 除此之外，国际经济组织努力推动这一观念在发展中国家的传播，深远地影响了转型中的国家。这些国际经济组织以联合报告和咨询建议等形式向中国宣扬与股东价值最大化观念一致的治理结构，为国企改革提供了一种合理性和现代性的标准。

第二节　中央企业公司治理结构的现状

中央企业中大部分是由行业性全国总公司转制产生，经过了一系列战略重组，目前有113家，公司规模较大，多为集团公司和有限公司，一般下设数量众多的分公司或科研院所，同时也拥有数量众多的子公司和控股或参股公司，并且子公司中有很多已经上市。央企历经多年改革，整体营利能力和竞争力显著提升，控制力和影响力明显提高。在公司治理结构方面，在国资委成立之前，央企并没有和其他国企相区别，虽然也进行了建立现代企业制度的改革，央企法人治理结构的基础框架得以建立，但是央企大多是"翻牌公司"，前身本是国务院相应部委或其直属企事业单位，自身特性和历史原因使得其完善治理结构的进程缓慢，原有的制度残余较多。2004年起以国资委领导的中央企业董事会试点及建设为核心，央企公司权力机构、决策机构、监督机构和经理层之间的权利划分开始明晰，各机构之间的制衡机制成为改革重点，央企公司治理结构改革迎来了新阶段。

一、央企公司治理结构的分类

由于央企建立现代企业制度正处于进行当中，央企各自的改革程度所有不同，所以其现有治理结构也有所区别。概括而言，可以将央企分为三类，分别为：未进行董事会试点的国有独资央企；进行了董事会试点的国有独资央企；整体上市的国有控股央企。这三类企业的公司治理结构明显的区别，以各类企业中的典型企业为例，可以通过下列图表进行比较。

图4-2和图4-3是中国核工业建设集团公司及其上市子公司中国核工业建设股份有限公司公司治理结构图。这类央企，其集团母公司为国有独资企业，母公司没有进行董事会改革，集团拥有众多的子公司、控股公司和参股公司，且大

---

① 张维迎：《所有权、治理结构与委托—代理关系》，载《经济研究》1996年第9期。

多有上市的股份有限公司。截至2011年6月30日，一共有30家中央企业建立健全的公司法人治理结构，这意味着依然有74%的央企没有建立董事会，所以这类央企的公司治理结构代表了整个央企治理结构的基本现状。这类央企母公司自身的法人治理结构处于一种新旧体制混合状态，党组作为其最高管理层，源于旧有机构，并配有纪检组，这仍属于典型的中国式行政管理体制，但是党组下却设有总经理部，由总经理部进行母公司日常的经营管理，这意味着党组与经理层进行了权利分离，具备了一定程度的现代企业治理结构的特征，党组拥有部分董事会的职能。这种治理结构凸显出母公司具有很强的行政属性，更多意义上近似于众多子公司和控股公司的上级管理机构，成为国资委和生产企业之间的中介层。而且集团公司的优质资产及主营业务往往集中在下属上市的股份制有限公司中，由于证监会对于上市公司有更为严格和统一的要求，所以这些上市子公司的公司治理结构较为正规和完整，从图4-3可见，中国核工业建设股份有限公司具有股东大会、董事会、监事会和经理层，董事会下设专门委员会，经理层管辖的职能部门齐全，各级层权力边界清晰。因此，母公司治理结构较子公司治理结构相对落后也是此类央企公司治理结构的突出特点。

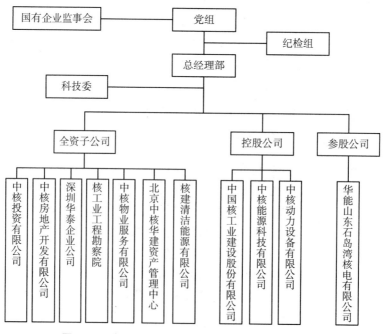

图4-2　中国核工业建设集团公司法人治理结构图
资料来源：中国核工业建设集团官方网站，http：//www.cnecc.com/g282.aspx。

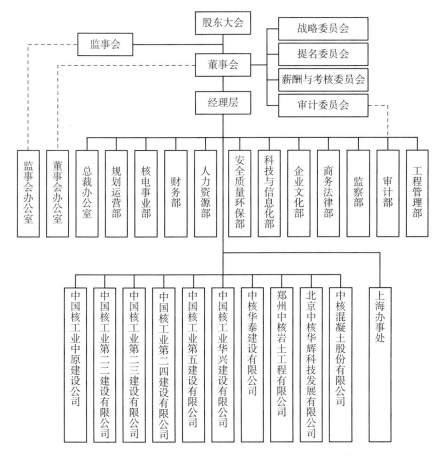

图 4 – 3　中国核工业建设股份有限公司法人治理结构图

资料来源：中国核工业建设集团官方网站，http：//www.cnecc.com/g282.aspx。

图 4 – 4 是宝钢集团有限公司治理结构图。2005 年宝钢集团成为最早进行董事会试点的央企之一，是这类已进行试点的央企代表。从图中可见，和上类央企相比较，此类央企的特点在于其母公司自身的治理结构相对完整，不再存在新旧体制混合的状态。董事会取代党组，并设有独立的专业委员会和办公室，这意味着其对内对外都有更为清晰和独立的权能和组织框架。同样，这类央企拥有数量众多的下属公司，多数也有上市子公司。由于董事会的设立，整个企业集团的委托—代理链条便统一在资本所有权的基础之上，旧有的官僚科层制在正式制度上被消除，产权关系成为企业内部的核心关系，财产边界成为企业和政府之间的根本边界。此外，由于母公司独资的性质，母公司董事会的成员由国资委直接任

命，且监事会由国资委设立，和央企的关系为一对多，实际上处于企业外部，也是此类的特征。

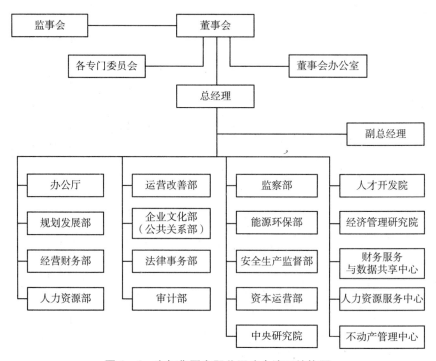

图 4-4　宝钢集团有限公司法人治理结构图

资料来源：宝钢集团有限公司官方网站，http：//www. baosteel. com/group/contents/1713/30096. html。

　　图 4-5 为中国中铁股份有限公司法人治理结构图，该公司前身为中国铁路工程总公司，2007 年该公司整体上市，成为股份有限公司。与之类似的央企还有中国铁建股份有限公司，中国交通建设股份有限公司等。这类央企的特点在于整体上市使得企业集团彻底地进行了股份制改造，国资委作为企业出资人只是众多股东之一，处于控股的地位。因此这类央企企业内部的最高权力机构是股东大会，监事会从而也就和其他类央企相区别，处于企业内部，且和企业是一对一的关系。在央企当中，这类企业所在的比例较小，其公司治理结构自然也是央企中最为特殊的，但是如果将这种治理结构和发达经济体的企业治理结构相比较，却可以发现二者的差异已十分微小，该类央企反而具有最一般的现代企业治理结构。

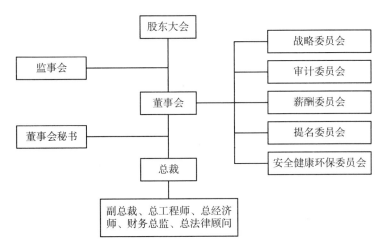

图 4 – 5　中国中铁股份有限公司法人治理结构图

资料来源：中国中铁股份有限公司官方网站，http://www.crecg.com/tabid/90/Default.aspx。

二、央企上市公司的治理现状

从上述三类央企的治理结构来看，都具有上市公司，虽然这些上市公司在企业集团中或是子公司或是母公司，但是其治理结构却十分相似，因此这些上市公司治理结构的特征便代表了央企之间治理结构的共性。

首先，央企上市公司的股权结构复杂。央企上市公司是混合所有制的典型代表，集团公司本身的股权就较为多样，有国家股、国家法人股和内部职工股等。当集团公司再组建上市股份公司后，又吸纳了境内外个人股和机构投资者，使得股权主体更为丰富。这种丰富的股权结构，是国有经济融入市场经济的必然结果，国有经济的领导力和控制力通过这种股权结构在市场机制被放大。由于国有经济在基本经济制度中居于主导地位，因此央企上市公司的国有股比重大，2010年 47.7% 的央企上市公司中国家股处于绝对控股地位。[①] 此外，法人股在上市公司中的比例很高，2010 年法人股比例高达 80%，而整体来看中国上市公司法人股一般只占 20% 左右[②]，这意味着央企的非流通股比重很高，股票市场等企业外部治理机制对央企的作用有限。

其次，央企上市公司存在关联交易的情况。企业关联方之间的交易为关联交易。一方控制、共同控制另一方或对另一方施加重大影响，以及两方或两方以上

---

①　卢福财：《中央企业公司治理报告（2011）》，中国经济出版社 2011 年版，第 39 页。

②　同上，第 41 页。

同受一方控制、共同控制或重大影响的，构成关联方。（企业会计准则第 36 号）央企上市公司的关联交易主要表现在以下几个方面：关联交易有增长趋势；担保抵押类关联交易上升；关联交易存在行业差别；交易中资金流向不对等等特征。①由于央企的规模一般较大，多涵盖产业上下游企业，企业集团中子公司和分公司众多，而上市公司往往处于子公司的位置，易受到来自母公司的控制，同时也易通过产业链同其他关联企业发生交易，导致关联交易的大量出现。

再次，董事会、监事会以及经理层的组织结构较为规范。由于上市公司面临来自证监会更为严格的要求，因而其董事会、监事会和经理层的组织结构相比较其母公司或其他子公司更为规范。董事会平均人数为 10 人，独立董事已经超过 1/3，大部分董事会设立了 4 个委员会，董事会议召开的次数也较为频繁；监事会的平均规模为 4.4 人，未从上市公司领取薪金的人数比例为 50.73%，并能够正常地召开监事会议；② 经理层设立了权责明确的基本职能部门，并依据自身企业特色设有相应的专业部门。

最后，对利益相关者的保护程度较高。企业的利润来源不能完全归因于经理层的个人努力，整个社会环境、消费者与客户、供应商、债权人和职工等都对企业的发展发挥了不可忽视的作用。因此，现代企业理论中开始关注企业对利益相关者的保护程度。而央企具有公有制属性，是国有经济发挥主导作用的关键，这就要求央企更加关注其利益相关者。目前，央企对利益相关者的保护程度在国内居于领先位置。83% 的央企不存在重大诉讼和仲裁事项，意味着央企上市公司与这些利益相关者的关系较为和谐。③ 此外，央企的社会责任履行也较好。2005 年国家电网公司发布了第一份 CRS 报告，2008 年国资委发布《中央企业履行社会责任指导意见》，对央企信息披露的细节进行了更为详细的规定，具体规定了 8 个方面的内容，对利益相关者的覆盖范围较为全面，而其他企业则没有受到这种较为严格的硬性规定，自发公告社会责任的动机也不强。

第三节　中央企业公司治理结构存在的问题

从现状来看，央企治理结构已经取得了很大的改观，特别是其上市公司。但是从央企治理结构的分类可以看出，央企之间的改革进程参差不齐，董事会试点

---

① 卢福财：《中央企业公司治理报告（2011）》，中国经济出版社 2011 年版，第 45~49 页。
② 同上，第 53、58 页。
③ 同上，第 69 页。

还处于推广过程中，因此在当前的现状背后依然存在问题，需要在接下来的改革中加以纠正和克服。

一、国务院国资委所处行政层级和职能范围不够合理

国务院国资委（以下简称国资委）是央企直接的出资人和监管者，是联系政府和企业的核心枢纽。一些西方发达国家的国有资产监管体系，往往缺少类似于国资委这样的专业监管部门，例如，英国的国有企业一般根据企业所处的行业交由特定的大臣管理。而党派、任期以及个人阅历等方面都会影响大臣的决策，所以这种治理体系并不稳定。① 中国成立专业化的国企管理机构无疑是一种进步，但是从目前的情况来看，国资委在行政层级设计上存在不合理之处，这种不合理将影响其职能的充分发挥。当前，国资委是国务院的一个下属部门，直接管辖的范围只限于 113 家持有经营性非金融资产的中央企业，除此之外大量国有资产由行政事业单位、国务院其他部门以及地方国资委监管。2009 年由国资委监管的经营性非金融国有资产只占该类资产总量的 35%。② 虽然国资委所监管的资产是国有资产中较为优质的，但是其现有的行政设置已经对其职能造成了限制。它纵向上和地方国资委，横向上和财政部等部委都可能发生权责边界不清或决策冲突等现象。这导致国资委实际上成为"中央企业管理部"，其"管资产与管人、管事"三项职责只能在央企身上得到统一。这导致本身对央企的界定上就陷入了一种矛盾，现今认为只有由国资委监管的企业才能视为央企，但是国资委又没有足够的权能来确定哪些企业应该由自己监管，所以央企的划分并没有客观准确的标准，有大量中央层面的经营性国有资产由财政部等部门管理，如中国烟草总公司等。

国资委当前行政层级以及职能范围会对央企公司治理结构造成负面影响。从委托代理链条来看，国有资产的最终所有者为全民，由全民委托给全国人民代表大会代为管理和经营。随后全国人大又将国资产的相关权能委托给国务院，形成了新的委托代理链条。旧体制下，国务院将这些权能分散给多个部门，形成了多头管理的现象。国资委的出现虽然改善了这种权能分散的情况，但是从上述分析可以看出，国资委只是集中了部分国有资产的权能。国务院将国有资产进行了分割，并将其委托给各个下属部门和地方国资委，而国资委只是众多代理人中的一个。这种委托代理结构有较长的委托代理链条，而代理链条越长，意味着代理人

① R. K. 米什勒：《英国的国有企业》，载《国有经济评论》2013 年第 2 期。
② 周建军：《比较视野的"大国资"监管：国家能力、监管机制与实践借鉴》，载《政治经济学评论》2013 年第 1 期。

发生败德行为的概率越高，监督和激励代理人所付出的代理成本也就越高。国企改革中出现的国有资产流失现象，恰是当前委托代理结构下代理成本过高，对代理人的监管分散、标准模糊、监管力度不足导致的。更为重要的是，各层级代理人自身追求的利益目标可能存在不相容的情况。纵向上，国务院是典型的行政机构，其目标更注重国民经济的整体发展，调控方法以行政命令为主，在对待不同微观经济主体的态度上也以中立和公平为主。但是国资委的职能本质上应该是央企的总股东大会或董事会，其权利根源在于国有资产的所有权及相应的派生权利，而非基于行政等级的行政权力。对央企的调控也应以市场指标为主体，而非行政性指标。而且国资委只关注国有资产的保值与增值，和其他经济主体的关系既有合作，又有竞争，国有经济的效率和发展才是其根本目标。因此，国务院的行政属性与国资委的经济属性之间容易产生不相容的现象，国务院的行政行为难免会通过行政命令渗透到国资委当中，并间接影响央企内部的组织结构和人事安排，成为旧体制难以彻底清除的一个重要原因。横向上，由于国有资产的监管体制依然处于分割状态，其他部门依然掌握部分央企的经营控制权。比较典型的是一些商品价格的调整掌控在发改委手中，如成品油价格，客观上，历次调价采取小步慢走、调价不到位、价格出现倒挂。且发改委作为行政机构，作出的决策必须经过严格的审批程序，大大削弱了政策的时效性。此外，央企利润的分配上，财政部认为自身有收益权，应主导企业红利分配。甚至，对央企高利润的质疑使得 2006 年 3 月发改委宣布对石油企业征收石油特别收益金，也来行使剩余索取权。[①] 原国资委副主任邵宁曾指出 2003 年之后针对国有大企业的改革成果，在于"通过委托代理关系建立起对企业经营者的激励约束机制，隔开了其他政府部门对企业的直接干预。"[②] 但是，从现实可以看到，这种隔离并不彻底，国资委作为央企治理结构的中枢环节，目前的行政层级和职能安排并不理想，央企治理结构的完整性和稳定性会受到影响。

二、央企治理结构中的退耦现象及内部人控制

虽然央企治理结构的改革进程有所不同，大部分央企治理结构中存在旧体制的残余，但是从已经改革的央企来看，党委目前已经具有董事会的部分职能，推动其转变为董事会的交易成本和制度阻力并不大。且从央企内部的上市公司来看，其治理结构已经相当完整，和世界范围内较为流行的企业治理结构的差距不大。在利益相关者治理层面，央企外部有较为严格和具体的约束，在

---

① 邱宝林：《央企真相》，山西出版集团 2011 年版，第 53、71 页。

① 邱宝林：《央企真相》，山西出版集团 2011 年版，第 53、71 页。
② 何宗渝：《如何实现国有经济与市场经济的兼容》，载《国企党建》2013 年第 4 期。

社会责任的履行上居于国内企业的前列。由于外部有较为先进的制度榜样，央企搭建治理结构的制度框架具有后发优势。所以，这种因改革进程不同，造成的治理结构差异并不是真正的问题，随着改革的深入，这种差异会越来越小，央企治理结构整体上会趋于统一。并且可以预见，那时央企治理结构的正式制度体系会在国内处于领先的地位，并通过与其他所有制经济合作，形成混合经济，带动其他所有制经济特别是以家族式治理为特征的民营经济的现代企业制度建设。

真正需要关注的问题在于先进的制度移植之后，是否能够发挥预期效果，即新制度能否在现有的制度环境中扩散。对此，组织制度扩散理论提出了退耦理论，用来解释制度之间不耦合的现象。退耦指组织仅仅在表面上接受制度约束，而在实际采纳新组织结构时，并不采取相应的实质性措施。为满足所处环境中的不同利益诉求，组织各要素之间逻辑关系发生断裂。① 在企业治理层面，当一国从外部制度环境引入新的治理框架时，极易发生退耦现象。例如，日本企业传统治理结构就在日本传统的共同体管理模式基础上，引入了发达国家的公司管理模式，在法律层面上制定了股东大会、监事会和董事会的设立规则和相应权责，但是现实中，这种法律规定并没有被有效地执行，代表董事社长割裂了"三会"之间的联系，"社长掌握了极大的权力，因此，他完全能够选任自己的部下作为其他的董事，也能够在自己的部下中选任对自己进行监督的监事，甚至可以选任自己的接班人，而他退位之后，成为会长，会长退位之后，成为顾问。"② 这种退耦现象的出现，可以看做企业现有权利结构对新制度的一种应激反应，为了维持原有制度的核心运行机制，既得利益者对新制度部分的制度实施采取了忽视或歪曲。同时，这种退耦现象也是新旧制度磨合时，不以组织决策层意志为转移的客观现象，是各个层级对新结构的适应性反应。因此，退耦的出现是制度扩散中易出现的一种现象，其背后有主观和客观两方面的形成机制。

回视央企的治理结构，在其愈发正规的治理结构背后也可以发现潜藏的退耦现象。由于退耦现象一般都较为隐蔽，我们只能从其向外释放的一些不太完整的信号中窥视些端倪。首先，近期央企高层管理者的违法违纪行为屡见报端，石油、电信和民航等央企发生"窝案"。从这些案件中可以看出，央企高管的败德行为并不能完全归于个人原因，涉案人数较多预示现有制度予以其可乘之机，新引入治理结构的监督功效并没有真正发挥出来。并且从案件的细节中可以发现，

---

① 陈扬、许晓明、谭凌波：《组织退耦理论研究综述以及前沿命题探讨》，载《外国经济与管理》2011 年第 12 期。

② 佐藤孝弘：《从三个"谁"的角度分析中国国有公司治理》，载《北方法学》2013 年第 1 期。

对官员违纪行为的调查和审理很大程度上是由企业以外的行政力量来完成的，案件整体上和普通官员的腐败案件区别不大，这意味着一方面新的治理结构对经理层日常的监控和约束功能失灵；另一方面对央企经理层最具威慑力的监控力量依然在企业外部。其次，无论是央企集团母公司自身还是母公司和子公司之间，都存在普遍的兼任现象。以最早进行董事会试点的宝钢集团为例，其董事会中唯一的执行董事兼任总经理，董事长和副董事长被列在高级管理人员的名单内并且兼任党委常委和党委书记。而从未改制的中国核建集团中也可以看到，其集团公司的总经理和一名副总经理任上市子公司中国核工业建设股份有限公司的董事长和总裁，且总裁兼任内部董事。集团公司的其他副总经理在上市公司都兼任副总裁级别的职位。即便是整体上市、有股东大会的中国中铁股份有限公司，其总裁和执行董事也为一人兼任，监事会主席原为下属子公司的董事长。① 据统计，2010年央企上市公司中董事长具有兼职的占总董事长人数的91.74%，且是在央企内部兼职的占86.24%。② 如此高的兼职率，特别是在董事会和经理层之间的兼职，扭曲了原本两个组织之间的委托代理关系，和母公司和子公司董事和经理层的重叠更是将这种扭曲在整个企业集团内部扩散，实际上企业的核心权力集中在以董事长和总裁为首的少数高级管理者手中，内部人对企业有很强的控制能力。再次，外部董事内部化的现象明显。为了强化对企业内部人的监控，央企不单单设立了监事会，同时又仿造美国公司治理模式，尝试引入外部的监督力量，对企业董事会中外部董事的人数有明确的规定。但是从现实来看，外部董事的来源较窄，虽然人数上央企已经达标，但是来源上仍然有内部化的倾向。已进行了董事会试点的央企中，外部董事来自国企离退休高管的比例达67%，年龄多在66岁以上。且央企对这些外部董事的信息披露也不充分。③ 外部董事来自退休国企高管，这与日本企业社长退休后仍然对企业有影响力的现象十分相似，也是治理结构中新的制度体系并没有真正发挥应有的功效。

上述种种信号暗示央企治理结构存在的真正问题——以内部人控制导致的组织退耦。目前对于这种退耦现象还很难进行直接的分析，对具体某个企业的退耦程度和影响范围难以准确判断。但是可以推测，这种退耦是一种旧体制下权利掌控者的主观应激反应，大部分央企经理层就是原来的厂长及相关部委的官员，他们并不希望权利结构的根本改变。

---

① 上述企业的领导任职情况可在其各自的官方网站上查到。
② 卢福财：《中央企业公司治理报告（2011）》，中国经济出版社2011年版，第56页。
③ 徐炜：《中央企业董事会建设研究》，载《经济管理》2011年第11期。

三、公有制属性没有充分体现

国有企业和其他企业不同，规模的扩大和效益的提升并不是国企发展的全部目的。治理结构是产权安排的外在形式和实现机制，国有企业为了融入市场经济、为了利用外部力量来激发国企的活力，强化其竞争意识，对原有治理结构进行了市场化的改造，使企业的内部制度安排能够和外部的市场环境契合并形成良性互动。但是这并不意味着作为治理结构核心的产权制度就可以忽视和放弃，"生产资料的公有制在整个社会主义公有制中是一种层次最低和作用最小的公有制。"① 这种将产权虚无化的观点，抹杀了国有经济自身最核心的特色和作用。如果说在完成改革第二个层面的任务中，是通过扭曲和弱化国有经济公有制属性和方法和手段，才使其与市场经济相互融合，这将极大地动摇国有经济的存在价值，误导社会主义市场经济的发展方向。即便国企因此效率得到了大幅度提升，失去公有制属性的支持，这种效率的提升也是短暂的，且提升得越快，越容易陷入路径依赖和发展陷阱当中。英美等国目前的经济困境和财政危机，一定程度上可以认为是利用私有化制造短暂繁荣后的不良反应，恰如竭泽而渔。

因此，国企改革中不能忽视其公有制属性的体现，央企治理结构的改革同样如此。学者对市场经济条件下国有制企业的治理结构应具有的特性给予了理论解释，其根本属性是生产资料共同占有基础上的委托—代理关系，表现为联合劳动体内部委托—代理关系中有层次有差别的联合劳动者共同治理，概括为"劳动主导型治理结构"。② 国企的产权关系决定了企业内部劳动者之间地位的平等，是以联合体的形式共同决定运用企业资产和资源的使用，所以央企治理结构所要解决的问题不单单是出资者如何以较小的代理成本监督者，同样还要考虑企业内部所有劳动者利益的维护和意见的沟通，替代现有的企业内部统制结构，形成新型的劳动合作性结构。只有通过公有制，取消劳动者在生产资料占有上的差异，才能从经济权利的源头保证劳动者地位的平等，劳动能力才能真正成为分工和分配的标准。社会主义制度的优势不只是体现在公平正义的宏观制度环境，微观制度环境特别是微观生产制度安排的优势才是社会主义整体制度优势的基础，而这正是对国企治理结构改革的更深层次和更严格的要求，也是实现共同富裕和解放生产力（以劳动者自我为核心）的根本途径。国企和市场经济融合的同时，也将这种先进的生产组织关系释放到市场经济环境当中，在市场经济的运行过程中不断

---

① 杨文进：《略论社会主义公有制内容改革的必要性》，载《财贸研究》2007 年第 1 期。
② 毛立言：《关于中国特色现代国有企业治理结构问题的新思考》，载《毛泽东邓小平理论研究》2012 年第 7 期。

完善和改进。

但是反观目前央企的治理结构，可以发现对公有制属性的体现较少。治理结构的制度安排中，对普通职工的权利和地位涉及的较少，从图4-2至图4-5中可见央企基本都将职工放在治理结构中的最底层，并将其直接忽略掉，劳动者的从属和被动地位不言而喻。纵然央企在利益相关者的利益保护时，涉及对职工相应利益的保护，且保护程度在国内企业中居于前列。但是将职工作为利益相关者，而不利益创造者和所有者的出发点，已经在根本上扭曲了公有制下的劳动者生产关系，人为割裂了经营者的劳动者属性，造成了劳动者关系的异化。此外，央企治理结构设计到职工利益的部分主要集中在职工持股和董事会设立职工董事两个方面。和其他改革进程相比，这两方面的改革相对滞后。2010年109家央企上市公司中，存在职工持股的企业为31家，占总数的28.44%，而电力、煤气、自来水、建筑业、交通运输业、仓储业和金融保险业中没有央企实行职工持股。[①]而职工董事的设立也同样存在问题，职工董事的选举制度往往蜕变为指定选举，工会本身地位和权力的模糊导致其无法为职工董事提供权力保障，而且职工董事大多身兼工会主席、党委副书记、纪委书记、集团主要部门负责人及下属子公司领导人等职位，自身隶属于经理层集团，很难真实准确地代表基层职工的意见和利益。[②]可以推测，央企在这方面的改革实际上也出现了不同程度的退耦现象，以经理层为核心的剩余控制权所有者，不仅侵占了董事会的权利，同样也侵占了在公有制经济中本属于普通职工的权利，危害央企公有制属性的实现，必须在今后的改革进程中加以纠正。

第四节　中央企业公司治理结构优化创新的思想桎梏及突破

央企的现状及存在的种种问题，为央企治理结构改革指明方向，意味着必须要对央企整体权利结构进行优化和调整，并且对于内部人控制等顽疾，需要大胆地进行制度创新，通过创新打破现有的结构僵局，从而避免因退耦现象的出现导致改革取得不了实际效果，才能杜绝表面改革实为原地踏步。但是要对治理结构进行优化和创新，必须要对已有的，可能会阻碍创新的思想、理论和观念有清楚的认识，对一直漠视的一些思维惯性有敏锐的察觉，并及时加之纠正。不解决非正制度领域的一些认识问题，正式制度的改革将很难摆脱现有的路径依赖，改革

---

① 卢福财：《中央企业公司治理报告（2011）》，中国经济出版社2011年版，第66页。
② 徐炜：《中央企业董事会建设研究》，载《经济管理》2011年第11期。

的实际效果也将大打折扣，特别在公有制属性的实现上，更需要利用马克思主义理论给予正确的指引。解放思想是创新之本，澄清认识是实践之基，若想切实在改革中解决存在的问题，打破思想桎梏势在必行。

一、制约央企治理结构优化创新的思想桎梏

制度经济学对制度，特别是非正式制度中存在的静态和保守的组成部分给予了特别的关注。新制度经济学派将非正式制度作为形成路径依赖的主要原因，从而会加大一个组织改变原有发展路径的交易成本。[①] 而从旧制度学派发展起来的新制度主义学派更是从哲学的基础上认识到制度存在对发展的阻碍作用，艾尔斯将人类的行为分为"工具"和"仪式"两大属性，认为仪式的特征是静态的、保守的、抵触并约束变革的，是满足既得利益者利益的，是滞后于"工具"进步的。人类的进步和经济的发展取决于工具行为和仪式行为的结构组成和动态趋势，而行为背后更是两类思想意识的变化和对抗。[②] 改革就是一个组织自主自觉地对仪式性行为和思想进行消灭，推动工具性行为和思想发展的过程。在央企治理结构方面，对一些理论和观点的不当理解和错误使用会导致其蜕变为仪式性观念，桎梏改革。

（一）制度外包导致的认识壁垒

转型国家要重建市场经济，必须对原有的微观经济主体进行权力结构的重构，而向外部学习成熟经验无疑是一种成本较低的方法。从中国企业治理结构非正式制度的演变可以看到，以股东价值最大化为目标和特征的美国企业治理模式在中国不断传播，并成为国企治理结构改革的榜样。加之国际组织对这种治理模式的大力宣传，不断加深后发国家对其的信任程度。而中国学者也对这种外来理论浓厚的兴趣加速了这种理论在中国的兴起，产权理论被迅速引入经济学领域，并很快在改革实践中被应用，最终国企改革视角从以往的结构微调转移到以产权改革为核心的现代企业制度的建立上。一方面，不能否认这种理论对国企改革的积极作用，在计划经济理论占主导地位的时代，这种理论恰好起到了揭示旧体制存在的仪式性问题，开拓了改革的视野和思路。使得政企之间由原本以行政为链条的关系转变到以产权链条为核心的经济关系，使原本高度集中在厂长手中的权力分散出来，并根据权能不同划分为不同的层级。这都为国企与市场经济融合创造了必要条件。但是另一方面，在学习过程也极容易产生盲目信任，简单照搬和

---

① 诺思：《制度、制度变迁与经济绩效》，上海人民出版社 2008 年版，第 50～65 页。
② 张林：《艾尔斯的制度经济学思想》，载《江苏社会科学》2002 年第 1 期。

过度依赖的思想。这种思想实际在改革之前就出现过，只不过当时照搬和迷信的对象是苏联，并在实践中被证明行不通。同样，在治理结构的对外学习过程中，也产生了这种思想，当遇到问题的时候，习惯地去仿照外部。这种思想具体化为"制度外包"的现象，"将自身发展与国际规则、制定国际规则的组织绑定，直接采纳并内化西方发达国家的先进制度。"① 而长期的"制度外包"会加剧思维上的惯性，造成思维上的壁垒，一则不愿意耗费成本来进行创新实践，缺乏思想上的创新意识。二则质疑和抵触其他与英美模式不同的理论和观点，学习上缺乏兼容并包的态度并导致教条化，往往将现实中出现的问题归因于学习的不够彻底，甚至产生全盘"制度外包"的想法。不可忽视，这种思想壁垒是导致退耦现象的一个重要原因。

（二）新自由主义对央企公有制属性实现的冲击

外部公司治理结构理论并不是孤立的，它背后有更有系统完整的理论体系，这就是新自由主义。这是一种涵盖人文科学多领域的思潮，以崇尚个人自由，反对政府干预为主要特征。它在企业治理领域表现为私人企业是最有效率的企业，以私有产权为基础的企业治理结构是效率保证的观点。因而，美国模式中董事会、股东大会以及经理层的设立原本就是以私人产权为理论基础。"制度外包"不单单使英美企业治理模式和理论在中国快速扩散，更使其背后的这种新自由主义思想得到传播，而这种传播极大地损害了央企公有制属性的实现。恰如前面所述，当遇到问题时，"制度外包"的思想会将问题的出现归因于理论移植的不够彻底，而央企的现实和这种理论最大的不一致恰恰在于产权安排的根本区别。因此，不断削弱央企的公有制属性，试图改变央企资产和资源的占有方式便成为一种渐渐流行的观点。"把全部国有生产资料都出售，也不是什么私有化。"② 股东利益至上的核心理念，一方面，会使普通职工的利益受到忽视，使资本超越劳动在央企居于统治地位并依据资本派生出的权利将劳动者分化；另一方面，这种观念会不断质疑国资委掌控权利和资产的合理性，不断尝试为资产寻找自然人作为所有者，使国企一般化为普通的企业，去除其公有制属性。值得注意的是，在美英等国，其政府设立的一些企业或者准企业，并没有采取和理论中一致的治理结构。美国的公营企业多采取承包制，行政化的管理局和总统直接管理的董事局③，而英国多为大臣直接任命和管理。并且，这些企业绝大部分不以营利为目的，或

---

① 张佳康：《中国国有企业公司治理制度变迁》，载《学习与探索》2013 年第 4 期。
② 刘福垣：《不能笼统把国企看作公有制经济》，载《工会理论研究》2005 年第 3 期。
③ R. K. 米什勒：《美国的国有企业》，载《国有经济评论》2012 年第 1 期。

者将利润惠让给私人承包者，实际上已退出市场。这意味着英美模式中并没有关于国有经济在市场经济环境中成熟的治理结构样板，"制度外包"只能选择私有企业的治理模式，这无疑加剧了移植私有产权的思维惯性。

（三）被忽视的中国现实

有一个问题是国际经济组织所忽略的，即企业治理结构只是一国社会制度环境中的一个部分，其功效的发挥必然会受到社会整体环境的影响。国际经济组织在英美模式的推广过程中，忽视了其他国家在历史和文化传统上的差异性，没有在理论上给予足够的本土化空间和本土化实践指导，将英美个别社会环境中才有效的治理模式，简单引申为适合所有社会环境的普世模式，制约其他国家的思维创新。如果后发国家采取了简单照搬的态度，则极易出现退耦现象，这可以从拉美国家政策在西方化和去西方化的反复中看到一些征兆，也可以从一些东欧国家对资源性企业私有化又再次国有化的行为中窥得一些端倪。① 用更开放的视角去观察一些发达国家，可以看到其成熟的公司治理结构都表现出本国文化和现代企业制度想融合的共识，并且这种融合使企业呈现出独一无二的特性。例如，德国经济学界的历史学派传统，使其更加关注劳资关系和阶级调和，所以其公司治理结构更注重企业内部资本所有者和劳动者关系的平衡。而日本具有浓郁的东方传统，其企业治理中融入了大量的家族文化和儒家文化，并外在表现为终身雇佣制。②

中国在公司治理层面自身特性的发掘和研究还处于起步阶段。这就产生了两个方面的问题，一方面，过度信任引入的现代企业制度，认为其无须太多改进就可以有效地解决中国的现实问题，从而对中国现实中存在问题的攻克难度认识不足，对于这些问题背后隐藏的既得利益者能动性认识不足，所以经常出现正式制度的框架较为完善，但是其实施过程却很难达到预期效果，非正式的或者潜藏的制度依然发挥着作用，而央企存在的内部人控制就是一个典型例子，正式制度的实施上被一定程度上扭曲了，从而经理层的权利没有被有效监督。同样，国有资产专业管理机构的反复设立也说明了现有的国家行政管理格局存在职能分配的不合理，国资委职能不完整且履行职能会面临多方的行政阻力。这种中国特殊历史和现实环境形成的问题必须通过创新来解决，现有理论中没有标准的答案。另一方面，对于中国现实的忽视也可能忽视掉一些有利于公司治理的传统文化和理

---

① 利布曼、乌什卡洛娃：《全球与地区制度竞争中的后苏联国家——以哈萨克斯坦为例》，载《俄罗斯研究》2009 年第 1 期。

② 佐藤孝弘：《日本传统文化对公司管理的影响》，载《华东经济管理》2009 年第 6 期。

念。本质上中国是典型的儒家文化国家，具有浓厚的家庭观念和集体主义意识，个人需要通过某一团体的归属感来保持与社会的联系，而这种归属感多体现在就业上。所以优秀的中国企业其职工对企业多具有归属感和忠诚度，而且稳定性高的工作岗位对劳动力的吸引力也较大。目前，中国并没有像日本一样，普遍将这种文化特征转变为一种正式制度引入现代企业制度中，不同地区、不同行业、不同所有制企业的企业文化和用工理念差异很大，传统制度处于隐性和非正式性的状态。而央企作为公有制企业，其特性就更需要被体现。

二、突破思想桎梏：从公有制属性实现的视角审视央企公司治理结构

要突破"制度外包"造成的思想桎梏，必须要突破以新自由主义为背景的英美治理模式的认识局限，从不同的视角思考央企公司治理结构的调整和完善，特别是要考虑到央企自身的特性和改革目标，必须要将公有制属性的实现融合到治理结构当中，并对一些忽视中国现实有所考虑。

（一）以三个"谁"的问题：重新思考央企公司治理

突破桎梏首先必须打破思维定式，特别是这种股东利益至上的思维定式。股东利益至少并不是所有者利益至上，而是企业资本所有者的利益至上，是对某一类资源所有者利益的特殊偏好，本身已经包含先验性的价值判断，即资本对企业的贡献最大。要摆脱这种思想的束缚，需要从头考虑与公司治理结构密切相关的三个问题，即三个"谁"的问题：谁是公司所有者，公司为谁而存在，谁来监督管理者。前两个"谁"如果一致，则治理结构多表现为外部治理，以美国为典型。前两个"谁"如果不一致，则治理结构多表现为内部治理，更关注利益相关者的利益，以德国为代表。[①] 新自由主义往往将第一个"谁"的问题视为最根本的问题，并通过将资本所有者属性特殊化（如承担更多风险，或更具节约精神等）得出股东是企业所有者的结论，并以此构建起整个现代企业治理结构。但是，许多学者对将股东视为企业唯一所有者的观点并不认同。企业本身在法律上是独立的经济主体，股东并不能随意地支配企业持有的资产，况且大部分时间内企业的运营都由不具备产权的经理层掌控，因而股东权利在现代企业中更接近于债权，这种债权没有具体的还债期限，索取权和控制权究竟哪种权利更接近所有权也很难判断，所以可以认为股东并不是唯一的所有者。此外，企业不单单是物的集合体，更是人的集合体，股东、债权人、职工和经理是公司最基本的人员构

---

① 佐藤孝弘：《从三个"谁"的角度分析中国国有公司治理》，载《北方法学》2013 年第 1 期。

成，失去任何一方，企业都无法完成基本的经济功能，"因此，公司所有权是一种状态依存的所有权，公司的所有者不仅仅是股东，股东、债权人、工人和经理在公司这个利益共同体中，都可能是所有者。"① 因此第一个"谁"的问题很难有准确的答案，"真正的公司所有者是不存在的，股东、职工以及公司只是作为准所有者而存在，所以虽然尽量要明确产权关系，但是实际上产权关系是很难明确的。"② 这就为国企治理结构改革解决了一个很大的思想困扰，即国有企业的"所有者缺位"的问题，无法追溯国有资产明确的自然人所有者总使得国企的治理体系缺乏理论"底气"。而对第一个"谁"的思考揭示出，"所有者缺位"是现代企业的普遍状态，公有制与"所有者缺位"没有直接关系。现代企业的进步性恰恰在于企业被其成员赋予一定的类似自然人的财产权利，成为特定资产的名义所有者。同样，国家或其特定机构，也可以被全民赋予一定的类似自然人财产权利，这背后的逻辑是一致的。因此改革思路不必陷入对自然人的特殊偏好中，创新的角度应从第一个"谁"转移到第二个"谁"的身上。

（二）央企公有制属性实现必须完成的任务：人力产权的复归

在突破了企业所有者的认识困扰之后，视角将转移到第二个"谁"的问题上，即央企为"谁"而存在。对于这一问题，如果沿袭对资本所有者的偏好，答案便是股东，但这忽视了和央企密切相关的庞大利益相关者，央企容易被质疑为国家资本主义。以全民为答案似乎更为合理，但是任何一个发展良好、运行规范的企业，都具有正外部性，都可以认为是有利于全民，也就可以声称是为了全民的利益而存在（如民企多称自身为民族企业），所以这种答案过于空泛，同样也淡化了央企的特性。因此，可以将这个问题引申，思考央企以及国有制企业为什么存在，探寻其存在的价值和意义。"社会主义者应当坚持不仅仅利用国有化工业取消资本主义者的资本，而且利用国有化工业发展更民主的，更值得尊重的工业管理，采用机器更注重人道，更明智地运用人类独创性和努力的成果。"③ 舒马赫的期盼暗含了国企存在的价值和发展的方向，国企要完成超越已有企业发展水平的任务，必须要在内部的管理安排和组织结构上有所突破。而这种突破的核心要围绕劳动者及其劳动力展开，而不再是围绕资本及其所有者。马克思对这种新的生产关系也有所论述，"这些生产者将按照共同的合理的计划自觉地从事社

---

① 张国平：《公司社会责任的法律意蕴》，载《江苏社会科学》2007 年第 5 期。
② 佐藤孝弘：《试论公司治理的主权问题》，载《经济与管理》2010 年第 9 期。
③ E. F. 舒马赫：《小的是美好的》，商务印书馆 1985 年版，第 182～183 页。

会劳动。"① 虽然当前中国的实践道路已和马克思经典论述有所区别，但是实践的目标却从来都是一致的。所以，国有资产的保值增值只是国有经济发展的最基本目标，也是其实现更高目标最基本的前提。最终，国有经济要纠正以往社会形态所造成的"劳动异化"，② 实现人力产权在生产中的复归。人力产权是劳动者对自身劳动的所有权以及派生出的相关权利，人力产权复归便是这些权利大部分由劳动者自身支配，结束由劳动者创造出来的"人造物"（如资本）掌控人力产权大部分权利的异化现象。从人类发展进程来看，每一次社会形态变迁的背后，人力产权都得到一定程度的认可、复归和保障，劳动者的积极性和创造力随之释放。但是即便在当代，人类产权还是不能完全回归劳动者所有，资本产权依旧控制人力产权的部分权能，并以治理结构的方式固定下来。因而，"国企作为社会主义市场经济的决定性市场主体或产权主体，便历史地成为人力产权异化复归的微观主体……国企产权制度和法人治理结构，必须体现人力产权异化复归的历史趋势。"③ 央企为何而存在，突破种种物质性的表层答案之后，便可洞悉背后隐藏的更高的生产关系和组织形态的要求。种种物质目标只是在为人力产权回归奠定基础，而一旦人力产权回归，生产力中最核心的要素则被彻底解放，物质财富会极大丰富，人力产权的复归将不断巩固。并不是简单地对国企进行股份制改造就实现了国企的公有制属性。公有制存在的价值不仅仅局限于消灭私有制，而是在于它可以为人力产权的复归创造所有制前提。只要存在生产资料的私有，就为劳动异化培育了温床，就可能出现物权对人力产权的争夺和侵犯，也就可能出现因物权分布不均导致的不平等交换。同样，如果国企不能为人力产权复归做出贡献，其形式上的公有制就没有真正发挥用处，迟早会在新自由主义的攻击下消亡。同理，人力产权没有复归，国企的公有制属性就没有彻底实现。

（三）经济民主：央企治理结构创新的理论指南

真正困扰央企治理结构优化和创新的问题，是第三个"谁"的问题。这一问题可以引申为在公有制前提下，以人力产权复归为最终目标，该如何监督管理者，该如何调整公司的治理结构。对此，很难从现实中找到成熟的例子，也恰因为如此，探索公有制企业独特的内部治理结构被质疑为不切实际。要摆脱这种认识的影响，必须要注意到世界各地实际上存在大量形态各异的具有准公有制属性

① 《马克思恩格斯选集（三）》，人民出版社1995年版，第130页。
② 马克思：《1844年经济学——哲学手稿》，人民出版社1979年版，第44页。
③ 程言君：《国有产权制度和法人治理结构的人力产权透析》，载《马克思主义研究》2006年第3期。

的经济组织，它们处于市场竞争当中，以营利为目的，其表现大大超过理论的预期，例如美国太平洋西北沿岸的胶合板合作社①。这意味着成熟市场条件下的公有制经济同样可以生根发芽，并且其发展出更为融洽的劳资关系，人力产权及其所有者在企业管理中发挥更为主动和积极的作用，这代表着一种历史发展趋势，也证明劳动者普遍参与的企业治理结构不单在实践中可行，且在不断的演变当中，而中国央企公司治理结构改革正是要融入其中。经济民主对于这种新的治理结构有更为系统的理论分析。即便标榜自由民主的资本主义，其民主制度也仅局限于行政层面。在经济领域，特别是在生产领域，民主制止步不前，科层统治占据统治地位。而公有制经济的优势在于，平等的生产资料占有方式，可以将民主制度在生产领域推行，在经济上形成以劳动者为主体的经济权利配置，组建劳动者管理型的企业。"从狭义上讲，经济民主是一种企业制度……经济民主将对经济组织的控制和管理的权利基础赋予具有平等权利和同等重要性的全体劳动者。"② 这种企业制度具有三大特征：劳动雇佣资本（资本只收取租金）、参与集体决策以及分享集体收入。并可以有效地解决代理人问题，降低劳动者和经理层信息不对称和内部人控制出现的概率。③ 可见，这些特征有助于人力产权的复归，并将人力产权派生出的控制权赋予广大劳动者。因此，经济民主可以作为一种理论构想，指导央企治理结构创新和优化。为解决央企治理结构现存问题，提供了新的实践路径。

第五节　中央企业公司治理结构优化创新的政策构想

明确了央企公司治理结构的现状和存在的问题，在思想上察觉到潜藏的认知桎梏，并从理论对其进行了破除，央企公司治理结构的创新和优化的方向将更加清晰，改革路径和具体对策的选择和设计上也将有更大的空间和可操作性。具体可以从以下几个方面优化现有治理机构和进行创新性的政策构想。

一、国资委功能和组织结构的优化和创新

国资委作为央企的直接管理机构，对其进行改革将直接左右央企的范围边界，从宏观上影响各个央企的公司治理改革，并能从源头上解决一些问题。

---

① 塞缪尔·鲍尔斯：《理解资本主义：竞争、统制与变革》，中国人民大学出版社2010年版，第121页。
② 吴宇晖：《经济民主论》，社会科学文献出版社2013年版，第1页。
③ 同上，第5~24、114页。

（一）国资委管理职能涵盖所有的国有资产

目前国有资产的监管体系和职能依然是分散的，存在多头管理的现象。相当大的国有资产及企业由国务院的其他部位监管，并且有大量的国有资产和国有企业由地方国资委监管。因此，国资委下一步改革应该解决这种监管体系不完整的局面。一方面，将所有经营性的国有资产的管理权限都集中在国资委手中，彻底结束计划经济时期残存的各部委管理各自行业内国有企业的局面。一些因特殊原因依然隶属于部位的国有企业，只要其具有经营性质和企业法人的治理结构，都应该划归国有资产监管的范围内。划分之后，国资委再依据管辖范围内不同央企的具体属性在内部成立专门的管理部门，如金融资产管理局、自然垄断资产管理局以及竞争性资产管理局等。这会使其他部委的行政职能和经济职能相分离，避免其对经济运行的过度干预，使其成为真正的管理者而非参与者。这种整合后，最容易出现的问题是各个资产管理局之间进行关联交易，导致市场竞争约束失灵。对此，必须意识到这不是公有制经济特有的现象，各国大的财团内普遍存在自己的金融企业为财团内其他企业融资的现象，而美国对"两房"的救助更是典型的例证。实际上，在私有制下这种关联交易既难以察觉，公众又没有足够的权能要求其进行信息披露。而国有企业因其公有制属性，国资委可以设立规定强制其披露内部管理局所属企业之间的交易信息，一旦发现扰乱市场正常运行的交易和行为，可以由外部法人或公共管理部门对企业经营者提出诉讼和公诉。另一方面，确立国资委对地方国资委的领导地位，从纵向统一国资委管理体系。根据实际实际情况增减地方国资委的设立，对于国有资产数量较少的省份，几个省份可以合并为一个"军区"性质的地方国资委。同时，保证地方国资委与地方政府之间只存在税收等经济关系，而非行政管辖关系。地方国资委作为中央国资委的派出机构，直接向中央国资委负责。从而在横向和纵向上，都实现国有经营性资产管理体系的完整和统一。

（二）国资委和国务院分离

除要统一国有资产管理体系之外，国资委现存的行政层级和组织结构也需要进行较大的调整，而国资委和国务院相分离是必然出路。首先，二者分离后将缩短国有资产委托代理的链条，削减国务院和国资委之间的委托代理环节，这将直接减少相应的代理成本。使得国有资产的委托代理关系更为清晰和简洁。其次，分离之后，国资委和国务院自身的权力职能将更为专业化，各自的特性也将得到充分的发挥。国务院作为行政管理组织，将不再直接管辖大量的经营性资产，其与市场的关系也会得到澄清，从根源上解决政企不分、政府取代市场职能的情况。国资委将成为纯粹的资产管理组织，经济权利是其层级安排的核心，行政级别和官僚体系等将被淡化，国有资产使用的效率以及国企长远发展将成为主要目标。二者的运作方式和管理观念在分离之后将更为明确。再次，分离之后，将从根源上去除国资委以及央企经理层任命上的行政化，国资委和国务院的人事制度彼此分开，各自设立评价体系，互不影响，从而彻底解决央企高管官员化的问题，避免央企高管普遍具有国务院各部委工作背景的情况，避免部委之间的人事安排和利益纷争渗透到央企中，影响其经营决策。分离之后，国资委将直接隶属于全国人大，成为其下属的常设机构，由人大直接将自身掌控的国有资产所有权委托给国资委，并有权对国资委的人员进行任命。国资委的主任由国家主席兼任，成为明确国有资产的"法人代表"，并每年应向人大对国资委的工作情况进行汇报，一些重大的资产使用决策也应得到人大审批。分离之后，国资委和国务院对于一些涉及国有企业的经济问题应以协商的方式解决，并可以交人大进行仲裁。同时，国务院对国资委下属的企业有行政审查权，可以依法惩处，并将问题反映给国资委或人大。总之，分离之后，人大将行政权力委托给国务院，将国有资产的控制权委托给国资委，二者各自独立，并据此设立较为科学的监督体制，由人大协调国务院和国资委的关系，从而形成新的国有资产管理格局。

二、遏制内部人控制的制度构想

由于现有央企经理人阶层特殊的历史形成过程，以及中国传统文化中官僚体制的根深蒂固，所以移植的现代企业治理体系，其对经理人的监控机制并不能很好地解决内部人控制的问题。必须在其基础上，附加一些具有针对性的制度安排，才能保证该结构能够被顺利实施，退耦现象将得到缓解。

（一）经理层去行政化

经理层亦官亦商的身份，是内部人控制难以治理的重要原因。双重身份使得其来自企业经营上的职业风险约束趋软，官僚体制以及行为方式会扩散到企业文化当中，导致权力过于集中以及监督力量失效。因此必须去掉经理层的行政属性，使其回归到职业经理身份上。国资委和国务院分离是经理层去行政化的基础和重要保障，二者如果各自没有独立的人事制度，即便名义上将经理层的所有行政属性都去除掉，实际上依然可能出现退耦现象，残留隐性的行政属性，出现任职上的相互融通。因此，"委院分离"是去行政化的第一步。分离之后，国资委隶属于人大，国家主席作为主任，接受人大委任，再由主任选任国资委核心领导层，整个国资委的行政属性就此淡化且人员的任期明确，央企经理层的行政级别自然也就淡化。此外，央企经理层离职之后，不具有公务员身份，这意味着如果想进入官僚队伍中，必须以体制外人员的身份参加社会公开招聘，参与到平等的选拔和竞争当中。

（二）建立更长效的非经济性经理层激励机制

虽然央企实行了股票期权等较为流行的长效激励手段，但是效果并不理想。这主要在于中国的资本市场本身不健全，而且央企上市股票的总量较大，涨跌的幅度都不太明显，股票市值很难真实反映企业的经营状况和经理层的管理水平。且现有的长效激励手段都是经济属性的，激励层级较为单一，很难满足经理层在社会地位和声望上的追求，而中国传统文化对于地位和声望等非经济因素却有很强的偏好。此外，去行政化之后，经理层便缺少了现行制度下最主要的长效激励机制，这容易导致经理层缺乏职业规划，并易引发其短期行为。对此可以在制度上创立经理层星级评价体系，具体安排类似于信用评价体系。每一年度或者每一任期，结合具体的业绩考核指标，加上经理层对自己工作的述职情况，国资委对其进行星级评价，如给予一颗星，或者若干颗星。星级评价可以累积，并和薪金水平和在职待遇相挂钩。而且星级评价本身也是职业评价，当经理人离职之后，凭借星级会更容易在其他企业中找到职位，更容易得到社会尊敬和赞誉，是能力和身份的象征。同时，对于达到一定星级的经理人，可以选聘为董事长或者监事，对于国资委内部的一些职位，也可以规定一定的星级要求，从而保证了对经理人有长效的职业激励。可以预见，对经理人星级评价体制的出台，将极大促进中国职业经理人市场的发展。

（三）完善现有结构各层级之间的关系

解决央企结构的退耦现象，完善和明晰结构中各层级之间的关系势在必行。关系的完善主要集中在两个方面：一方面坚决杜绝高级管理职位兼任的情况，特别是处于不同层级上的职位。各层级的兼职现象严重损害了治理结构应有的功效，使治理结构形同虚设，因此杜绝兼职现象迫在眉睫。可以结合经理人星级制度来实现层级之间的人事分离，对于董事会中执行董事要具备较高的星级。另一方面对层级关系进行微调。微调目的在于保证层级之间运行的彼此独立，防止一个层级的权利过大而俘获其他层级。首先应该明确各层级之间并不是官僚体制中的上下级关系，"企业中董事长、总经理之间不是领导和被领导的关系，公司法人治理结构并没有设置'一把手'。"① 因而必须对各个层级的职能有更清晰的界定，特别是董事会与经理层之间的职责划分必须要以正式制度的形式固定下来，避免董事长越权过度干预企业日常业务的运营和正常计划的执行。可以通过差异化某些制度安排来维持边界。如差异化董事会和经理层人员的任期安排，董事会成员的任期和换届较为固定，而经理层成员的换届和任期可以保持一定的弹性。董事会成员连任次数的上限较少，而经理层成员的连任次数可以相对长一些。同样，董事会成员的责任追溯期应该长于经理层。在监事会的设立上，央企可以凭借所有制优势，大幅度提升监事会的监督作用，将监事会由企业内部的组织结构转变成企业外部的常态化的监督机构。其人员组成和薪酬安排可以完全脱离企业，由国资委统一规定，这可以有效解决监事会受制于董事会或经理层的现象。凡是由国有资产控股的央企，都可以由国资委设立统一的外部监事会，监事会整个运作方式相对独立，对企业的检查范围有明确的规定和操作流程，特别要检查国资委相关规定的执行情况（如企业信息公开等），并且监事会成员的任期应该最短以保证监事会有充分的人员流动性，对人员进行统一的培训以保证有足够的候选人员储备，一旦发现问题，可以直接向国资委反应，如因监管不到位导致企业出现重大问题和经营失误，应追究相应监事人员的责任。

三、初步探索在央企治理结构中实践经济民主的路径

公有制经济的优势之一便是其内部组织结构以经济民主为特征，从而极大地激发了劳动者提供劳动的积极性，并能够根据劳动能力合理地为劳动者安排岗位，所以央企治理结构的最终目标是要实现经济民主，推动自由人联合体的形成。但同时也应意识到，生产关系的发展不能脱离生产力的实际水平，以往计划经济体制存在的问题恰是在忽视生产力水平的前提下，过快追求生产关系的发展，结果适得其反，以"人民当家做主"为宗旨的计划体制反而压制了劳动者的自主意愿。因此央企治理结构实践经济民主，应循序渐进，分步实施，各企业根据自身现实因地制宜，在不动摇前进方向的前提下逐步落实企业职工的经济民主权利，促进人力产权的复归。

（一）提升工会的权能

工会是团结劳动者和维护劳动者权益的重要组织，作为以工人阶级为核心的社会主义国家，工会在中国发挥了重要的作用。但是新自由主义的兴起恰恰是以

① 卢福财：《中央企业公司治理报告（2011）》，中国经济出版社2011年版，第160页。

削弱劳动组织的谈判力量为开端，从内部瓦解了劳动组织的团结，甚至成功使得一些国家的最低工资降到贫困线以下。① 在新自由主义的影响下，英美企业治理结构并没有给工会留有应有的权利空间，这也导致央企的治理结构中工会的作用没有得到应有的发挥，工会主席和职工董事等职位基本由经理层所兼任和控制，而员工持股等政策又缺乏有效的组织领导和切实的法律支持，并不能取得良好的效果。据此，央企应从多个方面提升和落实工会的权能，使职工的权利能够得到应有的保障。首先，确保工会主席能够真正代表职能利益。杜绝工会主席由经理者兼任，保证主席人选由广大职工自主推荐和选出，其身份应该在职工中具有一般性和代表性，且有明确的职能界定和任期安排。其次，赋予工会职工董事的提名权。央企董事会应扩大职工董事的人数，并由工会差额提出候选人名单，由国资委确定最终人选，从而将一部分职工董事的决定权分配给工会。再次，职工持股政策转变为工会持股。以工会为法人，持有一定份额的企业股权，这部分股权不能分散，不能买卖，作为工会的集体资产。工会有权决定该股权产生的红利在工会成员之间的分配，以及相应集体福利的采购等事项，从而使得工会有经济基础来维护和保障成员的利益。更为重要的是，当企业发生兼并和收购等行为要解散工会时，必须要对这部分股权进行认购或通过协商给予相应赔偿，避免发生在兼并过程中职工利益被忽视的现象。最后，工会应创立和董事长或总经理紧急沟通渠道。一旦在生产过程中出现紧急情况或者突发问题，最基层的职工也可以将问题及时反映给工会主席，由工会主席紧急和董事长或总经理汇报情况，不必再依赖烦冗的层级制层层上报。这种渠道的建立不单单在于及时反映企业一线的生产经营状态，更有助于调动员工的能动性，克服企业内的官僚作风。

（二）在央企范围内推行董事长的选举制度

西方的选举制度虽然完善，但是资本主义国家因其私有制的特性，只能错误地限制这种机制的作用范围，导致过程公平的政治领域选举实际被生产领域的资本独裁者所操控。因此资本主义所标榜的自由和民主只能止步于企业制度之外。只有在社会主义生产资料公有制的前提下，才能将选举制引入生产领域，实现董事长选举制。这同样也是向整体占有生产资料、整体决策资料用途的合作性生产方式的过渡。中国央企进行董事长的选举，具体可以借鉴西方发达国家的选举机制。同时在一些具体的制度设计上可以契合中国的现实，比如由国资委、学术团体、本企业工会提名或社会自荐等多种渠道来确定某央企董事长（或执行董事）

---

① 大卫·哈维：《新自由主义简史》，上海译文出版社 2010 年版，第 29 页。

的人选，由国资委进行资格审查，随后可以通过候选人公开自述和辩论等方式来进行候选人能力展示，最后由国资委上报全国人大确定最合适的人选。随着选举制度不断的实践，最终也可以过渡到以全国劳动者直接投票等方式来决定最优候选人，并制定合适的任期和任期内经理人详细的权责。董事长普选制的推广，极大地遏制央企经理层的内部人控制行为，将充分体现公有制经济的制度优势。

（三）探索经济民主的组织模式

经济民主中劳动者的角色将逐渐从被动的命令接受和被管理者转变为命令制定的参与者和对经理层的监督者，这种转变可能会经历联合协商、共同决定和自我管理三个阶段[①]，终将带动治理结构正式制度层面的演变。成熟的经济民主的治理结构类似于"沙漏"，如图4-6所示。

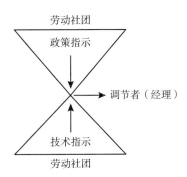

图4-6 经济民主的组织模式

资料来源：吴宇晖：《经济民主论》，社会科学文献出版社2013年版，第15页。

此时经理人或称专家群体的权利并不来源于资产所有权所赋予的控制权，而是来源于全体劳动者的授权，其专业特长和职业技能主要体现为分工的不同，而不再利用资本所有权及其衍生权利加以差异化。因此经济民主中，经理人或专家群体仍然发挥其应有的领导和协调作用，但是不会在权利层级设定上高其他劳动者一个层级。要实现这种治理结构的根本转变，需要具备更高的生产力水平，劳动者劳动能力和受教育水平的差距要大幅度降低，央企资本总量要持续增加从而大大降低整个社会范围内资本的稀缺性，使得劳动者的相对稀缺性逐渐凸显出来。可以推测，实践经济民主组织模式的道路将十分曲折，即需要其他领域的改革加以配合，又会受到来自资本主义强国的质疑。所以，新组织模式的实践应以

---

① 吴宇晖：《经济民主论》，社会科学文献出版社2013年版，第15页。

渐进式改革为主，在有条件的央企中先进行试点，配合经理层去行政化、董事长选举制和工会权能提升等改革，逐步使经理层的地位得到回归，使组织结构的根基转移到劳动者的劳动能力上，企业重大的经营决策也将转交企业全体员工大会，国资委的职能也会随着资产规模的不断增加而变为协调央企内部生产关系的最高外部仲裁机构。经济民主是中国特色社会主义在微观经济主体上的具体表现形式，也是社会主义能够在与资本主义制度的竞争中得以获胜的关键，必须要在改革中不断进行探索。

参考文献

［1］钱颖一：《企业的治理结构改革与融资结构改革》，载《经济研究》1995 年第 1 期。

［2］郑红亮：《公司治理理论与中国国有企业改革》，载《经济研究》1998 年第 10 期。

［3］吴淑昆、柏杰、席西民：《董事长和总经理两职分离——中国上市公司实证分析》，载《经济研究》1998 年第 8 期。

［4］魏杰：《国有投资公司治理结构的特点研究》，载《经济研究参考》2001 年第 1 期。

［5］崔天模、黄俊立：《国有企业治理结构研究》，中国物价出版社 2001 年版。

［6］何玉长：《国有公司产权结构与公司治理》，上海财经大学出版社 1997 年版。

［7］李维安：《公司治理》，南开大学出版社 2001 年版。

［8］卢昌崇：《企业治理结构》，东北财经大学出版社 1999 年版。

［9］张金昌等：《21 世纪的企业治理结构和组织变革》，经济科学出版社 2000 年版。

［10］梁能：《公司治理结构：中国的实践与美国的经验》，中国人民大学出版社 2000 年版。

［11］胡鞍钢、胡光宇：《公司治理中外比较》，新华出版社 2004 年版。

第五章

中央企业战略性调整与重组

中央企业战略性调整与重组，不同于一般性的调整与重组，它是国家站在战略高度，从国家长远利益及长远发展的角度，面对日趋严峻的国际形势与激烈市场竞争环境，对中央企业进行整体谋划、布局及规模调整，以期提升国际竞争力，建成国际一流企业之目标。

中央企业战略性调整与重组，自 2003 年国资委成立到如今已有 10 年多了，中央企业数量已从 2003 年的 196 户减少至 2014 年的 113 户，可以说中央企业的战略调整与重组取得长足的发展，取得了可喜的成果。

中央企业战略性调整与重组已进入了一个关键的抉择阶段。如何评价 10 年中央企业战略调整与重组？这个战略调整与重组是否已经到位？还要不是继续向前推进？如何从理论与实践的结合上解决继续推进中央企业战略调整与重组的障碍问题，尤其是从理论层面上解决哪些突出问题，这都是需要认真研究的问题。

第一节　中央企业战略调整与重组的现状分析

国资委成立之前，中央企业的规模调整与重组一直在进行中，只不过是它是由各企业自发进行着，并没有纳入国家宏观经济发展战略规划体系之中。2003年国务院国资委成立，标志着中央企业战略调整与重组进入一个崭新的发展阶段，即按照国家总体规划与部署，积极自觉、有计划地推进中央企业战略调整与重组阶段。

综观中央企业近 10 年战略调整与重组历程，大致可分为如下两个阶段：

一、2003～2007 年：初见成效阶段

首先，大力推进中央企业的规模战略调整与重组。2003 年 3 月，国资委成立后便立即开始并大力推进对中央企业进行调整与重组。按照有进有退、有所为有

所不为的方针，确立了中央企业发展方向与战略重点，开始有计划、分步骤地对中央企业规模和布局进行调战略调整与重组。在不到 1 年时间里，就组织 11 对 22 家企业在自觉协商基础上实现了联合重组，使中央企业从年初的 196 家减少到年底的 185 家。2004 年，这项工作又加快了步伐，有 17 家企业进行了战略调整与重组，使中央企业的户数从年初的 189 户减至年底的 181 户。2005 年，完成了 9 组 18 家企业的联合重组，使中央企业减少到 169 家。在 2006 年 8 月中央企业负责人会议上国资委指出，中央企业一定要成为行业排头兵，围绕培育和发展具有国际竞争力的大企业集团，积极推进中央企业的战略调整与重组，形成 80 ~ 100 家具有国际竞争能力的大企业集团。为此，这一年，国资委在继续鼓励中央企业联合重组的同时，还积极探索以资产经营公司为平台进一步推进中央企业规模调整与重组的新路子。2007 年，有 14 家中央企业参与 8 次战略调整与重组，使中央企业减至 151 家。

其次，推进中央企业主、辅业分离改革。这是伴随中央企业规模调整与重组同时进行的一项改革。中央企业战略调整与重组，不仅是企业之间进行合并重组，而且包括企业内部主、辅业的调整与重组。由于各种历史原因，中央企业主业不突出，核心竞争力不强的问题比较普遍和突出。据资料显示，中央企业存在 4 个或 4 个以上主业的有 53 家，占全部中央企业的主业之间关联度很小。主业过多，不利于企业集中资源，做大做强主业，影响企业核心竞争力。所以，国资委从成立伊始，就狠抓中央企业主、辅业的分离改革。实行主、辅业分离，在突出主业的同时，要对辅业进行剥离改制，分流与安置富余人员。到 2003 年年底，中央企业有 8.1% 的资产属于三类资产（闲置资产、辅业资产和拟关闭资产）需要重新处置，有 25.2% 的人员属于辅业单位员工，需要重新安置。2004 年，主、辅业分离工作取得重要进展。中石油、中石化和东风汽车三大集团主、辅业分离社会试点基本完成，除个别省份外，中央政府与地方政府就机构、人员及资产移交达成协议。796 个中小学和公检法机构的 9.4 万职工从企业分离出来，每年为企业减负 40 亿元。截至 2004 年 10 月底，已有 67 家中央企业上报主、辅业分离改革。2005 年 9 月底，已有 71 家中央企业主、辅业分离的总体方案得批复，共涉及辅业改制单位 3 820 户，分流安置职工 60 万人。同时，第二批 74 家中央企业主、辅业分离，解决企业办社会工作全面启动，到年底有 1 600 个企业办社会机构和 14 万职工从中央企业分离出来，为企业主业的发展大大减轻了负担。到 2005 年年底，已有 96 家中央企业明确了主营业务，实现主、辅业分离。2006 年继续围绕做大做强主业，调整与优化企业结构，加强内部资源整合，减少管理层次，缩短管理链条，将主业做大做精，尽快在行业内形成有竞争力的优势企业。

再次，推行公开选聘企业高级经营管理者的制度。中央企业战略调整与重组，绝不是简单规模的调整问题，还应包括企业管理层的结构调整与改革。2003年，国资委选择中国联通、中国铝业、中国通用等6户中央企业的副总经理和总会计师共7个岗位面向全球公开招聘试点，不仅扩大了中央企业选用管理人才的视野及范围，更重要的是找到了选用管理人才的市场新机制。2004年，国资委又召开了中央企业人才工作会议，制定并下发了《关于进一步加强和改进中央企业人才工作的意见》，明确了中央企业人才强企的总体目标和主要任务。这一年，国资委扩大了中央企业面向海外招聘高级经营管理者的范围，有22家中央企业公开招聘的22位高级经营管理者已经到岗工作，海内外反映很好。在认真总结前两年公开招聘企业高级经营管理的基础上，2005年国资委又组织25家中央企业向海内外公开招聘经营管理者工作，并完善了相关制度，实现了由公开招聘副职到正职的突破。2007年，中央企业董事会试点取得积极进展。17家的外部董事达到或超过董事会成员的半数，3家企业还进行了外部董事担任董事长的探索（中外运、国药及中冶），把党管企业高级管理干部与市场机制有效结合起来，无疑是中央企业人事制度改革的重大突破。

最后，积极推行股份制改革。2004年，中电国际、中海集运和中国网通等先后在境外上市，中国移动、中国电信和武钢等一批中央企业基本实现主营业务资产整体上市，使中央企业的股份制改革取得积极进展。2005年4月，国务院提出了2005年深化经济体制改革的意见，明确中央企业要建立健全董事会制度，健全企业法人治理结构、实行独立董事制度和监事会制度，正确处理国有股与其他投资者的关系，充分保护股东的合法权益。这一年共有6家企业作为第一批试点，完成建立规范董事会工作。2006年，国资委开始规范国资委与企业董事会的关系，把出资人的部分职权授予规范的董事会行使，确保董事会行使选择、考核经理人员和决定经理人员薪酬的职权，并加强与完善企业内控制度，加强资金管理，控制资金流量与流向，提高资金使用效率，建立资金资产流（损）失的责任制度。2007年，中央企业的股份制改革进一步加快。中央企业抓住我国资本市场快速发展的有利时机，加快整体上市与回归A股市场步伐，有9家企业实现境内外公开发行股票上市，中国中铁实现了主业资产整体上市。中国远洋、中国石油等6家企业H股回归A股市场。鞍钢股份、中国船舶等12家企业还在境内增股配股，募集到了企业发展所急需的资本。2007年6月底，中央企业控股境内上市公司201家，占全部境内上市公司户数的26%，股本总3 356.8亿股，占全部境内上市公司股本总额的20%。市值和流通市值分别占全部境内上市公司的26%和24%；中央控股香港上市公司68家，流通股总股本和流通市值分别占全部香港上市公司的 27.7% 和 28.6%。相当一部分中央企业控股的上市公司已经成为资本市场蓝筹股的中坚。

从上可见，5 年的规模调整与重组，并不是孤立进行、单项突进的，而是与其他方面配套改革结合进行的。经过 5 年以企业规模战略调整与重组为特征的改革与发展，中央企业走出了低谷，焕发出内在生机与活力，增长了经济实力与发展潜力，整体效益明显改善。2007 年，中央企业实现销售收入 9.84 万亿元，同比增长 19.3%；实现利润 9 968.5 亿元，同比增长 30.3%；上缴税金 8 303.2 亿元，同比增长 23.8%。截至 2007 年年底，中央企业资产总额达到 14.8 万亿元，同比增长 20.5%。2002～2007 年，中央企业资产总额年均增加 1.5 万亿元，销售收入年均增长 1.3 万亿元，实现利润年均增加 1 500 万元。2007 年，中央企业主营业务收入超千亿元的有 26 家，利润超百亿元的有 19 家，进入世界 500 强的有 16 家，分别比 2002 年增加 20 家、13 家和 10 家，这充分表明中央企业战略调整与重组取得了良好的效果。刘文炳、张秋生、谢纪刚 3 位同志以 2004～2007 年发生重组的中央企业为目标样本，以同期未发生重组的中央企业为参照样本，实证检验了重组对中央企业国际竞争力的影响，得出结论说："结果表明，重组可以显著提高中央企业的国际竞争力"。

二、2008～2012 年：综合效益充分彰显阶段

首先，企业规模战略调整与重组的综合效益开始充分显现。2008 年，共有 9 组 19 家企业进行了联合重组、企业户数从 2007 年年底的 151 家减少到 142 家。这一年行业性调整与重组有了新的突破，主要表现为：一是电信业调整与重组取得新进展。根据国务院关于深化电信体制改革的部署，将原有六大基础运营企业调整为 3 家。中国铁通公司并入中国移动通讯集团公司；中国电信合并原中国联通 C 网业务和中国卫星通信基础电信业务；中国网通和中国联通两个红筹公司按市场化原则和境内外监管要求成功合并，中国卫通并入中国航天科技集团。二是中国航空业体制调整深化。经国务院批准，2008 年国家新组建了中国商用飞机公司，并将中航一集团、中航二集团联合重组为中国航空工业集团公司，使航空业结构得以优化。

2009 年共有 11 组 22 户中央预算企业进行了联合重组，使中央企业户数减少到年底的 129 家。资产总额为 210 580.8 亿元，资产总额超过千亿元的中央企业达到了 53 家，营业收入超千亿元的中央企业达到了 38 家，进入《财富》杂志世界 500 强的中央企业达到 30 家。

其次，中央企业主、辅业分离改革继续同规模调整与重组同步推进。2008

年，国资委不仅重点推进了国家电网主、辅业分离改革，而且对一批业已分离的辅业方面的企业，实施了政策性破产，使 60% 以上的破产企业和项目进入司法程序。华诚、中艺、中包等一批重大重组脱困个案进入收尾阶段。2009 年，国资委进一步开展对中央企业主业的确认工作，并对中央企业主业实施动态调整。对新设的中国商飞、国家核电两大公司的主业进行了审核确认；同时，还调整并公布了中国大唐集团、中国通用技术、中国广东核电、华润集团等 4 家中央企业的主业。2010 年，国资委还制定颁发《关于中央企业非主业宾馆酒店资产分离重组有关工作问题的通知》（以下简称《通知》），进一步规范中央企业突出主业，加快非主业资产的分离重组，以增强主业的核心竞争力，实现最佳规模效益。在《通知》指导下，中央企业的非主业资产的剥离与重组工作，步伐大大加快。中航工业将汽车和发动机整机企业全部并入新长安集团，不仅使其主业更加突出，也使兵器装备集团汽车产业布局得到优化。2010 年以来，许多中央企业立足做大做强主业，加大企业内部资源整合力度，打造专业化、一体化发展平台，注意解决内部业务交叉、自相竞争、资源过度消耗等不良现象，建立协调配合机制，大力实现资源节约，发挥企业各系统的整体综合效应。如中化集团、中电科技集团、东方电气集团、一汽集团等，都通过主辅业分离改革，不仅使辅业得以有效安置和充分发挥效能，减轻企业总体负担，而且使主业更加突出，朝着做大做强做优方向前进了一大步。

再次，大力推行市场并购与重组。如果说第一阶段中央企业战略调整与重组基本上是由政府主导与强力推动下实现的，那么这个阶段中央企业战略调整与重组则更多是以市场化并购与重组方式来实现的。在中央企业战略调整与重组过程中，国资委充分听取和尊重企业的意见，很少有"拉郎配"强行并购的行为。从调整与重组的交易方式来看，中央企业集团层面上的重组大多是通过资产划拨方式进行的。资产划拨，主要是行政划拨，主要集中在煤炭、电力、化工、冶金、有色、建材、造纸等行业中央企业之间重组上。因为这种并购重组在同一所有者之间进行，不涉及财产所有权变更关系。在中央企业与地方国有企业和民营企业之间的并购重组中，则一定要采用市场交易方式，因为这种并购重组是在不同所有者之间进行，则必须按照市场的等价交换原则来办事。

自 2008 年以来，中央企业的并购重组日益多元化，重组方式灵活多样。或借壳上市，或股权置换，或吸收合并，或股权分拆整体上市等。总体来说，市场化并购与重组日趋成为发展的大趋势。市场化并购重组即是中央企业作为独立的市场主体，依照自身利益的需要及企业长远发展战略的要求，通过市场机制运作方式，主动地寻找适合自己的并购重组对象，自愿、自主地依法合规地实施重组。它在本质上排斥政府行政干预，反对政府包办代替，但并不排斥政府在这种并购重组方式中发挥主导作用。也就是说，政府机构国资委作为政府授权专门履行国有资产出资人职责的机构，有必要从国民经济发展全局出发，站在战略高度对中央企业的市场化重组加以主动组织、协调和管理，以保证中央企业市场重组的整体综合效应最大化。同时，中央企业市场化并购重组过程中，往往遇到市场分割，地区封锁，所有制障碍等各种政策性、体制性阻碍因素，需要政府出面予以协调和解决。因此，中央企业的市场化并购重组一定要更好地发挥国资委的主导作用。

最后，海外并购进入加速阶段。中央企业海外并购萌发于 20 世纪 80 ~ 90 年代。当时，并购之规模很小，数量很少。主要并购事件有：1986 年，中国国际信托投资公司以 1 亿美元收购澳大利亚一家铝厂 10% 股权；1992 年，首钢以 1.18 亿美元购买秘鲁铁矿公司 98.4% 的股份；1994 年 1 月，铁道部与五矿集团收购悉尼铁厂。进入 21 世纪，中央企业海外并购规模逐步扩大，数量迅速增加。2003 年，中央企业共发生海外并购 23 次，金额达到 44.11 亿美元；海外并购的目标地区也不断扩大，从美国、加拿大、印度以及中国香港地区扩大到东亚、东南亚、中亚以及欧洲等地区，并购的行业也逐渐拓展，从矿产、石油等扩展到家电、汽车及服务行业等。到 2008 年，中央企业抓住世界经济危机冲击，外国经济遭受重创，企业发展不景气的有利时机，大胆"走出去"，海外并购规模从 2004 年的 40 亿美元迅速上升到 205 亿美元。尤其是 2009 年，国际金融危机使外国企业资产大幅度"缩水"，为中央企业"出海捞底"提供有利时机，掀起了一股海外并购热潮，当年中央企业海外并购达 45 次，并购金额骤升至 433.9 亿美元。中石化以 75.02 亿美元收购瑞士 Addax 石油公司，成为 2009 年单笔重组交易金额之最。

近些年来，随着中国经济的迅猛发展，资源消耗越来越大，中国对外国资源的依存度日益加深，尤其是国际资源垄断集团对资源垄断加大，迫于需求压力，中央企业纷纷"走出去"，加大了对国外资源性企业的并购。以中石油、中石化、中海油、中国五矿、中国铝业、中有色集团、中钢集团等为主的中国资源能源企业在海外并购市场频频出手，导演一出出生动的并购大戏，引起了国际社会的广泛关注。其中，仅中石油的海外并购活动就达 44 次，交易金额最多的中国铝业，累计交易金额达 367 亿美元，其中失败金额就达 195 亿美元。中国五矿集团 2009 年以 13.86 亿美元收购澳大利亚 OZ 矿业公司主要资产，中钢集团在 2008 年分别以 8.79 亿美元和 10.59 亿美元收购澳大利亚 Midwest 公司 80.31% 的股权和默奇森矿业公司 49.9% 的股权，中铝公司 2009 年以 195 亿美元收购澳大利亚力拓矿业集团股权失败，等等，均引起国际资本市场的震惊与关注。

中央企业的海外并购扩大，表明中央企业敢于"走出去"，勇于和善于参与国际竞争，这是成长为跨国公司的必由之路，也是中国中央企业成为国际一流强优企业的必由之路。所以，不仅应予肯定，而且应大力推动之。尽管其中不乏失败的案例，但失败及成功之母，是走向胜利的阶梯，交点学费也是值得的。

从第二阶段看，中央企业战略调整与重组，不仅在国内取得了辉煌的成果，而且大步跨向国际化，使得中央企业整体综合效益大幅度提升，正向国际一流企业目标胜利前进。

2002～2011 年，中央企业的资产总额从 7.13 万亿元增加到 28 万亿元；营业收入从 3.36 万亿元增加到 20 万亿元，上缴税金从 2 926 亿元增加到 1.7 万亿元，年均增长 20% 以上；位列全球 500 强的中央企业数量达 38 家，到 2012 年，又上升到 54 家，中央企业承担了全国几乎全部的石油、天然气和乙烯的生产，提供了全部的基础电信服务和大部分增值服务，发电量占全国 50% 以上，生产的高附加值钢材约占全国的 60%。中央企业自主创新能力显著提高，2012 年召开的全国科技奖励大会上，56 家央企获得 93 项奖项，"嫦娥一号"、高铁、4G 标准等更为央企自主创新、集成创新的典范。到 2011 年底全国国有企业拥有自主知识产权的专利 21.4 万项，其中央企达 13.7 万项，125 万科技人员和研发人员，47% 的企业国家重点实验室，75% 的国家能源开发中心广泛分布于中央企业之中，成为科技创新的重要力量。2012 年年底 6 月 27 日，我国自主建造"蛟龙"号载人潜水器成功下潜到 7 062 米，创造了同类载人潜水器下潜的世界纪录。培育发展战略新兴产业，央企主动出击，核电、风电、电动汽车等设备制造以及产品研发，达到或接近世界领先水平。

"谋发展，央企要争一流；承担社会责任，央企同样要作表率。"央企积极落实国家宏观调控的各项政策，有效应对国际金融危机冲击。涉及粮、棉、油、肉、盐等产品生产供应的中央企业，均全力服从中央调控大局，保证市场供应，维护重要民生产品价格的稳定。面对危难险重任务，中央企业总是冲在前头。在汶川、玉树地震、舟曲泥石流等重大自然灾害中，电力电网、石油石化，航空运输、建筑施工等央企挺身而出，发挥了关键作用。北京奥运、上海世博会、广州亚运会等重大活动的设施保障，处处跃动着中央企业的身影。

中央企业彻底摆脱了战略调整与重组前的窘况困境，真正成为国民经济发展的中坚骨干力量，越来越显示并发挥其在经济社会发展中的主导作用。

第二节　中央企业战略调整与重组：要不要继续进行？

2012 年上半年，中央企业的数量比 2003 年减少 79 家，尚有 117 家。国家原定计划到 2010 年减少到 80～100 家的目标任务并未完成。国资委规划，"十二五"期间中央企业数量要减少到 80 家左右，这就明确规定了中央企业战略调整与重组的"十二五"目标任务。因此，中央企业战略调整与重组还要继续进行下去。

但是，对这个问题的认识并不是很一致的。有的同志认为，100 多家（117家），中央企业保持这个数量规模已经差不多了，重要是要搞好其内部改革，"规模调整应让位于机制转换"，还明确提出"机制改革优先论"。这种看法似乎有些道理，但实际上却把规模调整和重组同机制改革对立起来。我们认为，规模调整和重组与机制改革，正如上述所论，二者并不矛盾，可以并行不悖。规模调整与重组是基础与前提条件，而机制改革可以与其同步相伴。但企业内部机制改革是不能替代外部规模调整与重组的。倘若企业不通过外部规模调整与重组使其规模优化，形成规模经济，尽管内部机制改革已经到位，反而回过头来还要进行规模调整与重组，以期实现规模经济的。与其如此，莫如以规模调整与重组直接带动企业内部机制改革为好。

我们认为，国资委依据国家经济发展总体规划和战略部署，规定"十二五"中央企业要减少到 80 家左右，把这 80 家左右企业培育成具有国际竞争力的"一流企业集团"，是符合中国国情及中央企业实际状况的。

中央企业目前存在突出问题是：

第一，企业数量较多，尚有相当数量企业规模偏小。目前的 117 家中央企业看来似乎已不多，但其集中度却不高，相对于国资委的监控能力而言，还是偏多的。与西方发达国家相比，我国中央企业数量还是较多的。并且，这 117 户家企业中，相当一部分企业规模还是偏小的，规模效益低，竞争能力弱。以 2007 年末资产总额计算的资产不足 500 亿元的中央企业达 88 家，超千亿元的企业并不多。现若以美元计算，超千亿的中央企业则要更少。总体来讲，我国中央企业的资产集中度还是较低的。

第二，行业分布过宽，企业主业不清。目前中央企业公布面很大，并且比较分散。按国民经济行业分类，共有 20 个门类，中央企业都有分布；在国民经济 95个大类中，中央企业三级以上企业共涉及 86 个行业，分布面达 90.5%。并且，还有相当一部分企业资本不集中，主业不清，经营效率低，资产运营质量不高。

第三，经营业务雷同交叉，同业竞争严重。不少中央企业经营业务雷同，例如不少中央企业都经营房地产业务，导致同业竞争，甚至无序过度竞争。由于历史原因，各中央企业之间普遍存在推行多元化经营，导致企业盲目上项目，重复建设，必然使各中央企业之间经营业务交叉重叠现象严重，不仅造成资源浪费，同时也制约企业资本向主业集中。

第四，有些企业规模做大了，但并没有做强，即所谓"大而不强"。例如华能国际 2003 年调整与重组，成为以电力为主业、综合发展的大型企业集团，总资产超过 2 200 多亿元。2004 年效益明显下滑，"虽然重组使得华能国际规模不断扩大，达到了做大的目的，但是，我们从 2002 年、2003 年、2004 年 3 年的综合指标下可以看出，华能国际在效率指标方面并没有改善，也就是说，华能国际做强的目标并没有达到。因此，本轮中央企业战略调整与重组的重点应放在做强上。"

第五，层级过多，管理链条过长。现中央企业一般下设二级分公司，二级分公司再下设三级子公司，层级一般在 3～4 级以上，每个层级均属中小企业规模，这样从上到下形成大公司内套中型公司，中型公司再套一串小公司，导致企业管理链条过长，不仅冗员广为存在，而且业务交叉扯皮，使企业管理混乱，营运效率低下。

上述问题，虽然有些是企业内部管理问题，但都与企业规模是否合理有关，尤其是小而分散、"大而不强"、企业层级过多和业务雷同交叉等问题。不进行企业战略调整与重组，是不能从根本上解决问题的。即使企业内部经营机制改革"先行"，也不可能把整个企业搞好，因为企业规模没有达到合理化，没有实现规模经济优势。

还有的同志认为，迄今为止，世界上所有国家进行企业战略调整与重组成功的概率很低。李跃平、赖海榕等同志指出："国际统计数据表明，全球 100 多年来的企业并购有 2/3 最后均以失败而告终"，他还以美国时代华纳 2000 年和美国在线的并购重组为例说："兼并后的新企业在 2002 年就开始亏损、裁员"。这里 2/3 的失败率仅用美国时代华纳与美国在线并购重组一案证明，显然缺乏充足的根据。不仅企业战略调整与重组的国际失败率高，而且中国企业并购失败率也高。何维达、张作祥、史爱绒三同志撰文指出："相关统计表明，我国的企业并购行为的失败率可能达到 70% 左右，这是根据并购重组后数年内企业利润的下降和市场价值的减少计算得出的。"这里的"相关统计"不知哪里的统计，并且统计是否科学也值得怀疑和研究。

我们认为，即使是企业战略调整与重组失败的概率真是较高，也不能成为阻碍我国中央企业战略调整与重组进行的借口。因为，如上所述，国资委企业改革研究局副局长刘文炳用 2004～2007 年我国发生重组中央企业与非发生重组企业进行实证考察与检验，得出结论说："重组可以显著提高中央企业的国际竞争力"，这说明，中国中央企业战略调整与重组基本是成功的。中国中央企业战略调整与重组之所以能有较大概率取得成功，除了国家政策的正确指导和国资委的正确领导之外，很重要的一个原因在于，中国中央企业战略调整与重组与西方国家不同，不存在所有权障碍。在同一所有权下进行财产关系调整与重组显然要比在不同所有权框架下进行财产关系调整与重组容易得多，取得成功的概率也要高得多。

第三节　中央企业战略调整与重组若干理论问题探析

理论是实践的指导与指南。为了增强中央企业战略调整与重组的主动性、自觉性，必须增加中央企业战略调整与重组的自主理性，即用科学的理论武装及指导整个中央企业战略调整与重组工作，去掉其中的盲目性，克服非理性行为。只有这样，才能从根基上保障中央企业战略调整与重组夺取成功与胜利。

一、何谓"做大做强"？

这是实现中央企业战略调整与重组重要目标必须正确认识与理解的一个理论问题。

这里的"做大"，就是指要把中央企业的规模做大。企业规模是个总体性概念，它包括企业资产规模、企业生产经营规模、企业劳动者就业规模，企业产出规模、企业投入规模等，是上述规模的总称。企业规模与产出量存在正相关关系。企业规模小，产出量不可能大；企业规模大，才可能产出量大。只有大规模生产才会实现"规模经济"。所谓"规模经济"（economy of scale），即大规模生产的经济节约，在经济学意义上讲，就是生产规模与产品的最低可能成本之间的关系。大规模生产使产品量大幅度增加，从而使产品的投入成本降到最低，实现经济节约，这就是大规模生产带来的"规模经济"。但"大规模"也不自然等于"规模经济"，这里的"大"是有界限的，并不是无限度的"大"，一旦企业规模"大"到超出企业领导层可驾驭或可控制能力的界限时，就会带来"不经济"，甚至会导致企业破产。企业规模理论是与社会分工理论紧密相关的。社会分工程度在很大程度上决定企业之规模。这个理论可追溯到其伟大奠基者亚当·斯密。

1776 年，亚当·斯密出版的《国富论》指出："劳动生产力上最大增进，以及运用劳动时间所表现的更大的熟练、技巧和判断力，似乎都是分工的结果。"他认为："分工起因于交换能力，分工的程度，因此总要受交换能力大小的限制，换言之，要受市场广狭的限制。市场要是过小，那就不能鼓励人们终生专务一业"，分工与专业化生产，产生了大规模生产的利益和效率。马歇尔（1890 年）认为，大规模适用于高度专门的技术，是"技术的经济、机械的经济和原料的经济"。钱德勒（1990 年）对企业规模与范围进行了专门研究，认为生产商和经销商通过扩大企业规模和范围而形成成本节约的优势就是企业规模效益。迈克尔·波特（1990 年）从产业集聚与集群的角度研究规模效益，认为企业集聚与集群可以降低交易成本，提高综合效应与效率。

马克思关于社会的分工与规模经济理论更为深刻、翔实，它集中体现在鸿篇巨制《资本论》之中。马克思在《资本论》中指出："单就劳动本身来说，可以把社会生产分为农业、工业等大类，叫做一般分工；把这些生产大类分为种和亚种，叫做特殊的分工；把工厂内部的分工，叫做个别的分工。"随着社会分工的发展，资本主义经历了简单协作、工场手工业和大机器工业等发展阶段，实际上揭示了资本主义企业规模不断扩大的过程。马克思在《资本论》第 1 卷第 11 章分析协作时明确指出："我们已经看到，资本主义生产实际上是在同一资本同时雇佣较多的工人，因而劳动过程扩大了自己的规模并提供了较大量的产品的时候才开始的。"从马克思的上述思想可以得出如下认识：一是资本主义大工业企业是优于工场手工业的，更优于简单协作的；二是企业规模越大，内部分工与专业化越细微、复杂，提供产品越多，生产的剩余价值越多。

无论西方分工与规模理论还是马克思分工与企业规模理论都清晰地告诉我们，企业规模大小是由生产力水平所决定的，生产力发达程度决定着企业规模大小，企业规模大小一定要与生产力发展水平相适应。基于上述认识，我们中央企业战略调整与重组，一定要依据生产力发展规律要求将企业规模做大，大到何种程度呢？就是大到能适应并促进生产力的快速发展，显示出规模经济的优势。

做大企业规模并不于做强企业，即"大≠强"。直至目前，中国 117 户中央企业仍有相当大一部分企业的现状是"大而不强"。本轮战略调整与重组，首先要把所有规模不够大的企业"做大"，其次把所有不够强的企业做"强"。何伟达、张作祥、史爱绒同志认为："做大，就是要向市场提供更多的；做强，就是要增强盈利能力。"我们认为，这样理解未免有失偏颇，理由有四：其一，"向市场提供更多的"，这不应成为企业规模做大的标志，倒应是企业"做强"的一项重要内容。其二，企业规模"做大"，应是企业资本（资产）规模较以往有所增加。其三，在企业规模不扩大的条件下，内涵的扩大再生产，即依靠企业自身内部挖潜改造亦可以"向市场提供更多的"，所以这个指标不能是企业规模大小的标志。其四，一般而论，绝大多数中央企业是否做强是可以而且应该以增强盈利为考量指标。但中央企业与一般企业不一样，如前所述，其经济责任目标不仅仅是盈利，还要担负国家产业安全、掌控国民经济命脉等目标任务，因此不能仅以是否盈利为衡量其是否做强的唯一指标。中央企业"做强"的指标应是多元的，如不动向市场提供更多的产品与服务，增强市场竞争力（尤其国际竞争力）、盈利能力、掌控国民经济命脉的能力，捍卫国家产业安全的能力等。

中央企业"做大"与"做强"是辩证法一的关系。"做强"要求"做大"，中央企业"做大"不是目的，它只是实现"做强"的一个必要路径。我们要正确处理"做大"与"做强"的关系，切不可将二者割裂开来，对立起来。

二、中央企业战略与重组：内部资源整合与重组

中央企业战略与重组，是一种企业之间的并购与重组行为，从战略高度来调整企业规模的行为，但绝不止于此，它还应包括随之而来的企业内部资源的调整、整合与重新组合。如果仅以为中央企业战略调整与重组只是企业外部企业与企业之间关系的事，而根本不涉及企业内部资源调整与重组的事，那未免过于狭隘了，显然失之于片面、简单化。

（一）经营方向、经营范围的调整及重组

异质性企业在经营方向上会迥然不同，并且由于规模不同，其经营范围必然有所不同。一般来说这样两个或两个以上企业并购重组比较困难，但倘若实际上发生相互并购重组，必然发生经营方向与经营范围的重新调整与确定。重组后就企业确定什么经营方向与经营范围，一般要由并购重组的主导方来确定。

同质性企业即生产同类产品的企业如汽车、建筑类企业等，一般来说，它们的并购重组相对较为容易。这类企业由于产品结构、经营方式、经营范围以及主辅业存在差异，所以在并购重组过程中也要进行调整。通过调整使新企业经营方向更明确，使企业经营方向和范围作出新的选择，以便使企业资本向主业和主要经营方向集中，更好地实现经济方式及经营方向集中，更好地实现经营方式及经营范围的创新。

（二）对企业内部资源进行重组与整合

中央企业的成长与发展在很大程度上受其所能支配的各种资源供给的约束。

企业在进行规模扩张与实行多元化经营时，这种资源供给短缺的约束作用更为明显。企业资源主要有人力资源、财力资源、物质资源、技术资源、管理资源等。虽然是同质类中央企业之间的并购重组，但由于它们在上述各种资源上存在着差异，资源优势略有不同或各有所长，因此通过资源整合可以实现资源互补，综合利用，形成资源整合总体效应。企业生产经营所需要的物质资源在数量上和质量上都影响并决定着企业产品的数量及质量。例如，铁矿石的数量供应，其质量好坏，对炼钢生产都会发生决定性的影响。财力资源主要表现为资金，其是否充足，能够保障及时有效供给，是企业简单再生产和扩大再生产的根本保证。资金的整合容易，而企业发生并购重组后，其物质形态的资产的整合，则并非易事，着实需要费一番工夫。因物质资产使用价值上的差异使其在整合中会遇到种种困难，但也可以实现综合利用。人力资源集中体现为管理者队伍、技术人员队伍等方面，两个同质类中央企业并购重组后，往往存在管理人员过多，技术人员过分庞杂的情况，需要精简机构，精减管理人员，对科技人员进行优化配置。这些都需要对并购重组企业的人力资源进行整合。管理层的组织管理能力对大企业的成长起着至关重要的作用，它影响着企业资源对生产性服务的供给，一旦组织管理对资源的"再定位"或优化利用停止，企业成长与发展也就停止了。特别是当企业规模"做大"以后，组织机构庞大，层级过多，会导致管理僵化，官僚主义及本位主义盛行，会滋长因循守旧乃至导致企业衰败的"大企业病"，因此，中央企业必须在战略调整与重组进行过程中，从始至终注意这个问题，十分重视人力源及组织管理机构的整合，搞好人力资源的优化配置。企业科技人员队伍肩负企业的产品创新、技术创新、组织创新、管理创新的重任，通过并购重组及时调整科技队伍的结构，使科技人才"人尽其才，人尽其用"，可以有效地推动企业技术创新，组织创新及产品创新。

　　总之，中央企业战略调整与重组为企业管理机制与制度创新提供了有利的契机。企业资源的整合过程，实际就是企业管理机制与制度创新的过程。因为，两个或两个以上旧企业，重组为一个新企业，采取合并、分拆、分立及剥离等方式，使原有的资源配置方式被废弃，通过置换、平衡与重组等整合手段，使新的资源配置方式应运而生。有远见的企业管理层运用企业资源配置方式转换与创新过程，大胆进行机构与组织创新，去掉了包袱与冗员，"大企业病"在相当程度上得到医治，体制僵化问题得到一定扭转，这就使企业管理体制更适应企业成长的要求，促使企业焕发生机与活力，产生高效率与高效益。因此，企业战略调整与重组过程，应伴以企业资源配置方式与管理体制创新。否则的话，仅仅限于企业规模简单调整与重组，那就必然招致"1 + 1 < 2"，或者干脆失败。

三、多元化经营与"多元化陷阱"

"不要把鸡蛋放在一个篮子里","东边日出,西边雨",人们通常用上述比喻来说明企业要经营多元化,以防单一经营亏损破产的风险。

什么样的"多元化经营",是合理科学的多元化经营?它与"多元化经营陷阱"如何从理论上加以区别呢?这是中央企业战略调整与重组时面临的一个必须认真回答与解决的问题。

企业经营多元化,包括多方面:一是产品多样化;二是经营范围多样化;三是经营模式多样化等。其中,主要是经营产品多样化。企业生产、经营品种单一,尤其大企业生产经营品种单一,一旦遇到政治经济形势变化地冲击,市场发生严重波动,企业产品销售遇到困难与挫折,便会难逃严重亏损乃至破产的厄运。为了规避品种单一的市场风险,企业自主采取了生产经营产品多样化的策略。市场某一种产品销路不好,引起亏损;而另一种产品销路很好,带来盈利可以以盈补亏,保证企业正常生存与发展。

经营多元化,如今已成为现代化大企业发展的必然趋势。不仅围绕企业主业做大做强主打产品,而且延长产业链条,形成系列配套产品,提供生产、销售、服务一条龙,这是现代大企业的重要特征,也是企业经营多元化的必由之路。企业生产经营多元化,需要强化企业内部分工与专业化协作。社会大生产条件下,大企业内部分工越来越细,各种专业化生产之间的联系日益紧密,这就需要各种专业化生产与经营加强配合与协作,实现专业化协作的整体效益,从而取得多元化生产经营的成功。

两个或两个以上企业实行战略调整与重组,由于原来企业生产经营产品多元化,经营范围与经营模式多元化,所以若不认真调整和整合,就很容易盲目扩大生产经营多元化,落入"多元化陷阱"。

什么是企业生产经营"多元化陷阱"呢?简言之,就是企业生产经营过度多元化,即企业生产经营多元化超过了合理限度。从哲学角度讲,世间任何事物都有"度",事物的数量变化超过了这个"度"便会发生质变,向相反的方向变化。企业生产经营多元化也蕴含着上述哲学道理。企业生产经营多元化过度,一定要有如下几个条件:一是跨行业生产经营;二是与主业无关的非主业生产经营;三是严重超越企业边界;四是从事本企业所完全不熟悉的生产与经营;五是生产经营规模与规范完全超出了企业领导层及管理层所能操控与驾驭的能力。由于每个行业、每种商品的生产经营都具有自身的特殊性质,具有自身的运行与发展规模,跨行业进行另一种特殊商品的生产经营往往要面临一个"未被认识的必然王国"，失败的概率及风险特别大。超越企业边界，从事企业本身完全不熟悉的生产与经营，亦是如此。尤其是规模巨大的企业，如大的跨国集团公司，其生产经营规模与范围及多元化程度，如果严重超越了企业领导层和管理所能操控的能力，那就必然导致生产经营失败。我们认为，上述前四条均是可能性前提条件，第五条才是根本性条件。只要达到第五个条件，企业生产经营多元化便会落入生产经营"多元化陷阱"。

从理论上明晰了企业生产经营多元化与生产经营"多元化陷阱"的区别与界限，有助于帮助中央企业进行企业战略调整与重组时自觉实行科学合理的生产经营多元化，防止落入"生产经营多元化陷阱"。

第四节　推进中央企业战略调整与重组的路径与对策思考

一、强化政府主导作用，扩大市场并购与重组

中央企业战略调整与重组与一般的企业调整与重组不同，不能由企业自主自发进行，它必须由中央政府来主持和领导。中央政府作为其代理所有者（代理全体人民所有），履行财产所有者职能，对其下属企业拥有绝对处置权。既然是战略调整与重组，只有中央政府才能担此重任，才能站在全局高度，从全体人民根本利益出发，并保证战略调整与重组实现全体人民根本利益需要。只有充分保证中央政府在中央企业战略调整与重组中的主导地位与作用，才能使中央企业的调整与重组站在战略全局的高度，才能确保全体人民根本利益的实现。因此中央政府的主导作用只能强化，绝不能有丝毫动摇与弱化。

强化中央政府对中央企业战略调整与重组的主导作用，绝不等于中央政府可以包办一切，可以强行命令企业并购与重组。实际上，所谓中央政府的主导作用，就是主要的导向作用，而绝非不顾企业意愿的包办、代替作用。中央政府的主导作用是建立在尊重企业的意愿，按照市场经济规律办事的基础之上的。针对前一阶段中央政府在企业并购重组工作中存在政府行政干预行为过多的偏向，适当扩大企业自主的市场性并购与重组行为，这是必要的，应该是对中央政府主导作用僵化认识与理解的一个合理矫正。

推动与扩大中央企业的市场竞争性并购与重组需要一个规范的运作平台。凡是有并购与重组要求的中央企业均可自主地到这个平台表达自己的意愿，商谈并购与重组的有关事项。中央政府的主导作用就在于加紧建设及规范这个平台，推

动并促成中央企业之间平等竞争与协商，实现更合理、更科学的并购与重组。

二、做大市场，培育企业核心竞争力

如前所述，企业规模受制于市场的广狭，要把企业规模做大，首先必须把销售市场做大。因为产品销售市场很狭小，企业的产品便会发生销售困难，产品生产得越多就会卖不出去。因此，只有把市场做大，才能把企业规模做大。

马克思、恩格斯都认为资本主义经济危机，一个很重要的原因是由于市场的扩张赶不上生产的扩张，大量的堆积如山的商品，由于找不到销路，找不到有购买力的需求，所以在一定意义上讲，资本主义经济危机也是市场危机。这个道理舍象掉资本主义属性的特质，对社会主义也是适用的。

做大市场既是中央企业战略调整与重组的现实客观要求，又是中央企业战略调整与重组企业规模做大以后必须全力推进的一项工作。广辟并疏通流通渠道，做大商品销售市场，是企业做大以后将企业做强的必要路径。

中央企业通过并购与重组后，较容易做大企业规模，但并非所有大企业必然具有综合竞争力。大企业只有培育出核心竞争力，才能在大市场竞争中争得主动并夺取竞争优势。中央企业的核心竞争力不仅是产品的竞争力，它是以企业主业产品竞争力为主体的技术、资金、市场、管理等综合性竞争力，它应该是其他企业的没有或不完全拥有的，在技术、市场、资金、管理以及社会资本等方面处于行业领先地位，并拥有保持这种领先地位的可持续发展的能力。形成核心竞争力，首先要有名牌或品牌产品。名牌或品牌产品，要靠独立知识产权锻造，它在市场上的影响力与竞争力是无法估量的，在很大意义上说名牌或品牌就是一种先进的生产力。名牌或品牌产品要靠领先的技术与管理来维系，而这一切又要靠雄厚资本研发来支持，所以，企业核心竞争力的培育不仅需要中央企业战略调整与重组的资源整合，发挥企业各种资源的整体优势，更要培育企业扩张市场，发育市场体系的能力。企业核心竞争力国际化拓展，就是其国际竞争力。中央企业要在国际市场占有一席之地，并独立于世界强手之林，必须使核心竞争力国际化。

三、进一步完善中央企业的治理结构

股份制是中央企业深化改革的必然选择，也是中央企业建立现代企业制度的必由之路。凡是没有推行股份制的中央企业，都要以企业战略调整与重组为契机，尽快推行股份制。股份制的重要特点在于股权多元化，形成利益多元相互制衡的治理结构，比国有独资企业有更灵活的运营机制，因而其运营成绩要好得多。有人通过实证研究计算，2004 年国有独资企业的销售利润率为 6.12%，其他有限责任公司为 6.67%，股份有限公司的销售利润率则为 9.38%。中央企业治理结构亟待改善主要有以下两个问题：一是"一股独大"的问题；二是"内部人控制"问题。至今尚有一些中央企业还未建立有效的股权制衡机制。"一股独大"的现象仍很普遍。国有股"一股独大"最大的弊端，是整个公司运营的决策权控制在代表国有股权的董事长手里，决策权过分集中，难以体现决策民主化与科学化，容易导致企业决策失误，引发企业生产经营危机。再有，中央企业治理结构失衡还表现为存在着较普遍的"内部人控制"现象，即所谓"经营权侵犯所有权的现象"，那就是：企业经营管理层运用手中掌握经营权大肆为自身谋福利而侵犯股东所有者权益的行为。经营管理层追求自身利益最大化与股东追求利润最大化是一个矛盾。股东为了调动经营管理层的积极性，把企业经营管理好，实现更多的赢利，一定要给经营管理层掌握充分的经营自主权，并允许经营管理层谋取自身利益。但企业经营管理层不顾股东所有权的约束，一味追求自身福利最大化，侵犯了股东的利益，这是绝对不允许的。所以，为了遏制经营管理层滥用经营管理权，片面追求自身福利最大化，必须强化企业所有权约束。强化企业监事会的作用，加强对企业经营管理层的制衡与监督，就是保障股东权益实现，有效防止"内部人控制"的一项重要举措。

中央企业应借助新一轮战略调整与重组的大好时机，进一步完善公司的治理结构，处理好董事会、经营管理层、监事会之间的相互关系，使"十二五"期间的企业经营管理跃上一个新水平。

四、推动中央企业抢占战略新兴产业制高点

2008 年以来，在世界金融经济危机的猛烈冲击下，国际政治、国际金融、国际贸易等全球制度规则发生重大变化，全球竞争日益剧烈并引发竞争格局发生重大变化。这引起世界产业升级及布局结构调整步伐加快，夕阳产业衰败加速，朝阳产业迅速崛起；传统产业日益被新兴产业所挤压、更新与取代，全球进入抢占朝阳产业、新兴产业发展制高点的热潮，科技竞争与科技进步，把全球经济带入科技密集、创新密集和产业剧烈竞争的新时代。发达国家针对气候变化、环境保护、能源供应、粮食安全等问题率先提出"绿色新政"，把节能减排、绿色环保当作推动经济增长的突破口与新增长点，大力发展低碳经济、循环经济、环保产业。由此引发太阳能、风能、低碳、节能、环保、网络通讯、信息技术等新兴科学与技术蓬勃发展，而这些新兴科学技术的发展，不仅成为国家综合竞争力提升的体现，而且使传统产业退出竞争的步伐加快，行业之间相互渗透与融合，新兴行业应运而生。谁能抢占能源、低碳、环保、网络技术等战略新兴产业制高

点，谁就能在今后及未来经济社会发展中争得主动，赢得先机，否则就可能被激烈竞争所淘汰，或者被优胜者所打败。所以，中央企业作为国家队的代表，一定要抓住国际国内产业结构大调整的新机遇，大力发展新兴产业，敢于搏风击浪，勇立战略新兴产业发展之潮头，提升自己的国际竞争力，为建设现代社会主义强国贡献力量。

五、完善自主创新体系，推进国际化经营战略

中央企业战略调整与重组，一个极其重要的目标就是要提升企业自主创新的能力。江泽民同志在党的十六大报告中讲："创新是一个民族进步的灵魂，是一个国家兴旺发达的不竭动力"。一个企业要生存与长足发展，更要靠自主创新。世界企业巨头比尔·盖茨说："企业繁荣中孕育着毁灭自身的种子，要防止这种毁灭的唯一对策就是坚持不懈地创新。"自主创新是企业长盛不衰、永保竞争活力的根本。中央企业绝不可将自主创新只挂在口号上和文件上，当作一项权宜之计，而要坚持不懈地贯彻落实，建立和完善企业自主创新的长效机制。第一，要确立企业自主创新战略规划。围绕企业主业产品系列，制定中长期新产品研发计划，争取在一定时期内开发研制出若干新产品和名优产品。第二，加大相关产品研发的科技投入。中央企业战略调整与重组，要把原有的研发机构进行认真整顿，重新整合科技研发资源，采用有效激励机制，鼓励科技人员自主积极地进行企业创新活动。第三，加强公共创新平台建设。有了这个平台，企业之间可以交流创新之技术和经验等信息，便于产、学、研联合进行科学研究攻关，有助于将科研成果尽快地转化为现实生产力。第四，瞄准国际产业发前沿，实施国际化经营战略。中央企业要把自主创新的着力点聚焦到创国际品牌与名牌产品，提升国际竞争力上，瞄准国际行业标杆企业，采用递进升级方式，逐步实现技术跨越，实现价值链与产业升级，提高本企业产品在全球价值链中的地位与作用，实现生产经营国际化，获取全球利润和资产经营绩效最大化，成为国际知名大企业。

参考文献

［1］刘文炳：《中央企业国际竞争力研究》，中国经济出版社 2011 年版。

［2］吴冬梅：《中央企业的改革与展望》，载《大连财经问题研究》2008 年第 12 期。

［3］刘文炳、张秋生、谢纪刚：《中央企业重组与国际竞争力关系的实证研究》，载《财政研究》2009 年第 2 期。

［4］白天亮：《稳中求进央企发挥中坚作用，去年上缴税金 1.7 万亿元》，

人民网，中国央企新闻 2012 年 4 月 12 日。

［5］李跃平、赖海榕、张志跃、刘承礼：《当前中央企业改革与重组过程中应注意几个问题》，载《经济社会体制比较》2007 年第 6 期。

［6］何维达、张作祥、史爱绒：《我国中央企业重组效益的实证分析》，载《山西太原：生产力研究》2008 年第 18 期。

［7］亚当·斯密：《国民财富的性质和原因的研究》，商务印书馆 1996 年版。

［8］《资本论》第 1 卷，人民出版社 1975 年版。

［9］何维达、张作祥、史爱绒：《我国中央企业重组效益的实证分析——以华能集团的并购重组案为例》，载《生产力研究》2008 年第 18 期。

［10］［英］伊迪丝·彭罗斯：《企业成长理论》，上海人民出版社 2007 年版。

［11］国资委信息中心：《国资委成立 4 年来的工作进展情况报告》，2007 年 1 月 7 日。

［12］王天义、申振东：《经济学热门话题的争论》，中国经济出版社 2002 年版。

第六章

中央企业内含集约发展研究

新中国成立以来，中央企业一直沿着外延扩张轨迹向前推进，改革开放以后，伴随社会主义市场经济体制目标的确立，中央企业迫切需要向内涵集约型发展转变。尤其党的十六大提出"转方式，调结构，促发展"的任务后，更是把内含集约发展提升为中央企业可持续发展战略的第一要务。中央企业要实现经济发展方式由外延扩大型向内含集约型的根本转变，不仅要坚持马克思主义经济发展理论为指导，而且要充分借鉴西方经济发展理论的科学成果，充分认识其转变的必要性、迫切性、难点、制约因素及突破的主要路径，并提出对相应的政策对策。

中央企业作为国家直接掌握的经济力量，不仅是建设中国特色社会主义事业的主导与骨干，而且代表与体现中国特色社会主义的性质与前进方向，它在相当大程度上影响并决定着中国未来的命运。在国民经济恢复时期，国家依靠没收官僚资本建立起来的中央企业，稳定了市场，安定了全国人民的生活，使得饱经破坏的经济得以很快恢复。中国对农业、手工业和资本主义工商业社会主义改造的胜利实现与基本完成，更是得益于中央国有企业做经济靠山及强有力的支持。甚至在"文化大革命"中，若没有中央国有企业在军管会的控制下坚持"抓革命，促生产"，整个国民经济就会陷入完全停顿与崩溃。在改革开放后，由于国有企业战略改革与重组中，众多地方国有企业的退出，大批优质国有资本向中央国有企业集中，特别是中央企业向新兴产业及国家战略行业与部门集中，使得中央企业在控制国民经济战略行业及国民经济命脉的功能作用越来明显、突出。

在日益激烈的国内外市场竞争中，中央企业上述功能作用的发挥，越来越依赖于其自身整体实力的提升，越来越依赖于其核心竞争力的提升。为此，中央企业必须把提高发展质量，转变发展方式作为第一要务。然而我国中央企业自新中国成立以来一直因袭外延扩张的发展道路，主要靠节制消费，增加积累，扩大投资，铺新摊子，上新项目，经济的粗放发展，不仅过多地消耗了资源能源，而且污染了生态与环境，严重制约与影响了经济的健康可持续发展。党的十六大提出科学发展观，明确规定中国经济要调整结构，转变发展方式，由外延扩张之路转向内含集约发展之路，这是中国经济发展道路的根本性转变，是中国经济走上科学发展道路的一个明智正确的抉择。经过十多年的努力，中央在"调结构，转方式"方面虽然取得一定进展，但不可否认，困境并未摆脱，难点尚未突破，转变发展方式工作并未取得实质性进展，可以肯定地讲，我国中央企业由外延扩张型经济向内含集约型转变的任务还未完成，必须奋力再战，攻坚克难。这是党的十八大重大战略部署，也是把中央企业建成世界一流企业的迫切要求。基于此，本文拟就中央企业实现内含集约发展的一些重大理论与实践问题进行全面深入的探讨，以供学术界及实际管理部门讨论及借鉴参考。

第一节 关于"内含""集约"发展的理论认识

一、经济增长方式转变：从外延扩大再生产为主转变为内含扩大再生产为主

马克思在分析资本主义企业扩大再生产时提出了外延型扩大再生产与内含型扩大再生产概念："如果生产场所扩大了，就是在外延上扩大；如果是生产资料效率提高了，就是内含上扩大。"[1]这里，以生产场所是否扩大为标志来区分。凡是生产场所扩大了为外延扩大再生产；凡是生产场所没有扩大（或不变）即为内含扩大再生产。马克思将资本积累看做扩大再生产的重要源泉，认为有资本积累实际上就是扩大再生，指出："积累，剩余价值转化为资本，按其实际内容来说，就是规模扩大的再生产过程，而不论这种扩大是从外延方面表现为在旧工厂时添设新工厂，还是从内含方面表现为扩充原有的生产规模。"[2]可见，资本积累就是扩大再生产，但它并不是区分外延扩大再生产与内含扩大再生产的根本标志，也不是实现扩大再生产的唯一途径与标志，马克思指出："一定量的资本，没有积累，还是能够在一定界限之内扩大它的生产规模。"[3]可见，没有资本的增加或积累，提高原有的定量资本的使用效率（或营运效率），也是可以扩大生产规模的，但这只能是实现内含的扩大再生产，而不像有资本积累的情况下，可以从内含与外延两个方面都能扩大再生产。

马克思在分析扩大再生产的原因和途径时更明确地指了："生产逐年扩大是由于两个原因：第一，由于投入生产的资本不断增长；第二，由于资本使用的效率不断提高"[4]这里从有无资本增加的角度来区分扩大再生两种不同方式的。第

一种情况，由于投入生产的资本不断增加，是外延的扩大再生产；第二种情况，在资本量没有增加的情况下，由于定量资本使用效率的提高而使生产规模得以扩大的再生产，便是内含的扩大再生产。

综上所述，资本积累与扩大再生产及扩大再生产两种方式的关系，可如图 6-1 所示。

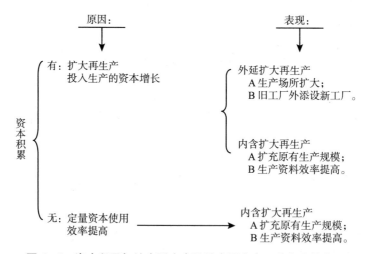

图 6-1　资本积累与扩大再生产及扩大再生产两种方式的关系

以往，学术界多从扩大再生产发生原因的角度，以投入生产的资本是否增长为标志来区分外延的扩大再生产与内含的扩大再生产，认为凡是投入生产资本增加的扩大再生产就为外延扩大再生产，凡是投入生产的资本不增加，依靠定量资本使用效率提高的扩大再生产即为内含的扩大再生产，这实际有偏误的，因而是不科学的。

这里关键的问题是：投入生产的资本是否增加并不构成区分外延扩大再生产与内含扩大再生产的唯一标志。因为投入生产的资本增加，亦可用来进行内含的扩大再生产，即用来扩充原有生产规模及提高生产资料的效率。

外延扩大再生产与内含扩大再生产的区分，只能从生产场所是否扩大、生产规模从外延方面扩大还是从内含方面扩充来判定。凡是表现为生产场所扩大，旧工厂（原工厂）之外添设新工厂的扩大再生产就是外延扩大生产；凡是表现为扩充原有生产规模、生产资料效率提高的扩大再生产均为内含扩大再生产。依据这种判定划分，就可以清楚地看出：

第一，在没有资本积累，投入生产资本不增加的情况下，企业只能进行内含扩大再生产，不可能实现外延扩大再生产。倘若进行外延扩大再生产，唯一的途径便是借债或融资。

第二，企业在有资本积累的情况下，投入生产的资本增加要受资本积累的规模所制约，并且可有多元投向：一是进行外延扩大再生产，或扩大生产场所，如增加车间、扩大厂房等；或在旧工厂外添设新工厂，如购置新设备，建设新工厂，以及兼并购买其他企业等；二是进行内含扩大再生产，或增加熟练工人，或改进技术设备，或提高生产资料质量及使用效率等；三是将增加的生产资本分成两部分：一部分用于外延的扩大再生产，另一部分用于内含的扩大再生产，二者的比例可视增加生产资本的数量，依据企业的实际状况而定。

第三，在市场经济条件下，无论企业有无资本积累，企业均可进行外延扩大再生产与内含扩大再生产，两种扩大再生产可以并行不悖，亦可以交错、相互结合进行。只不过是无资本积累时，企业若进行外延扩大再生产需向银行借贷或向市场融资而已。在理论上把两种扩大再生产完全割裂开来，甚至根本对立起来，是不符实际的。现实生活中，这两种扩大再生产往往是相互交错、相互结合进行。

第四，在不同的历史阶段或经济发展的不同周期，两种扩大再生产方式可以有不同的侧重，企业可有不同的选择，如某个时期，企业发展靠外延扩大再生产为主，而另一个时期则以内含扩大再生产为主，如经济扩张期以外延扩大再生产为主，而经济收缩期或萧条期则更多要依靠内含扩大再生产为主。

第五，企业转变经济增长方式，绝不是用一种扩大再生产方式完全取代另一种扩大再生产方式，即用内含扩大再生产去替代外延扩大再生产，而应该是：从以外延扩大再生产为主转向以内含扩大再生产为主，是扩大再生产主导方式的转变，而不是将外延扩大再生产方式完全取消或消灭，只保留或只追求单一的内涵扩大再生产。即便是经济增长方式转变实现了，即完成了由外延扩大再生产为主到内含扩大再生产为主，也不根本排斥与否定外延扩大再生产，只不过它是扩大再生产的非主导的辅助形式罢了。事实上，两种扩大再生产的方式是扩大再生产过程中的客观存在，企业在主观上如何选择的问题，是不能将它二者的任何一种形式消灭。

二、经济增长方式转变：从粗放经营为主到集约经营为主

在马克思的著作中并没有使用"经济增长方式"的概念。他是在分析资本主义级差地租Ⅰ和Ⅱ两种经营方式时，引申出两种经济增长方式，即粗放经营实现粗放增长，集约经营实现集约增长。所谓粗放经营方式，是指土地经营者在资本

投入不增加或不变的情况下，单纯依靠扩大土地面积的办法来实现生产扩大的经营方式，所以，马克思说："一个家庭可以粗放耕作比如说 100 英亩……在天然牧场上饲养牲畜，几乎不需要任何费用。这里起决定作用的，不是土地的质，而是土地的量"。[5] 所谓集约经营方式，就是土地经营者在土地面积不变的情况下，在同样土地面积上连续追加投资而获取更多的产品量。正如马克思所说："在经济学上，所谓耕作集约化，无非是指资本集中在同一块土地上，而不是分散在若干毗连的土地上。"[6] 或者"发展集约化耕作，也就是说，在国土地上连续进行投资。"[7]

一般来说，粗放经营是同农业早期发展阶段相适应的农业耕作方式和经营方式。在农业的早期发展阶段，未被开垦的土地很多，农民主要靠手工工具进行耕作，农业资本尚未真正形成，或形成了数量也甚少，农业产量的增加主要依靠扩大土地耕作面积。马克思在《资本论》第 3 卷中十分客观地分析了这个过程："历史地看，这是不言而喻的。在殖民地，移民只需投很少的资本；主要的生产要素是劳动和土地。每个家长都企图在他的移民伙伴所经营的场所旁边，为自己和家庭建立一个独立经营的场所。早在资本主义以前的各种生产方式下，在真正的农业中一般说来必然是这种情况。在作为独立的生产部门的牧羊业或整个畜牧业中，几乎都是共同利用土地，并且一开始就是粗放经营。"[8] 这种经营方式历经了资本主义以前的各种生产方式，并在资本主义生产方式产生后一个较长时期内都存在。马克思说："由于耕作的自然规律，当耕作已经发达到一定的水平，地力已经相应消耗的时候，资本（在这里同时指已经生产的生产资料）才会成为土地耕作上的决定要素。在已耕地同未耕地相比只占较小面积，地力还没有枯竭的时候，这种刚刚开始的新生产方式同农民生产的区别，主要在于由一个资本家投资耕地的土地面积较大，也就是在于资本以粗放的方法投在较大的土地面积上。"[9] 由于可耕地日益减少，农业生产的发展越来越受到土地数量的自然限制，并且地力由于长期耕种而减低，此时，单纯依靠扩大耕地面积而增加农业产量越来越困难或成为不可能，但农业经营者为了获取更多产量和利润，其资本只有在原有土地上连续追加投资，提高资本的使用效率，这在客观上就要求转变农业生产的经营方式，即由粗放经营转向集约化经营。这是资本主义生产方式在农业中进一步发展的必然要求，如马克思所说："资本主义生产方式越发展，资本就越是集中在同一土地上。"[10]

粗放经营向集约经营转变不仅具有客观历史的必然性，而且具备了实现的种种必须要条件。一是伴随资本积累的增长，资本积聚与集中进程加速，这为农业资本家向同一土地连续投资创造了条件，为农业生产由粗放经营向集约经营提供了有力的资金支撑；二是资本主义信用制度空前发展，金融服务体系日益健全，能够确保农业资本家及时筹措到向同一土地连续追加投资所必需的资本；三是农业科学技术的发展，为农业生产由粗放经营向集约经营转变与发展提供了可靠的技术保证与技术支持。农业生产的集约化经营不仅仅要求资本的积聚与集中，更重要的是从物质方面要有技术的集约，实现劳动密集型向技术密集型转变。此时，化肥、农药已经在农业普遍使用，农业机械化已在农业展开并使水平不断提升，农业劳动组织及生产方式发生了重大变革，这些都为农业生产由粗放经营向集约化经营奠定了坚实可靠的物质技术基础。

马克思关于粗放经营向集约化经营发展与转变的思想虽然是针对资本主义农业生产讲的，但与工业生产经营是相通的，对工业生产经营是适用的。因为当时的资本主义农业机械化、工业化进程与工业的近现代化进程在历史与逻辑上基本上是相吻合、相一致的。事实上，资本主义的工业发展确实也经历了一个由粗放经营向集约化经营发展与转变的客观历史进程。所以，没有理由否定马克思关于粗放经营向集约化经营发展与转变思想对工业的适用性。

第二节　外延增长与粗放经营：中国中央企业发展模式的典型特征

一、中央企业主要依靠外延扩大再生产的典型行为特征分析

我国中央企业基本有三个来源：一是直接没收旧中国官僚买办资本而形成国家直属企业，如铁路、银行、矿山、港务局等一些企业；二是在社会主义改造过程中，对民族资本家进行和平赎买而建立的一些国有企业，如棉纺织、轻工机械、食品加工等大中型企业；三是在1953年以来有计划开展大规模社会主义建设过程中不断创建的新企业。从那时起，每个五年计划国家都上一批大项目，相应创建一批新企业，如第一个五年计划，国家就建设了156个大项目，每个大项目都形成现代化大国有企业，如长春第一汽车厂、长春客车厂、富拉尔基东北重型机器厂、沈阳黎明机器制造厂、哈尔滨汽轮机厂等。举世闻名的大庆油田、上海宝钢、武钢、第二汽车制造厂等一大批现代企业都是第二个五年计划以后陆续建立起来的。这些"共和国的长子们"，填补了中国现代工业的许多空白，奠定了中国工业化的基础，成为中国社会主义现代化建设的重大骨干力量。

回顾我国中央企业发展路径与轨迹，不难发现，我国中央企业的成长发展之路，就是规模不断扩张之路，走的是一条主要依靠外延扩大再生产来实现经济增

长与发展之路。当然，这并不否定每个中央企业在外延扩大再生产时伴有内含扩大再生产行为发生。这里是指中央企业总体发展趋势而言，就是说，中央企业的成长与发展方式主要是以处延的扩大再生产为主的。其主要的行为特征表现在如下几个方面：

（一）扩大基本建设投资，扩大新建企业

每个中央企业创建之初，为了尽快形成生产能力，扩大一些基本建设投资，进行配套工程建设，确是必需的，这种外延的扩大再生产是必要的，甚至在以后的一定时期内，为了使企业形成综合生产能力，进行更大范围与规模的扩张，也不能认为错误的或不妥当的。问题在于许多中央企业具备了综合生产能力以后，仍追求"大而全"，为把企业建成"小社会"，形成"自我封闭"、"自我服务"的完整自给自足的体系而不断追加投资，扩大基本建设。如汽车制造厂，为了保证自身的燃料动力供应，建设自己的发电厂；为了保证自身钢铁的需求，投资建立自己的钢铁厂，而为了满足自己钢铁厂对矿石的需求，又投资建立自己的采矿厂；为了给企业职工服务，又投资建设职工医院、托儿所、幼儿园、俱乐部、职工浴池等；为了职工的子女教育，建立小学、中学、中专技术学校，甚至创建职工大学、企业党校等；甚至为了企业干部休闲方便，创立一些高档招待所、宾馆、酒店、娱乐中心、疗养院等。在计划经济体制下，产品由国家统一收购、统一销售，因此中央企业除了销售环节很少扩张以外，几乎向一切领域（如生活服务、生产服务、教育、卫生、文化等）扩张，结果使企业成了无所不包的"小社会"。在许多中央大企业所在的地方，几乎都成了"钢城"、"石油之城"、"汽车城"、"动力之城"，职工几十万人，真正从事主业的人员并不多，而辅助人员，甚至无关的辅助人员过多，这给企业发展带来沉重负担及难以卸载的包袱。国企改革中遇到的一个重大难题"企业办社会"，就是中央企业过度规模扩张，过度进行外延扩大再生产的一个恶果。为了使中央企业摆脱困境，卸掉"企业办社会"的历史包袱，在深化企业改革，实施主辅业分离的过程中，国家付出了沉重的代价。企业交还给"社会"的部分，如医院、学校、宾馆、浴池等，也给地方政府带来巨大就业安置的压力。不少职工下岗失业，给社会安定也造成一定影响。

（二）盲目兼并、购买其他企业

在21世纪初，中国大批国有中小企业陷入了生存与发展困境，有近2/3的企业处于亏损与半亏损状态，濒临破产倒闭。此时，正值中国深化国有企业改革进入"抓大放小"的攻坚阶段，全国上下出现了一股企业改制、企业兼并浪潮。

在各级政府的"拉郎配"中，一些中央国有企业兼并、购买了一大批濒临破产的中小国有企业，使得自己的企业规模迅速得以扩张与膨胀起来。例如，20世纪90年代，长春一汽集团在吉长两市政府要求与协调下，一举并购了吉林轻型车厂、长春轻型车厂、长春轻型发动机厂和长春齿轮厂四家企业，接收了四家企业全部资产与债务，并负责企业职工的就业安置。这四家企业剩余净资产产权价款由这四家企业各自未来的税前利润逐年按约定金额偿付，若它们亏损，则由一汽集团融资偿付，偿付期限吉林市定为20年，长春市定为15年。这四家汽车企业的资产显然不是优质资产，其汽车生产技术更不是国内先进技术。由于一汽集团地处吉林省长春市，不能也不好"得罪"地方政府，因为有许多事情要靠地方政府支持，所以只好心甘情愿地"收购"之。地方政府显然卸掉了4家亏损或效益不怎么好的企业包袱，而一汽集团表面上规模扩大了，但无疑背了一大堆负担，即整顿四家企业经营管理之负担，更为重要的是增加了企业融资支付四家企业资产价款与偿还债务的负担。1993年，长春一汽集团又将青岛汽车厂和青岛拖拉机总厂收购到旗下。青岛汽车厂始建于1968年主要生产卡车，1993年时已拥有19亿元固定资产，由于技术装备落后，资金困难，多年以来汽车产销量一直在2 000～3 000辆徘徊，经济效益很不理想。青岛拖拉机总厂成立于20世纪50年代，企业设备陈旧老化，生产的拖拉机市场销路十分困难，不仅生产经营陷入困境，而且职工长期开不出工资，因此成为青岛市政府财政的一大包袱。青岛市政府通过人际关系找到一汽集团，决定把青汽和青拖"送"给一汽，两个企业的人、财、物和产、供、销，包括全部债务与职工安置全部交给一汽，由一汽集团进行一体化经营管理。这种承债式收购看似"拾个便宜"，实际上是"收个烂摊子"。以后，一汽集团收购了哈尔滨星光机械厂、沈阳金杯汽车公司、蓝箭汽车厂，为使中型卡车柴油化，又先后吸收了大柴和锡柴两厂，斥巨资对两厂进行投资改造。其中，最富戏剧性的收购算是对沈阳金杯汽车公司的收购。沈阳金杯汽车原是资产质量与产品销路较好的一家上市公司，可是自1993年以后，金杯汽车的市场占有率连年下滑。由于企业缺乏资金难以进行技术改造与新产品的研发，因而企业绩效明显下降，处于亏损边缘，也失去了在股市配股增资的资格。作为金杯公司国家股股东的沈阳市国有资产经营公司也没有足够的现金投入该公司。在这种情况下，沈阳市国有资产经营公司经与长春一汽集团协商，决定由一汽集团收购金杯有限公司部分股权。1995年，长春一汽集团筹得5.96亿元资金购得金杯汽车公司51%的股份。长春一汽集团收购控股以后，从调整产品结构入手，转变经营方式，建立了以市场为导向、应变能力较强的新产品研发部，使企业整个经营管理与一汽集团接轨。经过一年多努力，一汽金杯终于扭亏为盈，再现发展生机。然而，沈阳市国有资产经营公司突现悔意，又筹巨资回购了被一汽集团掌握的51%股权，使金杯汽车公司又回到自己手中。相对而言，长春一汽集团收购的一桩优质企业却宣告中止。

此后，长春一汽集团又先后收购了四平专用汽车厂、四川专用车厂、东北齿轮厂、柳州特种车厂、山东汽车改装车厂等，一共对全国26家以上的企业进行并购，走上了一条过度扩张之路，使一汽集团成为拥有几十个专业和子公司与二百多家关联企业、分布在全国除港澳台和西藏以外所有地区的大型汽车企业集团。尽管其产量由原来的年产6万辆猛增到20万辆，但企业由于众多被并购企业的拖累，总体经济效益却没有明显改善。道理很简单，长春一汽集团在内部换型改造，迫切需要提升经营管理水平的关口，却大力追求外部规模扩张，错失了向内含扩大再生产转变的良机。

长春一汽集团的发展轨道，基本上反映了中国中央企业主要依靠外延扩大再生产来实现经济增长的轨迹。

二、中央企业主要依靠粗放经营方式实现经济增长与发展的典型行为特征分析

按照马克思的集约经营思想，企业集约化经营就是注重提高企业资本与资产的营运效率，提高单位资本与资产的有效产出率，使企业在生产场所与规模不变的情况下，通过挖掘企业内部各种潜力，充分调动一切积极因素和力量，实现产量与产值或生产经营业绩增加，从而达到企业经济效率不断提高的目的。

而粗放经营恰好反其道而行之，其主要行为特征是：

（一）经济增长与发展是靠过高的消耗代价维持和取得的

企业的投入与产出之比，是考察企业经济效益好坏的一个重要指标。投入少，产出高或者高产出是靠降低各种消耗实现的，表明企业的经济效益优良，这也是企业经营方面集约化的一个标志和结果。相反，高产出是靠高消耗来实现和取得的，这表明企业经营方式具有粗放化的典型特征：

一是中央企业的资源利用率还很低，实现相同的经济增长与发展目标，只能是靠消耗过多的资源来达到。我国工业用水重复利用率只有20%～30%，远低于发达国家20%～80%的水平，单位产品的用水量比发达国高5～10倍；在矿产资源利用方面，全国平均总回收率只有20%～50%，比发达国家低10%～20%；化工生产中，只有2/3的原料转化为产品，其余大都以"三废"形式排入环境；"三废"资源综合利用率很低，如钢渣、粉煤灰、煤矿石的综合利用率分别为

83.7%、47.9%和38%，而国外先进水平则达90%以上，甚至基本上完全利用；我国铜铅锌矿伴生金属冶炼回收率仅为50%～60%，与先进国家相比，均落后10～20个百分点。

二是能源利用率低，使实现同一经济增长与发展目标的能源消耗过高。2000年，冶金、有色金属、电力、化工等8个高耗能工业的单位产品能耗比世界先进水平高40%以上。根据工信部公布的数据，2009年我国单位GDP能源消耗是世界平均水平的3～4倍，是日本的6倍、印度1.6倍；与国际先进水平相比，我国每吨钢能耗高10%～15%，水泥综合能耗高20%～25%，乘用车百公里油耗高20%～30%。2010年7月20日《华尔街日报》报道，根据国际能源署（IEA）公布的数据，中国在2009年消费22.52亿吨石油当量，远比美国石油消费总量21.70亿吨高4%，成为全球第一大能源消费国。[11]

（二）片面追求产值增长与速度，忽视质量与效益

这是粗放经济增长方式的又一个典型行为特征。

在市场经济条件下，企业创造的产品只有在产量、品种、规格及质量等方面都符合市场需要，其中内含的价值才能得以实现。可见，商品使用价值的质量是至关重要的，它是商品价值的物质担当者，倘若它质量不合格，不被消费者所购买并加以消费，企业所创造的产值（C+V+M）就不可能实现，企业职工的劳动就成为无效劳动。所以，企业生产一定要奉行"质量第一"，切不可追求产量第一、产值第一、速度第一。

追求产值（C+V+M）增长，掩盖了企业生产经营成本增加的问题，不利于企业经济效益的提高。在企业创造的总产品价值（C+V+M）中，C+V为生产经营成本，C为原材料、燃料动力消耗与各种辅助材料耗费，包括固定资产折旧等，V为职工工资及工资附加、津贴及奖金等。社会主义企业，对V不能任意克扣与减少，一定要随着企业劳动生产率的提高而逐步增加。V的增加具很强的刚性。企业为使产品在市场上顺畅销售而进行广告宣传费用，也要计入C+V中的。许多中央企业数以亿计的各种招待费（2012年，中国铁建达8亿多元、中国交通公司达7.79亿元，中国水电4.43亿元等）也都要计入成本C+V之中。在企业总产值（C+V+M）为一定的条件下（每年企业的总产值为一个定数），C+V占比重大小，直接决定M量的大小，企业生产经营成本过高，C+V所占比例越大，企业利润M的比例就越小，甚至为0，或为负数，那就表明企业严重亏损，以至破产倒闭。所以，衡量企业经营好坏的唯一标志应是利润M的多少，而不是总产值C+V+M的多少。只有在生产经营成本C+V不断降低或减少的

情况下，企业总产值 C + V + M 越多的特定情况下，企业利润才会增多。因此，企业只有不断降低生产经营成本，才会取得更多利润的最佳经济效果。而要不断降低生产经营成本，那就是大力节省原材料、燃料动力及各种辅助材料的消耗，全面提高生产资料的效能及使用效率，提高劳动者的劳动生产率，而这正是企业由粗放经营向集约化经营转变的客观要求与根本途径。

（三）中央企业粗放增长还表现为"结构失衡"性的增长

从产业结构看，自 2002 年年末开始，中央企业较为集中的高能耗、高物耗的火电、钢铁、建材、有色、造纸等行业，出现过热发展态势，年平均增长率都在 15% 以上，多年生产量累积使供需结构严重失衡。以钢铁产业尤为明显，如2008 年，我国粗钢产能达 6.6 亿吨，市场需求仅 5 亿吨左右，约 1/4 的钢铁及制成品依赖国际市场进口。2009 年上半年全行业完成投资 1 405.5 亿元，还有在建项目粗钢产能 5 800 万吨，多数为违规建设。不仅钢铁、水泥、建材、煤电等产能过剩的产业仍在盲目扩张，风电设备、多晶硅等新兴产业也出现了重复建设，由于遭遇欧美等国反倾销调整与制裁，该产业不少企业濒临困境与破产境地。近些年来，各省市争上汽车生产线，都把汽车产业作为本地主导产业，结果重复建设日趋严重，使汽车产量猛增到 2 000 多万辆，大大超过了市场需求。各厂家为了争夺市场，展开"汽车价格大战"，竞相降价促销，有的单车降价达 7 万 ~ 8 万元。业内人士认为，汽车产能过剩必然加剧无序竞争，最终将"重新洗牌"，使一批低水平重复的企业与产能被残酷淘汰。实践证明：某些产业的畸形发展，必然加剧产业结构的失衡。

（四）企业追求粗放式高增长必然表现为"环境高污染"高破坏

企业粗放经营，追求高产值高数量，必然高消耗。高能耗、高物耗，必然带来高排放、高污染，对环境造成高破坏。中国的能源生产与消费结构主要以煤、电、油为主，其中，煤炭占绝大部分比重。2005 年全国能源的消费总量达 22.2亿吨标准煤，煤炭消费量占能源消费总量的 68.9%。因为在电中，有相当一部分是由煤为原料来发电的。由于 2001 年以来，我国能源消费总量猛涨，2001 ~2010 年平均增速达 9%。由于节煤节电技术尚未有突破性进展，尤其现行整个工业生产技术水平还较低，所以企业生产对物资消耗及能源消耗仍然很大，从而污染物的排放量增大。这是导致环境污染的一个重要原因。2001 年，中国城市空气污染等 40 个指标与发达国家的差距超过 5 倍，工业能耗密度和农村卫生设施普及率等 26 个指标与发达工业国家水平差距超过了 2 倍，城市废物处理率等 40

个指标与发达工业国家水平的差距接近 2 倍。目前中国与主要发达工业国家的最大相对差距，自然资源消耗占 GNI 比例等 3 个指标超过 50 倍，工业废物密度等 4 个指标超过了 10 倍，农业化肥化密度等 11 个指标超过 2 倍。具体来说，2003 年中国自然资源消耗占 GNI 的比例，大约是日本、法国和韩国的 100 倍之多，是德国、意大利和瑞典的 30 倍之多；2002 年中国工业废弃物密度大约是德国的 20 倍，是意大利、韩国、美国和日本的 10 倍多；2002 年中国城市空气污染程度，大约是法国、加拿大和澳大利亚的 4 倍多。[12] 在现有国际产业与贸易分工中，中国是资源、能源消耗与污染的主要场所和受害者。一方面，在改革开放中，发达国家对中国的直接投资主要投向资源、能源和劳动密集产业，将污染转移到了中国，如钢铁、水泥、建材、化工等高污染行业从欧美、日本转移到中国；另一方面，发达国家排放出的污染物又以所谓"资源"形式大量流入中国，如 2006 年，中国可用做原料的废物进口量为 9 663 万吨，其中进口量较大的有废纸、废钢铁、废五金电器和废塑料，有相当大一部分电子垃圾是违反《巴塞尔协议》非法进入的。这在很大程度上减缓这些废物出口国的环境污染，但却在更大程度上加剧了中国环境污染的程度与治理压力。

综上分析可见，外延扩大再生产与粗放的经营方式是不可持续的经济增长方式，更是一种高消耗、高浪费、高排放、高污染、低效能、低效率、低效益的经济发展模式，已经严重阻碍生态文明环境友好社会建设、节约型社会建设及和谐社会建设，成为制约中国经济社会永续发展的根本性因素之一，全力推进其各向含扩大再生产与集约化经营方式转变，已是刻不容缓，时不我待。

第三节 中央企业由外延与粗放发展方式向内含与集约发展方式转变的难点及对策

一、转变经济发展方式是贯彻科学发展观的必然要求

客观地讲，改革开放前 20 年，由于我国对"发展是硬道理"的偏误理解，在一片跨越与赶超中，出于对 GDP 的过分盲目崇拜，片面追求数量与速度的增长，尽管使经济保持连续 20 年近 10% 的增长速度，但也为此付出了沉重代价；近乎掠夺式地开发与利用，使社会资源浪费严重并日趋枯竭；经济结构失衡，使各种深层经济矛盾日益凸显；高排放、高污染，使生态环境日益恶化；由收入差别悬殊等经济矛盾引发的社会矛盾也越来越尖锐化。这一切"成也萧何，败也萧

何"。中央企业在其中扮演了弥足轻重之角色，可以肯定地认为，中央企业既是发展成就的急先锋，也应当是发展中负面效应的主要担当者。

党中央在十六大以后，就敏锐地意识到上述经济发展中的问题与倾向。2003年8月28日至9月1日，胡锦涛总书记在江西考察工作时，使用了"科学发展观"概念。随后，胡锦涛在十六届三中全会讲话中指出："坚持以人为本，树立全面、协调、可持续的发展观。"明确告诉全党全国人民，要摒弃以物本主义的发展，摒弃片面、不协调、不可持续的发展，这不仅纠正了人们对"发展是硬道理"的片面理解与认识，更是对中国经济发展之航船指明了正确方向。

党的十七大为实现建设全面小康社会奋斗目标，从战略高度把内含与集约的经济发展方式作为建设生态文明社会的重要内容与要求，明确提出："建设生态文明，基本形成节约能源资源和保护生态环境的产业结构、增长方式、消费模式、循环经济形成较大规模，可再生能源比重显著上升，主要污染物排放得到有效控制，生态环境质量明显改善，生态文明观念在全社会牢固树立。"[13]

党的十八大又把调结构，转变经济发展方式作为"基本国策"的重要内容，郑重要求全党全国："坚持节约优先、保护优先、自然恢复为主的方针，着力推进绿色发展、循环发展、低碳发展，形成节约资源和保护环境的空间格局、产业结构、生产方式、生活方式，从源头上扭转生态环境恶化趋势，为人民创造良好生产生活环境，为全球生态安全作出贡献。"[4]

二、企业由外延与粗放发展方式向内含与集约发展方式转变的难点分析

既然党中央对转变经济发展方式这么重视，并且提出已有十多年时间了，为什么全国企业包括中央企业至今还没有完成由外延与粗放发展方式向内含与集约发展方式的转变呢？

首先，应该承认，自党的十六大以后，中国关于转变经济发展方式的工作还是有重大进展的，也取得了重大成果，这是不能否定与抹杀的。

2008年3月14日，中国最大的CDM项目之一的中国石油辽阳石化氧化二氮CDM减排项目正式引气开车。这是国内能源企业充分利用国际规则进行节能减排的一次成功尝试，也为国内能源企业参与国际碳交易市场开辟了道路。据联合国CDM执行理事会（EB）的信息显示，截至2009年11月25日，中国已注册项目671个，占EB注册项目总数的31.15%，已获得核发CER1.69亿吨，占核发总量的47.5%，项目数和减排量均居世界首位。[15]

2008年12月15日，天津排放权交易所发出二氧化硫排放指标电子竞价公

告，七家企业参与竞价，同年 12 月 13 日，天津弘鹏有限公司以每吨 3 100 元的价格竞购成功，这是国内排污权网上竞价第一单，[15]标志着我国主要污染物排放权交易市场化成功起步。

2009 年 6 月 18 日，北京环境交易所与全球最大的碳交易所 BlueNext 签署了战略合作协议，并于 8 月 5 日达成首单自愿减少碳排放交易，即奥运会期间部分市民通道通过绿色行动方式减少二氧化碳排放。同年 9 月，天津排放权交易所发起"企业自愿减排联合行动"，并达成了国内第一笔以碳足迹盘查为基础的碳中和交易。上每、重庆、广东、江苏、山西等省市也先后成立碳排放交易所，[15]有力地推动了企业的节能减排工作。市场化的机制运作，逼迫企业节能减排，向内含与集约生产经营方式转变。

不仅企业与市场在行动，国家更是从全局上加以促进与推动这个转变。2009 年 11 月 25 日，国务院常务会议决定：到 2020 年我国单位国内生产总值二氧化碳排放将比 2005 年下降 40% ~ 45%，作为约束性指标纳入国民经济和社会发展中长期规划。据有关专家预测，2030 年中国的二氧化碳排放要减少 20 亿 ~ 30 亿吨，超过欧洲国家减排总量之和。[15]为达此目标，必须大力推广节能减排技术，千方百计提高资源使用率。这就要求所有企业和单位进行内含扩大再与集约经营，否则就会离上述目标渐行渐远。

其次，经济发展方式实现由外延扩张与粗放经营向内含扩大与集约经营转变是一个复杂的系统工程，不可能一蹴而就，更不能"毕其功于一役，"必然要经历一个艰巨的各种困难与矛盾解决过程。

基于上述认识，我们既要看到我国在经济发展方式转变上取得的可喜成就与进步，增强进一步转变的信心；同时也清醒地认识到经济发展方式转变的困难与艰巨性，尤其要找准关键因素与难点，集中火力打攻坚战，这才是现实的必要选择。

攻坚克难，必须明确"难"在何处，以便全力攻克之。

（一）发展理念转变难

任何一种经济发展理念一旦形成，便有相对独立性、固定性、持久性，不可能在短时期内消，更不能瞬间消失。追求外延扩大再生产与粗放经营已经在新中国成立以来的几十年经济建设实践基础上形成了社会主义建设者们的固定的思维理念模式，并深深植根于几代建设者们的头脑里。要想从思想深处抛弃和根本摒弃这种发展理念，用新的思维理念模式取而代之，绝非易事。人所共知，发展理念属于意识形态，它一旦形成固定的模式，便可长期独立存在，一时难以更改。

如封建主义制度在中国早已消灭了，反映封建主义制度的许多意识形态，如今还顽固地存在着，尤其封建主义的习俗更是在许多地方被不断延续。再如资本主义制度在中国（大陆）已经消灭了，但资本主义和资产阶级的一些的意识形态如"剥削正义""人性自利""私有制神圣不可侵犯"等理念至今不还大量存在吗？甚至在一些人心目中不还在起着支配作用吗？

当今中国，转变经济发展方式，转变经济发展的思维理念是关键。追求外延扩大再生产与粗放经营的思维理念已经成为束缚中国经济发展方式转变的重大思想理论障碍，如果不从根本上加以废弃，代之以新的经济发展理念，在实际经济活动中实现经济发展方式向内含扩大再生产与集约方式转变，经济发展是不可能的。

正是由于经济发展的思维理念转变具有艰难性，所以，推进中国经济发展方式转变不能操之过急，只能循序渐进，有步骤地向前推进。

（二）旧体制约束难除

所谓旧体制就是传统的计划经济体制。它是一种国家高度集权，依靠行政命令与行政手段或指令性计划来配置社会资源实现经济增长与发展的体制模式，也有人称其为"命令经济体制"。这种经济体制的显著特点是以行政命令和行政手段来配置资源，否定市场机制与价值规律在资源配置上的基础性作用，其最大弊端是否定了企业是独立自主的市场主体，从而窒息企业的发展生机与活力，阻碍社会生产力发展。因此，可以说，旧经济体制是一种行政集权型的无效率或低效率的体制。

所谓新体制即是社会主义市场经济体制。它是一种由市场机制在社会资源配置中起基础作用的经济体制模式，也可简称"市场经济体制"。其显著特点是政企分开，国家行政与企业各行其是，企业成为独立的市场主体，自主地进行生产经营活动，国家行政不干预企业正常生产经营活动。这种体制的最大优越性在于赋予企业完整的生产经营自主权，实现真正的自负盈亏，从而能在更大的限度内充分调动企业生产经营积极性，促进社会生产力发展。因而这种经济体制被认为是一种由市场机制调节主导的自由的有效率或高效率的体制模式。

我国经济增长与发展方式转变的基础或决定性因素在于经济体制的转变。经济体制不从根本上实现由计划经济体制或"命令经济体制"到市场经济体制的转变，要实现经济发展方式由外延与粗放型向内含与集约型的转变，那是不可能的。因此，实现经济发展方式转变，必须深化经济体制改革。然而，改革旧体制绝非轻而易举。改革就是革命，而革命不是绘画绣花，不能文良恭俭让，必然会遇到重重困难与阻力。

当今中国，市场经济新体制的基本框架刚刚建立，还很不完善；旧体制并未完全废除，旧体制遗物在许多方面还在，甚至某些方面尚广泛存在，并"原封未动"。目前中国正处于新旧体制并存及相互交替、相互作用的过渡时期。吴敬琏先生最近在一篇文章中发问："问题就在于，这种过渡性质的双重性究竟是此消彼长还是此长彼消，是旧体制逐渐消退新体制逐渐成长、完善，还是反过来新体制停顿了、倒退了，重新回到旧体制。"[16]言外之意，新旧体制"谁胜谁负"的问题还未解决。这种忧虑，笔者认为是没有必要的。因为党的十八大已十分坚定地表明，中国推进经济政治社会体制改革的信心与决心是坚定不移的。并且，李克强总理多次主持国务院会议布置进一步深化行政、经济及社会体制改革的各项政策措施，所以新旧体制的此长彼消是无可置疑的。

但是，必须清醒地看，旧体制即便是经过改革而消亡，也会有一定的"前冲"惯性，使人们对新体制在短期难以适应。这在广东行政审批体制改革中，表现得十分明显。当广东将投资项目审批由几十个部门盖一百多个章，需要700多天才能完成改为38天完成时，许多企业都感到十分不适应。这个典型案例充分表明改掉旧体制之难，旧体制的惯性作用在一段时间内还难以消除。

（三）经济结构调整是疗"内伤"，难度更大

中国现行经济结构，是长期片面追求外延扩大生产与粗放经营的结果，它反过来又成为制约经济发展方式向内含与集约型经济发展方式转变的重要因素。经济结构的失衡突出表现在以下几个方面：

第一，产业结构失衡。这突出表现在：一是不少传统产业畸形发展，产能严重过剩，如钢铁、水泥、建材、煤化工、平板玻璃等。2008年，我国粗钢产能6.6亿吨，市场需求仅5亿吨左右；2009年上半年全行业完成投资1 405.5亿元，还有在建粗钢产能5 800万吨。二是重复生产、重复建设导致汽车产业产需结构失衡。由于各省市争先恐后发展汽车产业，现全国有100多个汽车厂家，年产汽车达2 000多万辆，已明显超过市场需要，导致各厂家展开降价大战。三是能源结构失衡。主要表现为清洁能源发展滞后，能源70%依赖煤炭供应，导致小煤炭遍地开花，不仅矿难事故频发，污染破坏生态环境。受利益驱动，关闭小煤矿十分困难。四是由于盲目扩张，太阳能、多晶硅、风电设备等新兴产业也出现重复建设倾向，在遭遇欧美的倾销制裁情况下，又出现远远超出国内市场需求的状况。五是服务产业结构失衡。主要表现为传统服务业创新水平低，服务质量差；现代服务业发展滞后，规模小，效益低，不适应实体经济发展需要。

第二，收入分配结构失衡。主要表现在：一是劳动收入在整个收入中所占的份额不断下降，严重影响劳动者的劳动积极性。据资料显示，1978 年以来，劳动所得占 GDP 的比重曾一度上升，从 1978 年以来的 42.1% 上升到 1983 年的 56.5%，上升了 14.4 个百分点，但自 1985 年以后却出现了长期持续下降，从 1983 年的 56.6% 下降到 2005 年的 36.7%，下降近 20 个百分点。[17]从 2006 ~ 2010 年这五年，是中国收入差距扩大最严重的五年，也是劳动所得占 GDP 比重下降最厉害的五年，有专家估计，现今劳动所得占 GDP 的比重至多是 30%，甚至低于 30%。而在发达资本主义国家，在过去 50 ~ 60 年中，劳动收入占 GDP 的比重在 65% ~ 80% 波动。[18]二是收入分配差距过分扩大与悬殊，产生了明显的两极分化。据资料显示："国家的最低工资真的很低，像广东这样经济发达地区才 1 300 元，很多农民工只拿 1 300 元，一年不足 2 万元"。[19]2010 年和 2011 年这两年，中央企业高管平均年薪在 65 万 ~ 70 万元，[20]金融保险业高管都在千万元以上，[21]个别保险业高管甚至达到年收入 6 600 万元，高收入者为低收入者的 3 000 多倍。不仅个人收入过分悬殊，而且家庭收入差距也过大。若按收入者家庭 10% 分组，2008 年城镇最高收入与最低收入家庭的实际收入差距是 25 倍；按城乡居民家庭 10% 分组，最高 10% 与最低 10% 家庭的实际收入差距相差 65 倍，即便按官方缩小的统计也分别为 9 倍及 23 倍。[22]

第三，投资结构失衡。这主要表现在：一是国家投资与民间投资比例失衡。这主要表现为国家投资所占比例过大，民间投资相对不足，甚至下滑。国家投资由中央政府投资与地方政府投资构成。2008 年为应对世界金融经济危机，中央政府启动 4 万亿元投资计划。在此带动下，各地政府纷纷扩大投资计划，据统计总额达 18 万亿元之多，[23]而民间投资由于领域受限，渠道狭窄，环境不佳，增长乏力。二是实体经济投资与非实体经济投资的结构失衡。由于非实体经济投资比实体经济投资具有周期短、利润率高、见效快等特点，因而造成大量货币投向非实体经济领域如金融产品、金融衍生产品、基金、股票、期货、债券等，形成巨额货币量在金融系统中自我循环与空转，而实体经济特别是大量小微企业由于得不到必要投融资而使发展受到严重制约。

第四，经济总量结构失衡，即消费、投资、外贸"三驾马车"结构失衡。

投资是扩大再生产，促进经济增长的重要手段。在中国，它是拉动中国经济增长的"第一驾车"。长期以来，中国的固定资产投资增长率一直高于 GDP 的增长率而成为中国经济增长的第一或主要推动力。近 10 年，中国经济增长依靠投资拉动更是突出明显。2002 ~ 2012 年投资率上升了 11 个百分点，即从 2002 年的 38% 上升到 2010 年的 49%。[24]

消费是生产的目的与动力。马克思指出："没有消费，也就没有生产，因为如果这样，生产就没有目的","消费创造出生产的动力。"[25]社会再生产只有以消费为根本目的和内在动力，才会持续不断地进行下去，才会不断地可持续增长，它本应是中国经济增长的"第一驾马车"。然而，自改革开放以来，我国居民消费占GDP的比例由1978年的45%上升到1990年的49.7%，而自1990年以后则一直呈下降的趋势。1992年为48.2%，2001年又返降到46.6%、2002年降到45.3%，2003年再降至43.4%。这个水平"比中等收入国家低12～17个百分点左右，比高收入国家低11～16个百分点，比南亚国家低20个百分点。"[26]到2010年，我国居民消费占GDP的比重又进一步下降到0.34，即34%。[27]而世界各国的居民消费率基本都在60%以上，发达资本主义国家则一般在65%～70%之间。可见，中国的居民消费远未做到拉动中国经济增长的第"第一驾马车"的地位与作用。

目前，中国已经成世界第二大经济体，是第一大出口国、第二大进口国，稳居世界第二贸易大国。我国由一个封闭的计划经济国家转变为对外全方位开放的市场经济国家。中国的外贸依存度由1978年的9.8%猛升到2004年的70%，受世界金融经济危机的影响，2008年降至62%。[28]到2012年我国外贸的依存度仍在47%以上。外贸需求对中国经济拉动作用依然很大。1978～2008年，外贸需求年平均比重为14.64%，在地经济增长的贡献率中，仍为19.1%。从增长速度上看，1997～2007年，对外贸易需求增速为16.6%，国内需求增速为11.5%，外贸需求高于国内需求5.1个百分点。2008年以后受国际金融经济危机的影响，国际市场环境恶化，保护主义抬头，外贸需求曾大幅下降，从而导致2010年中国外贸需求只拉动GDP增长0.9个百分点。中国必须调整外贸结构，加大外贸易对GDP的拉动作用。[29]

从图6－2中可见，中国经济增长的"三驾马车"明显失衡，表现为中国经济增长动力错位，即没有以消费为主要和根本推动力，偏离社会主义生产根本目的——以最大限度满足人民日益增长的需要为目的。以投资增长为主要推动力，将消费挤压到从属地位，大有为生产而生产、为增长而增长的意味。中国家济发展方式转变，从深层次上讲，必须从根本上改变消费、投资、外贸这"三驾马车"的结构，变投资主导型增长模式为消费主导型增长模式。什么时候，中国的消费率达到60%左右，真正使消费成为中国经济增长与发展的"第一驾马车"或第一推动力，中国的"双转型"（体制转型与发展方式转型）才能算胜利完成。

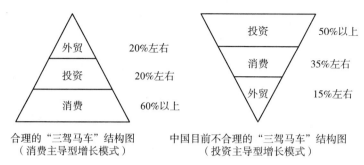

图6-2 合理的"三驾马车"结构图和中国目前不合理的"三驾马车"结构

可见，中国的经济结构调整难度更大，任务更为艰巨。经济结构问题是制约中国经济发展方式转变更深层次的内在机制。"外伤"易治，"内伤"难医。所以，必须充分认识医治中国经济肌体的"内伤"的艰巨性，树立必胜信心。只要全国人民齐心协力，开拓进取，一定会取得成功。

（四）技术进步与扩大就业的矛盾解决难

无论是国家转变经济发展方式，还是企业转变发展方式，其根本途径就是大力推进技术进步，提高劳动生产率。内含增长与集约发展都要依靠技术改进与劳动生产率不断提高。而这样做，就与扩大就业发展发生矛盾。因为使用先进的技术装备，劳动生产率提高了，可以节省更多的人力，但中国的就业压力十分巨大，并且形势日益严峻。因为中国人口基数过大，每年新增就业人口高达上千万。一方面，内含增长与集约发展要求企业提高效率要往下减人；另一方面，国家扩大就业又要求企业增加就业人员，这就产生"两难"困境。国有企业尤其是中央企业，在面临上述两难困境时，唯一的选择就是服从国家扩大就业目标，尽可能吸纳就业人员，此时企业的"减员增效"目标就只能让位于国家扩大就业行为。这是因为国有企业尤其是中央企业属于国家所有，企业目标必须服从于国家目标，安置与扩大就业是国有企业义不容辞的职能与责任。这样一来，企业在扩大就业的压力下，就只能倾向于处延扩大再生产与粗放经营了。

技术进步与扩大就业的矛盾对民营企业相对来说就不如国有企业中那么突出明显。尽管民营企业也会面临国家扩大就业的压力，但由于它是独立的生产资料和财产的所有者，是完全独立的生产经营主体和市场主体，拥有独立自主的用人权，拥有独立自主的雇用劳动力的权力。因此，增加不增加企业就业人员，完全是企业自主行为。国家的扩大就业行为往往通过行政手段或政治压力向民营企业推行，这实际上是一种侵权行为。但民营企业依据企业自身发展需要自愿扩大就业，或自觉为国家分忧，主动扩大安置就业人员，即完全由民营企业主所决定。因此，民营企业推进技术进步，提高劳动生产率，不会受到国家扩大就业的过分干预，从而可以更好地实现向内含增长与集约经营转变。

三、中央企业经济发展方式由内外延增长与粗放经营向内含增长与集约经营转变的若干对策

"医病"要找准"病根"，对症"下药"。依据上述对经济发展方式转变难点的"诊断"，我们认为必须有针对性地采取以下对策：

（一）创新发展理念：实行并推进节约型增长

传统观点认为，增长与节约二者是相矛盾的，因为前者为增加，后者为减少。要增产就必须扩大规模与产量，必须进行外延扩张与粗放经营，而节约只是定量或存量资源与财产节省，二者只能必居其一。实际上二者不仅可以统一，而且可以并且应该融合，就是说，经济发展可以实现节约型增长。

节约型增长就是要把经济增长建立在节约的基础上。所谓节约就是指一切人力、物力和财力的节省，它们最终都可归结带动时间的节约。节约劳动时间同发展社会生产力之间存在深刻的内在联系。马克思明确指出："无论是个人，无论是社会，其发展、需求和活动的全面性，都是由节约时间来决定。……每个人应当合理地支配自己的时间，以便获得应当具备的各方面的知识或者满足对他的活动的各种要求，同样的，社会也应当适当地支配自己的时间，以便达到那种适应于它的整个要求的生产。因此，节约时间以及在各个生产部门中有计划地分配劳动时间，就成了以集体生产为基础的首要的经济规律。"[30]马克思甚至称这个规律是社会主义社会更高级的规律，社会主义社会所有的经济活动都要按照这个首要的高级规律办事，把节约观念放在优先位置上，即在从事任何一项生产经营活动，首先就要从观念上树立并贯彻节约理念。或是以尽可能少的投资建设一个优质项目或工程，如修筑一条铁路，投资者首先要从诸多方案中选择一个质量好、投资省的方案；或在企业生产开始时，首先就要有一个尽可能节省生产经营成本的计划或规划。不仅如此，还要把节约生产经营成本贯彻到企业整个生产过程始终，才能取得良好经济效益。有一种错误的理念认为，节约就是禁欲，抑制消费力，实际上这是错误的。马克思明确指出："这种节约就等于发展生产力。可见，绝不是禁欲，而是发展生产力，发展生产的能力，因而既是发展消费的能力，又是发展消费的资料。消费的能力是消费的条件，因而是消费的首要手段，而这种能力是一种个人才能的发展，一种生产力的发展。"[31]

所以，无论是国家还是企业，只有真正按照节约劳动时间这个社会主义社会高级规律要求，以节约理念来指导并组织生产经营活动，才能做到内含发展与集约经营，实现节约型增长。我们认为，这种节约型增长，是一种全新的增长模式，是无水分的实实在在的发展。

（二）全力破除旧体制的约束

破除旧体制如逆水行舟，不进则退。破除旧体制必须坚持不破不立，破字当头，立在其中。

第一，破除企业领导人任命制，实行市场选择制。企业领导人由政府直接任命，是旧体制用人制度的典型特征，其最大弊端是政府官员习惯运用行政手段管控经济活动，政府官员只对上级行政主管负责，眼睛向上紧盯上司脸色，而不盯向市场、不盯向民生，往往注重面子工程、形象工程、政绩工程，目的在于给上司看，以便讨好上级，尽快升迁。这种任命制早已同市场经济发展要求明显不相适应，必须加速改革，代之以市场机制选聘企业领导人。只要是由政府直接任命，他就割不断与政府的"脐带"，就总带有行政官员的色彩，就不可能成为真正的"企业家"。而由市场机制选择的企业领导人，才有可能真正面向市场，把企业办成独立的市场主体，摆脱行政体制的约束。经过改革开放30多年的发展，我国职业经理人市场已有较大发展，由市场机制来选聘中央企业领导人的条件已基本具备。中国职业经理人市场不仅积累了一大批国内国有企业经营管理人才，而且吸引并积累一大批海外先进国家大型企业经营精英，并且当今许多发达国家的企业管理精英日益看好中国经济发展前景，因此，只要政策得当，制度规范，是可以通过市场机制选聘到优秀企业管理人才的。

第二，破除少数人决策的旧投资体制，建立规范程序化的民主决策新机制。依靠决策层少数人闭门决策是旧的投资体制的一个重要特征，往往是导致投资失败的一个重要因素，因为不少中央企业是中央机构的翻牌公司，决策层构成大部分人为政府官员，专业技术人员甚少，知识与能力均有限。这种投资决策体制已被证明是与现代市场经济发展要求不相适应的，应当破除或废弃。2012年国家审计署的审计报告披露：中央企业全年总共有1 784项重大经济决策不合规，形成损失及潜在损失45.57亿元。从审计调查53户中央骨干企业看，45个项目未经国家有关部门核准就先行建设。这些"不合规"的"乱决策"，绝大部分是由中央企业决策层少数人"拍脑门"的结果。因此，中央企业必须建立民主化的投资决策委员会，该委员会应由企业各方人员（如总经理、总工程师、总经济师、中层干部代表、工会领导人、职工群众代表等）参加，另设各种专家组成的专家咨询委员会，为投资决策提供咨询研究报告。对重大项目的投资决策，决不可再由董事长、总经理等少数人闭门决策，而一定要按照规范化程序、由投资决策委员会充分听取专家委员会的建议进行开门决策。尤其对外国重大投资项目决策，还要征询有关部门意见并报上级主管部门批准。民主化决策并不等于大家均责，或是无人负责。在投资决策委员会中应设立项目投资负责人制度，确定每项投资的具体责任人，并建立相应的奖惩与责任追究制度。只有这样，才有可能避免投资决策失误。

（三）"以壮士断腕之力"来调结构

如上所述，结构失衡、结构不合格是中国经济长期以来形成的"内疾"，并且是一种"顽疾"，非"壮士断腕之力"，施用猛药来医，在短时间内是难治愈的。把长线产业压下来，把过剩产能消除掉，不仅需要决心与勇气，更要忍受和支付高昂的费用与代价。尤其要关闭与淘汰那些高能耗、高排放、高污染的企业，一些地方的 GDP 要降下来，发展速度要慢下来，税收要随之大幅度减少，政府的政绩要明显下滑，这对许多地方长官来说，都是难以承受的。比如，粗钢与水泥在全国是明显的产能过剩，这两个行业又都是长线产业，是高能耗、高排放、高污染的行业，但企业却分布在不同的省市，是不同省市地方财政的骨干企业，是税利上缴大户，断谁之腕谁都痛，谁都不干，所以说，调结构说起来容易，做起来是一万个难。因为这种结构调整直接涉及物质利益，断掉了谁的物质利益谁都一万个不愿意。国家调结构及地方与企业的物质利益的矛盾相当尖锐，国家若不采取壮士断腕的强制措施，是不可能取得调结构成功的，因为物质利益对谁来讲都是不情愿牺牲的。倘若国家想仅凭一纸命令便让地方心甘情愿自动将过剩产能及高能耗、高排放、高污染企业淘汰掉、关闭掉，实践证明是徒劳的。因此，国家一定要站在国家最高利益角度，采用法律手段，依法淘汰过剩产能，依法关闭高能耗、高排放、高污染企业。为了保障国家之最高利益、长远利益，宁肯牺牲地方局部利益、暂时利益。否则的话，调结构就永远也不会取得实质性进展或成功。

参考文献

［1］［2］［3］《资本论》第 1 卷，人民出版社 1975 年版。

［4］马克思：《剩余价值理论（Ⅱ）》，人民出版社 1975 年版。

［5］［6］［7］［8］［9］［10］《资本论》第 3 卷，人民出版社 1975 年版。

［11］吴江：《从物本发展方式向民本发展方式转变》，载《当代经济研究》

2013 年第 2 期。

[12] 陈孝兵：《生态文明：科学发展的时代强音》，载《当代经济研究》2013 年第 2 期。

[13] 中共中央文献研究室：《十七大以来重要文献选编（上）》，中央文献出版社 2009 年版。

[14] 胡锦涛：《坚定不移沿着中国特色社会主义道路前进，为全面建成小康社会而奋斗》，载《人民日报》2012 年 11 月 18 日。

[15] 陈柳钦：《金融支持低碳经济发展问题探讨》，载《当代经济研究》2013 年第 2 期。

[16] 吴敬琏：《怎样应对我们面临的挑战》，载《新华文摘》2013 年第 9 期。

[17] [18] 吴江：《从物本发展方式向民本发展方式转变》，载《当代经济研究》2013 年第 2 期。

[19] 《广东央企员工平均年薪 22 万，全国最高》，人民网，中央企业新闻网 2012 年 8 月 20 日。

[20] 国资委：《今年央企高管平均年薪约 70 万元》，人民网，中央企业新闻网财经 2013 年 1 月 26 日。

[21] 《上市央企高管年平均薪酬 33 万，詹伟坚 1101 万年薪夺冠》，人民网，财经 2011 年 11 月 9 日。

[22] 叶檀：《中国"第三等级"冷对 GDP》，载《南方人物周刊》2010 年第 8 期。

[23] 吴江：《从物本发展方式向民本发展方式转变》，载《当代经济研究》2013 年第 3 期。

[24] 刘煜辉：《理解中国"经济的逻辑"》，载《新华文摘》2012 年第 6 期。

[25] 《马克思恩格斯选集》第 2 卷，人民出版社 1972 年版。

[26] 曾国安、胡晶晶：《1990 年以来中国居民消费率变动的实证分析》，载《税务与经济》2006 年第 1 期。

[27] 刘煜辉：《理解中国"经济逻辑"》，载《新华文摘》2012 年第 6 期。

[28] [29] 张署霄、张磊：《中国对外贸易转型升级研究》，载《当代经济研究》2013 年第 2 期。

[30] 马克思：《政治经济学批判大纲》第 1 分册（1857～1858 年），人民出版社 1975 年版。

[31] 马克思：《经济学手稿（1857～1858）》（下册），引自《马克思恩格斯全集》第 46 卷（下册），人民出版社 1980 年版。

第七章

中央企业社会责任问题研究

中央企业社会责任问题不仅是一个经济学问题，也是一个社会学问题。对它的内容与范围，学术界有多种不同的界定与划分，本章认为广义的企业社会责任包括经济责任、法律责任、环境保护责任、道道伦理责任和慈善公益责任。中央企业社会责任具有一般企业社会责任的同一性和自己的特点，并且上述各种责任之间既相互影响、相互促进的关系，还存在一定的矛盾关系，实质上是利益相关方的利益关系博弈过程。中央企业履行社会责任的能力，受多重因素的制约与决定。中央企业履行社会责任的经济社会效应至关重要，意义非凡。为使中央企业更好地履行其社会责任，更好地使经济社会健康可持续发展，需要构建中央企业社会责任的评价指标体与监管体系，将中央企业社会责任建设制度化、法律化。

研究中央企业社会责任问题，不仅关乎中央企业自身的生存与发展，而且对促进中国国民经济的健康可持续发展，加速和谐社会和全面小康社会建设都具有十分重要的意义。企业社会责任不仅是个经济学范畴，也是一个复杂的社会学范畴，因此，研究中央企业社会责任问题必须从经济社会学的角度全方位地进行分析和研究。

第一节　中央企业社会责任内涵分析

一、企业社会责任内容界定和范围细分

进行理论研究，首先必须从理论上搞清基本范畴及其内涵，不然的话，在实践上将难以进行实际操作，难以在实际工作中提高企业社会责任；同时，理论上不搞清企业社会责任概念的内涵，或在其概念内涵上产生歧义，将会在实践上对如何提高企业履行社会责任发生左右摇摆，不利于企业提高履行社会责任的主动性、自觉性及积极性，所以，廓清企业社会责任概念内涵，明确其主要内容和范

围界限，无论从理论上和实际上都是十分必要的。

何谓企业社会责任（Corporate Soeiad Respohsi bility，简称 CSR），其内容与范围如何？对这个问题，学术界一直存在较大分歧和争议。概括起来，主要有以下几说：

（1）"3 项内容说"。其主要代表人物是恩德勒。恩德勒将企业社会责任按照经济领域、环境领域、社会领域，提出了"3 项内容说"，即企业社会责任包括经济责任、环境责任和社会责任。他用一个同心圆概括了这个理论模型，还将道德要求划分为三个层次，纳入其同心圆模型之中。其"道德要求三个层次"为：一是基本道德规范，即是低限度的道德要求；二是超出最低限度道德要求的积极义务；三是对于道德理想的向往。如图 7－1 所示，三个同心圆中由内到外表示由低到高三个层次的道德要求，分别用 1、2、3 表示。图 7－1 所代表的企业渴望高度的经济责任，达到最低限度的社会责任和环境责任。图 7－2 所代表的企业追求理性的环境责任，履行了超过最低道德要求的必要的道德义务。

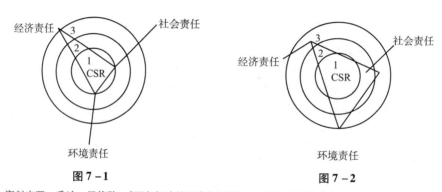

图 7－1　　　　　　　　　　　　　　　　图 7－2

资料来源：乔治·恩德勒：《面向行动的经济伦理学》，上海社会科学院出版社 2001 年版。

（2）"4 项内容说"。其代人物是卡罗尔。卡罗尔在 1979 年发表的"企业责任的三维概念模型"中指出企业责任包括经济责任、法律责任、伦理责任和自愿责任、并指出这四项的权重数各不相同，依次为 4—3—2—1。这就是著名的卡罗尔企业社会责任"4 项内容说"。卡罗尔把公众或社会期望理论引入企业责任理论框架之中，认为企业社会责任乃是社会（公众）寄希望于企业履行之义务。社会（公众）不仅要求企业实现其经济上的使命，而且期望其能够遵守法度、重伦理、行公益，因此完整的企业社会责任应当是经济责任、法律责任、伦理责任（或道德责任）和慈善责任之和。

（3）"7 项内容说"。该说主要由国内青年学者万莉、罗怡芬在《企业社会责任的均衡模型》一文所提出。他们认为，企业责任的范围限定在其对利益相关者的责任中，故包括以下 7 种责任：①企业对消费者的社会责任；②企业对员工的社会责任；③企业对所在社区的责任；④企业对资源、环境与社会可持续发展的责任；⑤企业对债权人的责任；⑥企业对社会慈善事业和其他公益事业的社会责任；⑦企业对政府的社会责任。

（4）"10 个方面说"。持该种意见的是美国经济开发委员会。他们认为企业社会责任与企业经济社会行为有关，所有企业都要为其经济社会行为负责。该机构列举了为数众多的旨在促进经济社会进步的行为，要求企业付诸实施，以提高企业履行社会责任的能力与水平。该机构把这些促进经济社会行为主要涉及以下 10 个方面：①经济增长与效率；②教育；③用工与培训；④公民权利与机会均等；⑤城市建设与开发；⑥污染防治；⑦资源保护与再生；⑧文化与艺术；⑨医疗服务；⑩对政府的支持。所有企业为了生存与发展都不可避免地发生上述 10 个方面的行为并对其负有关责任。

从上我们清晰可见：

第一，对企业社会责任内容的界定，从不同的视角出发，可以有不同的认识与结论，都有一定的合理性和科学性。前两种界定即"3 项内容说"和"4 项内容说"，侧重从理论上界定，科学性更明确，内容更清晰简明；后两种界定即"7 项内容说"和"10 方面内容说"，侧重于操作层面进行界定，更利于实际上操作与贯彻执行，落到实处。

第二，上述四种界定，我们认为各有千秋，各有不足。第一种界定简明扼要，但问题是必须将企业社会责任区分为广义与狭义两种，明确三种责任中的"社会责任"系狭义的社会责任，企业履行社会责任不仅仅是履行狭义的"社会责任"，否则，容易忽视前两种更重要的责任即经济责任与法律责任。"3 项内容说"中，没有"伦理道德责任"一项，似乎将伦理与道德融合在上述三项责任之中。第二种界定，将狭义的"社会"增加"伦理责任"，把伦理或道德责任单列一项，突出出来加以强调，有其合理性一面，因为市场经济是契约经济，企业的经济社会行为是靠伦理道德维系和约束的，将其单列出来，用意鲜明，也有一定的合理性。但把"自愿责任"单列一项似嫌不妥。固然，企业进行公益事业和慈善活动是一种自愿性的行为，是履行"自愿责任"，但企业履行经济责任、法律责任与环保责任中不也包含自愿性因素或成分吗？难道这前三种责任是不自愿的吗？尽管法律责任带有明显强制性，但经济责任还是具有由企业功能决定的自主性、自愿性。第三种界定是从范围的角度来确定企业社会责任的内容，并把企业社会责任加以具体细化，具有可行性和合理性，但作者确定的 7 种责任显然不够全面，还应包括：①企业对银行及其他金融机构的借贷关系和责任。在市场经济日益发展的条件下，企业同银行的借贷关系及金融往来关系日益频繁和密切，企业对银行的金融责任越发重要。企业对银行的贷款永远负有还贷付息的责任。②企业对文化、教育、体育、医疗卫生等事业单位的责任。企业生存与发展离不开文化、教育、体育、医疗卫生等事业单位的支持，企业员工学习文化，进行职业教育与培训，活跃体育活动，医疗保健等，都需要上述单位支持并提供服务，为此，企业就不能不对上述单位负有责任。这一点，"10个方向说"都有所包括，我们认为是有道理的。第四种界定即"十个方面说"，应该说是比较具体、全面的。考察企业社会责任状况从上述10个面入手，分析评价其履责情况，是可以达到实际效果的。缺点是显得过于烦琐，同时每一项尚需细化和完善，如"经济增长与效率"取代"经济责任"是不完善、不科学的。企业的经济责任不仅仅保障"经济增长与效率"一项内容，主要应是提供合格产品，满足广大人民群众日益增长的物质文化需要，这是最基本的责任。此种界定容易造成企业的经济责任就为了"经济增长与效率"，盲目追求经济增长偏离企业社会主义生产目的和正确方向。

综上分析，我们认为，企业的社会责任应当包括：经济责任、法律责任、环保责任、伦理（道德）责任和慈善公益责任，是上述五种责任的有机结合与统一，这就是我们提出的企业社会责任"5个内容说"。如果将其从范围上细分，可在"7项内容"基础上再加两项，即：企业对银行与其他金融机构的责任和企业对文化、教育、体育、医疗卫生事业单位的责任。这里需要特别指出，经济社会行为必有主体与对象或客体，因而责任不可能是单方的，而必然是双方的，那就是主体责任与客体责任。这两种责任是对等关系。

二、五种责任的相互关系

在企业的社会责任中，经济责任、法律责任、环保责任、伦理责任和慈善公益责任，它们各自相对独立，但并非孤立的，而是互相联系、互相交叉、互相影响的，统一构成企业社会责任系统，其中每个责任又均形成企业社会责任大系统中的一个子系统。

在上述五种责任中，经济责任是基础，是企业的最基本的责任。但它必须以履行法律责任为前提。任何企业都必须依法登记，依法从事生产经营活动，依法履行其他社会责任，否则就要受到法律制裁，甚至使企业破产或倒闭，失去了生存与发展的条件。遵纪守法是企业履行其他社会责任的根本保障与前提条件。企业只有在首先履行法律责任的条件下，才能更好地履行和实现自己的经济责任。

企业的经济责任是实现企业最基本的功能及目标，即实现利润最大化，维持与促进企业的发展。只有这样，才可能有充裕的经济能力去履行其他责任。如果企业无利润，总是亏损，不仅无力履行其他社会责任（尤其履行慈善公益责任需花费大量财力或金钱的情况下），甚至连自身的生存也难以维系。

环保责任是企业社会责任系统中重要组成部分。企业在一定社会环境中产生与发展，必定要对周围社会环境负有保护之责任。在工业化和现代化日益加速的条件下，生态环境问题越发突显。保护生态环境绝不是企业的额外负担，应是现代企业分内之职责。企业环保责任履行好坏直接关系到经济社会能否可持续发展，直接关系到人民生活质量改善、幸福指数提升、健康状况的提高与生命的延长，更关系到民族的兴旺发展达、长治久安、绵延不息。建设环境友好型社会，企业履行环保责任是主体力量。

伦理道德责任在企业社会责任系统中占有十分重要的地位，起着十分重要的作用。对社会主义经济伦理与社会伦理的一般原则规范，任何企业都必须严格恪守。从事商业活动，一定要恪守商业伦理道德，如合理平等竞争、保守商业秘密、恪守诚信原则，严防制造虚假信息，进行价格欺诈等。进行社会活动要遵循公开、公平、公正、平等原则，不能以大压小，仁、义、礼、智、信虽然是封建社会的伦理道德规范，但它是儒家思想集中劳动人民智慧而发展形成的，对社会主义还具有借鉴意义与应用价值。社会主义伦理道德规范对仁、义、礼、智、信赋予了新的时代内涵，产生了社会主义伦理道德规范。以强凌弱，倡导民主和博爱，反对强权与暴力。企业履行伦理道德责任，是建设文明、民主、和谐社会的中坚力量。不能设想一个乱了"纲常"、"礼义"的社会，将会是一个什么样子。所以，重伦理，讲道德，重信义，是社会主义企业的一项重要社会职责。

慈善和公益责任是企业社会责任系统中境界最高尚的部分。之所以单列出来，表示它已超出了一般社会伦理道德规范，只图付出、不求索取，纯粹支出成本的崇高的社会责任。此项责任的最大特点是自主性、自愿性，它是企业自觉自愿履行的无偿的责任义务。这里没有任何非自主及非自愿行为，没有压力与强迫。捐资助学、捐资赈灾、捐资济贫，赞助公益事业，如修路、建桥、建立各种公益基金及慈善基金，这些善事义举本来并非是由企业性质与功能所决定的分内之责任，但却是彰显企业履行社会责任能力与水平的最高境界，是企业向社会奉献爱心的高尚行为，受到社会普遍认可与赞誉。它会提升企业的社会信誉与知名度，为企业树立良好的社会形象。这种无形资产会大大提升企业有形资产的增长与发展。尽管如此，并非是所有企业都自主、自愿地履行慈善与公益事业这一责任的，其原因自然与企业本身经济实力及财政金融状况有很大关系，但也与一些企业根本没有慈善与公益责任意识，没有把慈善和公益活动列入企业社会责任一项特别内容必须认真贯彻执行有关。慈善与公益责任虽然是企业自主、自愿的，但它却是检验企业是否真正全面履行其社会责任的试金石，任何企业假如其他四项社会责任履行得很好，但在慈善与公益事业方面没有一点表现或表现不尽如人意，就不能被认定为履行社会责任优秀单位。

从抽象意义上看，上述五项企业社会责任有内部责任与外部责任之分。从范围上看，经济责任和法律责任，属于内部责任范畴；环保责任、道德伦理责任及慈善公益责任为企业外部责任。许多企业正是基于上述区分，把环保责任是看做企业分外之事，不愿意进行环保投资，治理环境污染，偷排"三污"（污水、污汽、污渣），形成严重的经济学意义上的"外部性"。许多企业还基于上述区分，把慈善公益事业当作企业发展的分外负担，不愿意从事慈善和公益活动。也正是基于上述区分，一些企业违背商业道德，进行恶性竞争，价格欺诈，破坏商业道德，在处理本企业与其他企业的外部关系中大干损人利己，以邻为壑的事情。为了帮助企业正确履行社会责任，有必要促使外部责任内部化，让企业自觉地将外部责任作为内部责任来担当执行。

正确处理企业经济责任与法律责任的矛盾关系，是保证企业更好地履行其社会责任的关键环节。企业的经济责任就是追求经济效率提高，以实现利润最大化，这与企业的法律责任存在一定的冲突或矛盾。利润最大化在任何社会都被限定在法律框架之内，就是说企业必须在法律框架内，遵守法律的条件下追求利润最大化，违背法律的最大化是不允许的，达到一定状态便被认定为犯罪。马克思在分析资本主义企业生产目的与动机时，引用了著名评论家邓宁格的话说："资本害怕没有利润或利润太少，就像自然界害怕真空一样。一旦有适当利润，资本就胆大起来。如果有 10% 的利润，它保证到处被使用；有 20% 的利润，它就活跃起来；有 50% 的利润，它就敢践踏一切人间法律；有 300% 的利润，它就敢犯任何罪行，甚至冒绞首的危险。如果动乱和纷争能带来利润，它就会鼓励动乱和纷争。走私和贩卖奴隶就是证明。"[1] 马克思这里揭示的是资本主义企业生产目的与实现目的的手段的矛盾，反映了企业经济责任与法律责任之间矛盾的理论界限。具体的界限在不同的国家、不同的行业应该是有所不同的。在社会主义条件下，这个矛盾与界限依然存在并起作用，所以社会主义企业也必须正确处理经济责任与法律的关系，使经济责任在法律责任得到充分履行的条件下得以更好地实现，绝不能超越法律责任来无限扩张经济责任。

三、企业社会责任问题的实质是利益关系及其主体的博弈过程

利益相关者理论是企业社会责任问题的重要理论基础。每一种企业社会责任

都建立在相关者的利益基础上，都可以从利益关系上得到阐释与说明。马克思指出："每一个社会的经济关系首先是作为利益表现出来的。"[2] 还指出："人们奋斗所争取的一切，都同他们的利益有关。"[3] 不仅马克思主义利益理论是这样认为的，西方社会学理论也是如此，马克思主义利益理论是这样认为的，西方社会学理论也是如此。马克斯·韦伯在《经济与社会》一书中指出："一切行为的背后，总有个人的这种利益——也可能这种相同的利益，同很多个人的其他的对抗利益相互对立着。"[4] 克拉克指出："每个人都为自己的利益而去改造物质环境的一部分，并从改造的自然环境中得到它们提供的直接利益。"[5] 企业履行每一项社会责任都是在一定物质利益或社会利益支配下进行的，同时，企业履行每一项社会责任的目标则是为了获取最大化的经济利益或社会利益。这种利益关系总是现实的，而不是抽象的，各项责任的相关方都能获得这种现实的利益。

在现代市场经济条件下，企业通过履行社会责任追逐经济利益最大化与社会收益最大化，归根到底是进行市场竞争与社会博弈行为而实现的，这种市场竞争的优胜劣汰的过程和社会博弈行为决定着各种不同企业在社会总福利或总利益中获得多少利益。因此，企业越是能更好地履行其社会责任，就可能从市场经济竞争中和社会博弈行为中获取更多的收益，进而使自身发展壮大起来。

第二节　中央企业社会责任与私营企业社会责任之比较

中央企业即中央政府直属的国有企业，私营企业即由私人经办、财产归私人所有，成果归私人所有和支配的企业，前者为公有制企业，后者为私有制企业。

必须承认与肯定：无论中央企业还是私营企业都必须承担应有的社会责任。上面考察与论证的企业社会责任具有一般性，就是任何形式的企业都必须承担上述社会责任，企业社会责任具有同一性。由于企业的性质与功能不同，企业社会责任又不尽相同。

一、中央企业社会责任与私营企业社会责任的差异性及特点

由于中央企业与私营企业所有制关系不同、产权主体不同，企业内部相互关系及分配方式不同，企业法律意识不同、企业伦理道理原则规范不同，决定中央企业与私营企业的社会责任方面具有很大的差异和不同的特点。

（一）经济责任目标不同

私营企业的经济责任目标是其企业生产经营目的的具体实现，那就是追求利

润最大化。这个目标是一元化的。而中央企业的经济责任目标要比这范围大得多，它不但有微观目标还要有宏观目标，那就是：调节区域经济结构，促进区域经济协调发展；保持物价总水平稳定，防止通货膨胀；保护国家产业安全，掌握国家经济命脉；调控宏观经济运行，保持经济社会稳定。中央企业的经济责任目标是多元化的。

（二）社会责任主体不同

私营企业的责任主体是私人所有者，是私人产权的拥有者，为履行责任所支付的一切成本均由其个人承担，所带来的收益也完全由个人享有。而中央企业的社会责任主体是全体人民，由国家代表，即由中央人民政府代表，为履行责任所支付的成本由国家或中央人民政府承担，所带来的收益，完全由中央人民政府享有。

（三）企业内部的责任关系不同

私营企业内部的业主与员工的关系由于财产占有关系的不同，形成了不平等的相互关系，那就是业主是生产资料所有者，员工不占有企业生产资料，是在业主支配下从事生产经营活动，二者之间形成了雇用劳动契约关系，雇用工人承担为雇主生产剩余价值的责任，而业主的职责是占有和享用剩余价值。企业内部责任关系是不平等的。中央企业内部由于员工都是企业生产资料和财产的所有者，同国家或政府之间是平等的劳动契约关系，不存在私营企业那种不平等的雇用关系，员工所创造的剩余价值或其转化形态利润，均归国家所有和享用，直接或间接为全体人民谋福利。这里根本不存在无偿占有剩余劳动的情况。员工和企业管理者，从利益关系上说是一致的；归根结底，责任关系是平等的。

（四）社会责任的伦理道德观念不同

私营企业主是以私有制为基础的利己"经济人"，个人利益至上，追逐私人利益最大化，即所谓个人主义是其基本价值观和伦理学理观念。这种伦理道德观念在私有制社会里是主流价值观和主流道德伦理观念，在社会主义社会的初级阶段，在法制规范下依然有存在的合理性与必然性，但它同以公有制为基础的社会主义伦理道德观念是相矛盾和冲突的。社会主义国家的中央直属企业，是社会主义公有制性质的企业，支配这种企业的伦理道德观念是以集体主义为核心的社会主义价值观和主流伦理道德观念。正是由于私营企业和中央企业受两种不同价值观和两种不同的伦理道德观念所支配，它们履行企业社会责任的行为、状况及发展趋向是大不相同的。认识这一点，对企业进行主流价值观教育，维护与提高社会主义主流伦理道德观念，具有至关重要的意义。

（五）慈善与公益事业责任动机有所不同

私营企业由于企业性质及"利己经济人"本性所决定，其履行慈善与公益事业往往是情非所愿的，其动机往往从属于利润最大化目标，并受个人主义价值观念与伦理道德所左右，因此总是将捐助慈善与公益活动看做是企业的分外事、额外负担，很少积极、自觉、主动从事这种活动。之所以如此，一个十分重要原因，在他们看来，从事公益与慈善活动是一种纯耗费，无回报和纯投入、无收益的行为，与企业是盈利性经济组织的属性相矛盾、不相容。这不排斥少数私营企业家超越自己企业性质，超越个人主义价值观与伦理道德观念，积极、自觉、主动从事慈善益与公益事业的。中央企业是最高层次的国有制企业，其所有者是全体人民，由中央人民政府国有资产委员会直接管理，这种所有制关系与管理方式，使其从事慈善与公益事业的动机与国家管理目标相一致，也与社会主义生产目的要求相一致，即满足社会日益增长的物质文化生活需要。实际上是全民慈善与公益，体现全社会对弱势群体与穷苦阶层的救助与帮扶。但必须清醒地认识到，它是一种企业行为，而非国家行为，是企业的一种高尚积德善行。中央企业的慈善与公益责任履行得越好，会带动和影响全社会的慈善与公益事业健康快速发展，推动社会主义和谐社会的建设不断取得胜利。

（六）企业环保责任上的差距

私营企业从它产生那天起就伴随对生态环境的破坏，因为它是中小资本，追逐利润的动机与本性使它不可能关心环境问题，缺乏环境保护之意识自在情理之中。再者，中小资本力量薄弱，即便有环境保护意识，也无力付诸行动，行使环保责任。私营企业环保意识的缺失及环保力量的薄弱，伴随私营企业发展壮大稍有改善。只有大型私营企业才比较注重履行环保责任。中央企业是新中国成立以来，依据国民经济发展需要，在社会主义建设的不同时期，由中央人民政府直接投资兴建的。经过改革开放对国有大中型企业的兼并破产与重组优化，到2003年国资委成立时，中央企业只有196户了。又经过近10年的战略性调整，到如今（2014年）只有113户了。改革开放之前的中央企业，实事求是地讲，环保意识并不是很强，也没有将防止各种污染，保护生态环境作为企业内生的社会责任来对待。但是，相对而言，中央企业的社会环保责任意识还是最强的，履行环保责任的实际行动也在当代中国属于前列的，堪称中国企业界履行环保责任的楷模与典范。如果中国私营企业履行环保责任的水平达到中央企业的水平，那中国的生态环境将大大改观。

二、中央企业社会责任的作用

中央企业社会责任不仅与私营企业责任不同，具有不同的特点，而且在整个社会的企业社会责任系统中起着十分特殊的作用。

（一）调控宏观经济健康运行，捍卫国家经济安全

这是任何其他企业社会责任所不及的。私营企业规模小，分布散，设备简陋，技术落后，生产工艺水平低，虽然改革开放以来有了长足的发展，在总产值、上缴税收、劳动就业等方面发挥越来越大的作用，但整体素质还不高，资本实力较差，尽管其地位已经由"体制外"上升到"体制内"，由国民经济的辅助补充作用变为"社会主义市场经济的重要组成部分"，但没有也不可能上升为国民经济的主体地位。因此，它履行经济责任，就是发挥其社会主义市场组成部分的作用，促进国民经济增长与效率的提高，不可能担负调控国民经济运行的作用。外资企业在任何时候都是国民经济发展的必要补充，它的经济责任发挥在国民经济发展中只能起辅助作用。一般国有企业，主要指那些地方国有企业尽管在地方或区域经济发展中起重要作用，但其经济责任目标是有限的，其实现受制于地方政府，听从地方政府支配，至多起调整中观经济运行的作用。而中央国有企业则不同，它起着私营企业，外资企业和一般国有企业不同的特殊作用。它听命于中央人民政府，服从国家调控国民经济运行的政策和政令，调节各部门、各行业及不同地区经济发展不平衡状况，实现区域经济的平衡协调发展；它还体现国家调控市场物价水平的意图，参与并配合国家控制通货膨胀活动，例如中石油、中石化在国际石油市场剧烈波动中，为保持国内石油价格的基本稳定，积极为国家分忧，配合国家调控石油市场，抑制通货膨胀蔓延。中央企业是国家调控宏观经济运行的有力工具，这个作用是其他企业无法替代的。不仅如此，中央企业还肩负捍卫国家经济安全的重任。在经济全方位开放，中国经济已融入世界经济体系的条件下，外国资本的大量流入，使得国内各种产业都面临巨大的被外国资本占领的风险。中国的经济安全面临严峻挑战。在那些与国民经济命脉与战略产业安全无关的行业和领域，可以任由各种资本（包括外国资本）平等进入、自由竞争，分享市场份额，甚至取得一定的经济优势。但是，国民经济命脉与战略产业安全则必须牢牢掌控在国家手中，它是保证国家经济独立和主权安全的重要生命线。国民经济命脉与战略产业一旦被外国资本所掌控，国家便会灭亡，或沦为外

国的殖民地。中央企业是国家掌控经济命脉，保卫战略产业安全的重要经济力量，这项责任与作用真是大如天，事关国家命运与民族存亡。

（二）在履行企业法律责任方面起带头模范作用

在履行企业法、经济合同法、环境保护法、税收法、反垄断法和反不正当竞争法等方面，中央企业无疑是起了带头模范作用的。几乎所有的中央企业都设有常年法律顾问，甚至许多企业设有法律顾问处（室），拥有固定的律师团（组）。为企业领导层提供法律咨询，以保证企业决策和生产经营行为，都符合国家法律。为了对企业员工进行法制教育，提高企业执法意识，还特设法规教育处，专门对企业干部群众进行普法教育，开展法律知识宣传活动，让履行法律责任成为企业广大干部群众的自觉行动。至今，中央企业的合同履约率、依法照章纳税率、劳动关系良好率等都是全国最高的，说明其履行合同法、税收法、劳动法的状况是优良的，这无疑给全国其他类型企业做出了榜样，起到带头模范作用。

（三）在履行企业环保责任方面起着示范与支持作用

由于中央企业拥有先进的环保科学技术及优秀科技人员，拥有先进的环保理念及优秀环保工作者团队，因此可以使企业的环保工作走在全国的前列，产生众多环保优秀单位与个人。他们的先进环保经验可以供其他企业学习与借鉴；他们的先进环保技术，可以供其他企业学习与引进；他们在环保方面走过的弯路与曲折，可以让其他企业避免；还可以为其他企业环保提供技术信息帮助与支持；他们可以积极开展同其他企业的环保合作，实现双方共履环保责任的双赢。中央企业已成为全国环保工作的典型示范，对其他企业的环保工作起着重要的帮助支持作用。

（四）在企业伦理道德责任建设方面起引领作用

企业从事金融诈骗、偷税漏税、炒卖地皮、股市黑幕交易、窃取商业机密、价格欺诈、囤积居奇、哄抬物价、牟取非法利润、制黄贩黄、制假贩假，甚至生产销售有毒致癌商品，图财害命，这些都集中反映并暴露出"经济人"极端利己性和严重丧失人伦的败德行为，是现代市场经济正常运用与健康发展所不相容的。合法融资，依法照章纳税，进行公平竞争、诚实守法，合法经营，坚持职业操守，遵从人性天伦，这都是现代市场经济应该恪守的职业道德与人伦规范。实践证明企业诚实守信，各种声誉很好，就会给企业带来良好的激励与绩效。在这方面，中央企业明显超越了其他企业。因为它们奉行社会主义的集体主义价值理念，遵守社会主义伦理道德，追求社会主义利益观，反对个人主义利益观。中央企业通过这种社会主义主流价值取向与道德伦理规范对整个社会价值取向和伦理道德规范起引领作用。

（五）在企业履行慈善与公益责任方面起骨干作用

一个社会是否稳定，是否和谐，在很大程度上取决于慈善与公益事业是否发展。扶危济贫，奉献爱心，进行慈善活动，捐助社会公益事业是社会公德的根本要求，是企业和每个社会成员应尽的职责。在慈善与公益事业中，有个人、单位、企业、国家等多元主体，其中国家是领导者，通过慈善基金会、红十字会等机构，领导着全社会的慈善与公益事业。个人的慈善与公益行为是整个社会慈善与公益行为的基础，它决定着社会慈善与公益事业的广泛性、成熟性及发展水平。由于企业是社会财富的主要创造者，是社会慈善与公益事业的主导力量，所以应在社会慈善与公益事业中发挥主导作用。中央企业是企业界的"国家队"，更是国家创造财富的主力军，所以理应在社会慈善与公益事业中发挥骨干作用。在各种抗击自然灾害的斗争中，中央企业的这种骨干作用，得到了充分发挥与彰显，受到社会各界的普遍赞誉和好评。

第三节　中央企业社会责任制度化

一、制度化：中央企业社会责任发展的必然要求

目前，中央企业绝大多数都确定并发布了社会责任履行状况的报告。它们不仅在谋发展方面争创国际一流企业，而且在履行社会责任方面争做表率。

第一，在保障市场供应，稳定市场物价方面，中央企业发挥了举足轻重的作用。自2010年5月中国市场物价水平达到3.1%以后，几乎逐月攀升，到11月达到5.1%，2011年6月又跃升到6.4%，通货膨胀日益严重。2012年经过国家一系列治理对策的打压，下降到2012年5月的3.0%，以后虽然在低位徘徊，但到2013年2月又上升到3.2%。中央企业在煤、电、石油供应上，宁肯牺牲本企业利益，也要以较低的价格充分保障市场需求，为抑制其他企业原材料和燃料动力价格上升作出了努力，对结构性通货膨胀推动效应起到关键的遏制作用。中央企业对粮、棉、肉、食用油、果菜等基本生活资料供应，也发挥了平抑市场物价的作用，减轻了通货膨胀给人民生活带来的负面影响。

第二，在安排与扩大就业方面，中央企业也作出了应有的贡献。由于中国人口基数大，每年新增的就业人口多达 1 000 多万。中央企业一方面要改进技术，提高劳动生产率，减员增效；另一方面又要承担国家安置与扩大就业的责任。中央企业主动积极为国家分忧，千方百计扩大就业，尤其扩招大学毕业生。2013年，全国高校毕业生多达近 700 万人，就业压力空前之大。加上以往累积的未就业大学毕业生，总计有 1 000 多万"高学历"者需要就业。近些年来，由于中央企业战略重组及资源优化置，企业效益明显提高，员工收入及福利大涨，一般大学毕业生进入企业月收入就达 6 000 ~ 8 000 元，所以，大学毕业生争先恐后进入中央企业就业。中央企业抓住大好契机，广纳"高学历"人才，既为企业可持续发展储备人才，积累人力资本，又为国家大大缓解了就业压力。

第三，在抗击各种自然灾害中，中央企业都冲在了前头，发挥了领先与骨干作用。在抗击特大水灾、干旱、地震、泥石流等重大自然灾害中，中央企业往往都奋战在第一线，修筑大坝围堵洪水、为百姓引水送水、抢救地震和泥石流中被掩埋的群众，都有中央企业干部群众的身影。不仅如此，在各种赈灾活动中，中央企业总是捐款捐物，承担繁重的灾后重建任务。

第四，在应对国际危险任务中，中央企业发挥了特有的作用。例如，在 2011年年初的利比亚撤侨中，中国航空集团及有关企业出动飞机 76 架次，轮船 6 艘，及时从战火中撤出在利比亚的中国员工 2 581 人，并协助使馆撤离其他中资企业员工、留学生和外籍员工近 8 000 人，有效地保障了我国在国外工作人员的生命安全。

第五，在援疆援藏工作中，中央企业作出了巨大贡献。与一般企业不同，中央企业还承担着国家定点扶贫和援疆援藏工作。现有 93 家中央企业帮扶 189 个国家扶贫工作重点县，占国家扶贫开发工作重点县全部数量的 31.9%。有 44 家中央企业在新疆、40 家中央企业在西藏开展了各种帮扶工作。2011 年，被誉为"电力天路"的青藏交直流联网输电工程，从根本上解决了西藏的缺电问题。2014 年国家再次召开援藏援疆工作会议，有更多的中央企业响应国家号召，赴西藏、新疆投资企业，推动西藏、新疆现代化建设出现崭新局面。

随着中央企业的发展，其履行社会责任的能力与水平也不断提高。而随着中央企业履行社会责任的活动日益增加与频繁，则越来越需要加强中央企业履行社会责任的制度化建设。

履行社会责任，对中央企业来说，绝不是可有可无的事，更不是一项权宜之计，必须纳入企业生存与发展的议事日程，必须纳入企业制度建设工作中，实现社会责任工作制度化。这是企业发展实践的必然要求。

2006 年 1 月 1 日，《中华人民共和国公司法》修订案正式实施，要求企业必须承担社会责任。中央企业积极响应国家号召，积极落实企业社会责任，当年 3 月 10 日，国家电网公司首次对外发布企业社会责任报告。12 月 12 日，中国纺织协会发布"2000 年中国纺织服装行业社会责任年度报告"。2007 年 5 月 24 日，中国建设银行发布《2006 年度企业社会责任报告》，这是我国国有控股商业银行第一份履行社会责任的公开报告书。当年 12 月 5 日，国家环保总局宣传教育中心中国企业社会责任推广中心在京成立。到 2014 年，绝大部分中央企业，都及时发布企业履行社会责任状况报告。

不仅中央企业社会责任公开制度建设工程开启，而且中央企业社会责任制度工程进入全面施行阶段。2007 年，国家电网公司成立了由总经理刘振亚担任主任的企业社会责任工作委员会，在办公厅设立社会责任办公室，并在各省电网公司建立了相应的社会责任办公室。中远集团成立了全球契约可持续发展委员会，由集团总裁担任该委员会主席，明确了各项契约责任的分工与落实。中国移动总公司也成立了由公司总裁王建宙担任主任委员的社会责任指导委员会，并成立了覆盖全部省级公司的社会责任推进体系。中国石化集团公司还聘请外部专家、学者、媒体人士和内部相关管理部门人员，由总经理担任主任的企业社会责任委员会，为董事会提供企业社会责任工作决策咨询。这些中央企业把社会责任工作纳入企业可持续发展战略之中，从目标确立到战略执行、从操作机制到运行流程，从考核指标到考核报告，从基础数据的收据、整理到责任报告的发制，形成一套分工明确、责任落实、考核健全的体制机制。中国中央企业国家电网公司、石油集团公司进入美国《财富》杂志 2006 年世界 100 强企业社会责任排名，这已经是很不错的成绩。到 2007 年的排名中，中国石油集团公司和国家电网公司分别跃升到第 69 位和第 80 位，并且中国石化集团公司进入排名，列第 57 位。2008 年，这三家企业分别列第 87 位、第 55 位和第 84 位。2007 年和 2008 年，中国石化集团公司、国家电网公司、中国石油集团公司这三家中央企业的得分分别是 36.2、30.3、31.0 和 45.9、26.0、29.1。尽管我国中央企业社会责任制度化建设工作起步较晚，但进展速度较快，成绩是卓著喜人的，有力地保证与促进了中央企业社会责任的履行，为经济社会的健康稳定发展作出了应有的贡献。

二、中央企业社会责任制度化建设中的问题与对策

无可否认，中央企业社会责任的制度化建设工作与国际选进水平相比还差很远，还存在许多不足和问题。

（一）机构不健全

2007 年，国资委抽样调查发现，全国有一半中央企业没有建立企业责任社会责任委员会或类似机构，而在回答"已建立相关机构"的企业所具体描述的仅是某一具体社会责任内容的领导机构，如环保工作领导小组、节能工作领导小组、扶贫工作领导小组、反商业贿赂工作领导小组、法律咨询处、安全生产领导小组、社会事业管理部、社区工作委员会、慈善帮扶救助基金会、信访办，及稳定工作领导小组，甚至是短期或临时的机构，并未建立统筹全局的常设企业社会责任领导机构。在已经建立企业社会责任领导机构的企业中，相当一部分企业并没有成立日常具体办事机构，缺乏必要的人员配备，甚至缺少必要运作经费，正常工作难以展开。

（二）重经济责任制度建设，轻环保责任制度建设

中央企业在履行社会责任中，普遍存在重经济责任及其制度建设，忽视或轻视环保责任及其制度建设的倾向。经济责任是企业的根本责任，不仅是企业履行其他责任的根本物质经济保证，而且也是企业立命安身之本。重视企业经济责任及其制度建设，是十分必要的，也是正确的。但是，不能由此而忽视和轻视企业环保责任及其制度建设。具体表现主要是，当企业经济责任及其制度建设与企业环保责任及其制度建设发生矛盾时，尤其是当经济利益与环境保护发生冲突时，企业往往以环保责任及其制度建设服从于经济利益要求，并且以环保责任制度建设为代价。因此，相比较而言，中央企业的经济责任制度建设是比较好的，比较规范且比较先进，而企业环保责任制度建设则比较落后，且不系统与规范。

（三）重法律责任制度建设，轻伦理道德责任制度建设

由于是否很好履行法律责任关系着企业生死存亡，如违反税收法律，要受到罚款处罚；违反环保法律，还可能导致企业被查封等，所以中央企业都十分重视守法经营，依法纳税。从现实情况看，中央企业违法经营、偷税漏税的典型及案例是很少的。相对而言，轻视伦理道德规范建设的典型与案例还是屡见报端的。中央企业的种种腐败现象和败德行为时有发生，如炒卖土地、炒卖房地产、炒卖期货、制造虚假广告、操纵市场价格，进行不合理竞争，违背企业伦理等行为。非常典型的案例是"囤地大王"，"炒地大王"，倒卖金融贷款、垄断市场价格等活动中，均不鲜见中央企业的身影。这种状况的出现，无疑是由中央企业忽视或轻视企业伦理道德责任制度建设所造成的必然后果。

（四）企业慈善与公益事业责任基本没有制度化

许多中央企业在做慈善与公益活动时，往往具有很大的随意性。一般说来，都是当国家遭遇严重自然灾害或突发事件，需要全国各地大力支援时，企业也积极献爱心、捐款捐物，支援灾区的恢复与重建。毫无疑问，这时慈善与公益事业活动，中央企业一般都走在了前头。但一段时间过后，便淡去了。持续与长期有计划的慈善公益活动，必须有良好的制度来保证。在完善企业可持续发展各项制度时，应将慈善与公益事业管理制度纳入其中，制定慈善与公益事业责任履行年度与中期规划，防止将慈善与公益活动当作临时措施或一种权宜之计，并保证履行慈善与公益活动的人、财、物足额及时到位，真正使受助单位和受助人受益。只有搞好慈善与公益活动的制度化建设，才能有效防止打着慈善与公益事业的幌子从事商业活动，识别并打击其中的欺诈活动。

从上可见，中央企业社会责任的制度化建设任重道远。国务院国有资产管理委员会 2008 年第 1 号红头文件《关于中央企业履行社会责任的指导意见》指出："中央企业要增强社会责任意识，积极履行社会责任，成为依法经营、诚实守信的表率，节约资源、保护环境的表率，以人为本、创建和谐企业的表率，努力成为国家经济的栋梁和全社会企业的榜样。"中央企业一定要贯彻国资委的文件精神，以科学发展观为统领，把企业社会责任制度化建设引向深入，开创企业社会责任工作的新局面，使中央企业的改革与发展跃上新水平。

第四节　中央企业社会责任的评价与监管体系

一、构建与健全中央企业社会责任的社会评价体系

中央企业社会责任履行状况好坏，水平高低，要由社会来评价。为了使社会评价更有针对性，更有实效，有必要充分认识企业社会责任构成体系或系统。

我们认为，企业社会责任体系（系统）依据上述对企业社会责任内涵的界定，包括以下五大系统：

（一）经济责任系统

（1）就业（劳动者数量）；

（2）生产资料数量质量；

（3）生产技术装备状况；

（4）工艺水平；

（5）管理制度；

（6）劳动生产率；

（7）节能减排；

（8）自主创新；

（9）产值；

（10）税收；

（11）利润；

（12）工资（收入）；

（13）福利。

（二）法律责任系统

（1）企业法人与法律意识；

（2）知识产权维护；

（3）安全生产；

（4）法规教育；

（5）执法状况。

（三）环保责任系统

（1）环保责任人；

（2）环保意识；

（3）环保机构；

（4）环保科技；

（5）环保装备；

（6）企业排放状况；

（7）绿色产品状况。

（四）伦理道德责任系统

（1）企业履行契约（合同）状况；

（2）企业公平竞争状况；

（3）企业协作状况；

（4）知识产权保护；

（5）道德行为记录。

（五）企业慈善与公益责任系统

（1）慈善与公益机构；

（2）扶贫济困活动；

（3）捐助公益活动；

（4）赈灾与重建；

（5）慈善与公益规划。

上述五大系统中每个子系统还可分若干个小系统，每个小系统包括若干具体内容。

根据上述企业社会责任五大系统内容可以设计构建企业社会责任评价体系。企业社会责任评价，是一种社会认可与评判，不仅要有广泛群众基础，还要有社会权威的认同。

中央企业社会责任的评价主体主要有：人民群众（简称"民众"）、客体之外企业（个体民营企业、一般国有企业、外资企业等）、媒体、国家机关（国资委等相关部门）。人民群众的满意度是企业社会责任评价的基础和基本依据；媒体评价好坏，是对企业社会责任的重要外部监督力量；国家对企业履行社会责任的评价，是一种最权威的评价，是对企业履行社会责任状况的裁决者。三种评价只有有机结合起来，才能对企业社会责任履行状况作出公正科学的评价。

国资委颁布的《关于中央企业履行社会责任的指导意见》就我国中央企业履行社会责任的基本原则、主要内容和主要措施等问题做出具体要求与规定，明确要求中央企业必须在规定时间内提交规范的社会责任报告。此后，中央企业按照国资委的要求，认真发布企业履行社会责任情况报告，使中央企业社会责任工作实现了跨越式发展，其成果明显优于其他类型企业。根据中国社会科学院经济学部企业社会责任研究中心发布的《中国社会责任发展指数报告2009》的资料信息，中央企业社会责任评价指数得分43.1，其他类型国有企业得分为16.5，民营企业得分为17.9，外资企业为12.1。[6] 截至2010年7月10日，125家央企中共有45家累计发表了100份社会责任类专门报告，这说明越来越多的中央企业履行社会责任的意识和理念日益增强，并开始转化为企业的实际行动。

中央企业社会责任评价体系的设定，主要包括：

（1）统一标准的设定。对中央企业履行社会责任状况作出客观公正的评价，必须设定统一的评价标准。这是评价体系合理化、科学化的基础与依据。为此，必须明确中央企业社会责任的主要内容是什么，每项内容的评价标准是什么。标准的确定一定要摒弃主观随意性，尽可能趋向客观性；同时，标准的确定还要注意其相对稳定性。作为评价标准不能总是处于变动之中，一定要有相对稳定性，这样有助于促进各中央企业实现既定的社会责任目标的积极性。当然，这并不排斥评价的创新与变动。随着时间的前进和企业社会责任的进步，评价标准也可以创新。创新的评价标准设定，可以有效地促进中央企业社会责任的创新与发展。

（2）统一权重设定。这是统一标准设定的具体化要求。固然，中央企业分布在不同行业、不同领域，从事不同产业的生产与经营，但是它们履行企业社会责任的内涵是统一的，各项具体内容是相同的，所以必须执行统一的权重设定。例如，节能减排一项，假设设定权重为0.5，那么凡是中央企业就要一律使用0.5这个权重设定。不然的话，难以从定量角度评价企业履行经济责任状况的差异。

（3）统一信息披露制度设定。为了公正评价中央企业社会责任履行状况，促进中央企业履行社会责任水平的提高，加速中央企业的健康快速发展，必须建立统一的中央企业信息披露制度。国资委应明确规定中央企业在一定时间内公开披露企业履行社会责任状况的信息。强制推行中央企业履行社会责任信息披露制度，是对企业利益相关者负责，有利于广大民众（消费者）、新闻媒体、行业协会与民间组织的监督。信息披露大致可采用两种形式：数字形式和语言形式。数字形式务必要保证数字的准确、完整、简洁、公正；语言形式应尽可能简明扼要、全面客观、准确无误，不能偏重好的方面而忽视坏的方面，不能使用含混的词句和有歧义的概念，尽可能保证企业社会责任信息的可读性，便于正确理解与全面把握。

（4）统一的认证与审计机构设定。为了保证中央企业社会责任评价的科学性与公正性，还有必要建立统一的中央企业社会责任披露信息的认证与审计机构。企业公布的社会责任信息经过依法成立的认证与审计机构的认证与审核，识别真伪，并向社会公布认证与审计报告，使企业履行社会责任的信息具有可信性、权威性，保证与提高对企业履行社会责任评价的质量与水平提高。

二、中央企业社会责任的监管体系

搞好中央企业履行社会责任工作，不仅要有完整的评价体系，还要建立并强化监管体系。

（一）民众监督

中央企业提供的各种产品与服务，必须面向广大人民群众，适合广大消费者的需要。产品好坏及服务优劣，履行社会责任的状况，广大民众也看得清楚，

"心里有杆秤"，因此广大民众最有发言权，是最具说服力的评判者、监督者。民众监督是一种最广泛、最全面的监督。民众监督有多种渠道：一是向消费者权益保护协会投诉；二是向有关管理部门（如工商部门、税务部门、劳动部门）等投诉；三是向媒体投诉。只有保证上述渠道畅通，才能保证监督有效。真正保证监督有效，必须建立一种长效监督机制，做到一年 365 天"天天是消费者权益保护日"。

（二）媒体监督

各种传播媒体是中央企业履行社会责任状况监督责任的最有力工具之一。媒体记者既可以对中央企业履行社会责任的先进事迹给予适时报道，也可以对中央企业不履行其社会责任的不良行为予以揭露和批评，表彰先进，鞭策落后，对中央企业形成舆论压力，从而激发和推动企业履行社会责任的积极性、主动性及自觉性。媒体一定要保证自身的独立性，作为非利益相关者，才能更好地行使监督权。倘若媒体与企业发生某种交易，变成利益相关者，就会使媒体监督变味儿、失效，甚至产生巨大负面影响。

（三）行业协会监督

行业协会是行业自我管理、自我监督的非官方组织。行业协会对本行业中各种类型企业（包括中央企业）生产经营状况、履行社会责任的各种信息，都有较直接的了解与掌握，通过本行业内部交流平台进行交流与对比，促使中央企业认识本行业各类企业履行社会责任的优势和先进经验，找出自身的差距和不足，总结经验，提升自身履行社会责任能力与水平。所以，行业组织不仅对中央企业履行社会责任状况有监督的职能，而且在一定程度上实际具有一定的组织、管理的职能。这里有一个典型的案例，说明行业协会对中央企业监督与管理的重要性。最近几年，全国钢铁生产快速发展，对铁矿石进口量大增。澳大利亚的必和必拓、英国力拓集团等铁矿石巨头借机操纵并抬高国际铁矿市场价格，而国内钢铁行业各类企业又盲目进口、无序竞争，使国内钢铁业蒙受巨大损失。这时，钢铁业协会起了重大作用。它积极协调中央钢铁企业与其他各类钢铁企业的关系，变盲目进口为计划进口，变无序竞争为有序合作，统一行动，一致对外，有效遏止了国际铁矿石市场的价格暴涨。这种监督与管理实际上帮助了中央企业更好地履行其社会责任，同时，也优化了各类企业履行社会责任的外部环境。

（四）政府监管

中央企业的性质决定国家对中央企业履行社会责任状况负有直接的不可推卸

的监督与管理的职能。这种职能主要由国务院国有资产管理委员会承担，但不止此一家，国家发展与改革委员会、税务总局、工商行政管理局、环境保护部、工业与信息化部、科技部、国土资源部、城乡建设部等中央部委，也从不同角度对中央企业履行社会责任状况负有很大监管职能与权力。这些部门的监管主要是依靠法律法规和政策，运用法律手段、经济手段和行政手段等进行监管。以上三处手段都可以对中央企业履行社会责任行为进行规制，可以交替使用，也可以同时并用，不能将三者人为割裂开来、对立起来。不能以为法律手段只保障中央企业的法律责任履行，经济手段只保障中央企业的经济责任履行。中央企业的五种社会责任都可以并且必须运用法律手段来监管和规范。以往，在国家对中央企业社会责任的监管活动中，一般偏重于行政手段、法律手段，而对经济手段重视不够，运用量偏少。而在运用经济手段时，直接干预与规制行为偏多，间接干预与规制行为很少。这使得中央企业在履行社会责任过程中缺乏自主性，缺乏市场竞争激励，存在管得过多、规制过死的偏向，在一定程度上影响了中央企业快速、健康发展的创造性与活力。国家强化对中央企业履行社会责任进行监管，绝不是将中央企业管住、管死，其根本任务与目标在于充分调动企业履行各项社会责任的主动性、积极性，充分发挥自主创新精神，把企业做大做强，提高企业的综合竞争力，成为国际一流企业。

第五节　当前中央企业履行社会责任中值得注意的几个问题

一、处理好外延扩大再生产与内涵扩大再生产的关系

中央企业面临一个如何对待和处理外延扩大再生产与内涵扩大再生产的关系问题。

所谓外延扩大再生产，就是依靠资本积累，进行规模扩张的再生产，其基本形式是扩大投资、铺新摊子、上新项目。所谓内涵扩大再生产，就是在不追加资本投资条件下，依靠提高现有企业劳动生产率，增加企业产出量的一种再生产形式。这两种扩大再生产形式并不是根本对立的，现实中往往是相结合并且可以交叉地运用和施行。

扩大投资，上新项目，进行外延扩大再生产，能够使中央企业总体规模较快扩张，实现规模效益，所以，中央企业可以采用这种扩大再生产方式实经济增长，但切不可盲目追求这种扩大再生产方式。据媒体介绍，仅 2011 年国资委下

属的中央企业与地方政府签约投资的项目就超过 10 万亿元。2012 年，扩大投资的势头更猛。2012 年 2～3 月，中央企业就分别同新疆、安徽、河南、广西、吉林召开扩大投资项目对接会。许多省区看中了中央企业的"钱袋子"，大力引入央企投资；央企也看中了地方政府列出的种种优惠条件，因此又形成了新一轮中央企业投资热潮。这种盲目扩大投资，进行外延扩大再生产，并不可取。因为它要依赖巨额资本来实现。中央企业自有资本受赢利水平的制约总是有限的，要实现巨额资本投资，必然要向银行借款，而向银行贷款要承担还本付息的风险。一旦投资项目不能如期完成，就难以向银行还款付息，形成沉重债务负担，给企业以巨大压力；再有，这种外延扩大再生产往往要依赖过度消耗资源来进行与实现。过度消耗资源往往增加企业成本，降低企业资产收益率。有资料表明，2001年中央企业的地方投资平均净资产收益率仅约为 8.4%，剥除息税后的资产回报率约为 3.2%，还不及银行一年期基准存款利率 3.25%。[7]依靠扩大投资，进行外延扩大再生产，是一种粗放型经济增长方式，不能过分依赖，并要及早过渡或转变为集约型经济增长方式。

中央企业要更好地履行其经济责任，一定要主要依靠内涵扩大再生产方式来实现集约型经济增长。在不追加投资的情况下，中央企业通过自身的挖潜改造，改进生产技术，提高经营管理水平，提高劳动生产率，实现产出量的增加，尤其能实现经济效益的提高。这种从内涵方面来扩大企业生产，是一条多快好省地发展企业经济的道路，它既节省人力资本，又节约社会资源，实现了低投入、高产出、低消耗、高收益的发展之路。因此，中央企业要转变发展方式，一定要从粗放的外延扩大再生产为主转变为集约的内涵扩大再生产为主。

二、处理好企业经济发展与环境保护的关系

作为处在一定地域空间的中央企业，不可避免地同所在社区、村庄发生关系，不可避免地影响周边的人文地理和生态环境。因此，中央企业在其生存与发展过程中始终面临一个如何正确对待与如何处理好自身经济发展与周边环境保护的问题。

中央企业对周边的环境污染负有不可推卸的治理责任，环境保护是中央企业履行社会责任的重要一环。中央企业遍布全国各地，它们在日常生产经营活动中排放出大量废水、废气、废渣（称"三废"）、排放大量 CO_2，不可避免带来"外部性"，对周边环境形成严重破坏与污染。按照科斯的产权理论，企业的产权是存在边界的，你企业有权排放废物和 CO_2，但却无权越过产权边界，向周边排放废物与 CO_2 侵犯周边的权利，对周边环境造成污染与破坏。谁对环境造成污染

与破坏必须要由谁来治理与恢复，承担治理与恢复的成本费用支出。

随着中央企业规模的日益扩张，对周边环境的污染与破坏日趋加重，所承担的治理费用日益增增加，这就使得本企业的经济发展同周边环境保护之间的矛盾愈加突出。对周边环境污染若不治理、被破坏的生态若不恢复，企业势必承担违反环境保护法的法律责任，可能受到更严厉的经济处罚，企业法人甚至担负坐牢的风险；而对周边环境进行治与恢复，势必增加企业环保费用支出，增加企业生产经营成本，降低企业的收益率，使企业工资收入增长与福利水平提升受到制约与影响。受追求利益的驱动，一些企业宁肯违反环境保护法的风险，采取偷排"三废"和 CO_2，或停止使用处置"三废"设备，或贿赂环保官员等手段，进行违反环保法律的活动。相对而言，这种活动，中央企业比民营企业要少得多，因为中央企业领导人或领导层的利益相关度比民营企业领导人的利益相关度小得多。个人或小团体犯不上为企业集体利益而冒犯法、坐牢的风险。但企业自身发展与加强环境保护的矛盾在两难中进行艰难的抉择：要么保护环境，牺牲一些自身发展；要么牺牲环境保护，追逐自身发展。

我们认为，把企业自身发展与加强环境保护二者完全对立起来是不对的。实际上，中央企业保护环境与企业自身发展是可以统一起来的。保护好环境不仅不会损伤企业自身发展，反而由于环境优良会提升企业对外合作与投资环境，提升企业社会信誉与形象从而促进企业发展。现实中出现了许多中央企业由于环境保护责任履行、落实得好，推动了企业自身发展的优秀典型，就是一个最好的证明。

三、厉行节约，建设节约型企业

厉行节约，反对浪费，是社会主义建设的一项根本方针与原则，中央企业在履行企业社会责任过程中，必须始终坚持这一根本方针与原则。

中央企业都是大型企业，普遍存在"家大业大浪费点没什么"的问题。浪费主要表现在：（1）原材料、能源消耗过高，是对社会资源的一种浪费；（2）劳动力配置不合理，人力资本利用率低，是人力资本的一种浪费；（3）企业管理体制不合理，存在许多漏洞，存在并产生一种体制性浪费；（4）管理层的过度职务消费，如公车消费、变相出国旅游、公款吃喝等，都是一种铺张浪费；（5）海内外投资决策失误而造成巨额损失浪费。国内盲目投资而造成浪费，在中央企业并不鲜见；在海外投资失误而造成巨额损失，在中央企业更是增加。这些行为与现象，严重地影响了企业经济效益的提高，妨碍了企业快速健康发展。因此，中央企业必须把厉行节约，反对浪费纳入企业履行经济社会责任的重要议事日程，从体制机制上保证其当作根本方针来贯彻执行，把企业建设成为一个节约型企业。这是把中国建设成节约型社会的根本要求。

四、扩大项目扶贫、开发扶贫的力度

中央企业履行慈善与公益责任时，以往一般都以捐款捐物方式进行，这样既简便又省心省事，经媒体公告公布，效果也不错。应当说，这是企业履行社会责任的初级形式。

为了促进慈善与公益事业的深入发展，中央企业履行慈善与公益事业责任应进入高级阶段，采用较为先进的形式进行扶贫，即项目扶贫、开发扶贫。它是比单纯捐款捐物更具长远实效的一种慈善行为。

项目扶贫，也可以是开发性扶贫。中央企业可以通过与贫困地区选择经济建设与发展中的一些关键项目或开发性项目，进行投资建设，项目完成后交付贫困地区自主管理。在项目建设过程中，中央企业不仅给钱给物，还给技术，可以帮助贫困地区培训工程技术人员、企业管理人员等，这样能够有效提升贫困地区的建设能力与水平，有利于贫困地区从根本上改变贫困落后面貌，实现共同富裕。所以，中央企业应积极加大项目扶贫、开发扶贫的力度，为早日改变贫困落后地区的面貌作出更大的贡献。这既是中央企业提高自身履行社会责任水平的需要，又是我国建设全面小康社会的根本要求。

参考文献

[1]《资本论》第 1 卷，人民出版社 1975 年版。

[2]《马克思恩格斯选集》，人民出版社 1972 年版。

[3]《马克思恩格斯全集》第 1 卷，人民出版社 1956 年版。

[4] 恽希良：《经济利益概论》，四川人民出版社 1991 年版。

[5] 克拉克：《财富的分配》，商务印书馆 1983 年版。

[6] 许家林、刘海英：《我国央企社会责任信息披露现状研究》，载《中南财经政法大学学报》2010 年第 6 期。

[7] 张立栋：《央企在地方低效率投资令人担心》，载《中华读书报》2012 年 12 月 17 日。

第八章

将中央企业收入分配装进根本
收入分配制度的笼子

在当今中国收入分配乱象中，央企高管的收入分配尤其引人关注。"怀胎"八年的"收入分配改革方案"迟迟难以问世，据说在涉及央企高管薪酬规范和乱象治理政策时，遭遇央企高管的强烈反对。[1]社会对央企高管收入畸高状况真可谓是十分瞩目，少则年薪几百万，多则几千万，还要外加各种灰色隐性收入及名目繁多的奖金与"福利"。无论如何，对此都必须认真审视与规范。

对央企高管收入如何进行规范？习近平总书记关于"把权力放到制度的笼子里"的重要论述，为我们提供了重要的思想理论指导。我们认为，近10年来中央企业初次收入分配秩序混乱，分配结构失衡，劳资收入分配关系严重不合理，根本原因在于制度规范严重缺失。因此必须要贯彻执行习近平总书记的指示精神，把中央企业收入分配关进中国根本收入分配制度的笼子里，以实现中央企业收入分配合理化、制度化。本章拟就将中央企业收入分配装进根本分配制度笼子的理论必要性及现实可行性进行理论分析，并对中央企业收入分配未装进根本收入分配笼子的种种表现及原因进行剖析，最后提出将中央企业收入分配关进根本收入分配制度笼子的现实路径与对策，供学界讨论和批评。

第一节　将中央企业收入分配装进"制度笼子"的理论依据

一、任何收入分配要发挥其对生产的"正能量"或积极作用，都必须装进"制度笼子"

马克思指出："分配的结构完全决定于生产的结构，分配本身就是生产的产物，不仅就对象说是如此，而且就形式说也是如此。就对象说，能分配的只是生产的成果，就形式说，参与生产的一定形式决定分配的特定形式，决定参与分配的形式。"[2]

社会生产过程从来都是生产力与生产关系相结合、相统一的过程。

从生产力角度看，在社会再生产四个环节中，分配首先是由生产决定的，没有生产便没有分配，因为没有生产结果，便无分配可言。能分配的产品量，决定分配的规模、结构与方式。恩格斯指出："分配方式本质上毕竟要取决于可分配的产品的数量。"[3]如原始社会，由于社会生产力水平十分低下，生产工具极其简陋，生产对象为原始自然界，生产出来的可供分配的产品数量很少，因此只能在社会成员之间实行平均分配。而在共产主义社会，由于社会生产力高度发展，不仅生产工具极其先进，生产对象也高度现代化，生产出来的社会产品充分涌流及极大丰富，所以能够实行"各尽所能，按需分配"。其次，生产成果的分配并非是消极被动地由生产决定，它会反过来对生产成果的创造与增加具有重大的反作用。即所谓既定的"大饼"分配得愈加合理与公平，便越会充分调动生产者的积极性，把"饼"做得更大。所以，把分配只看做是完全被动或消极的东西，无论在理论上还是在实践上均是错误的。最后，分配还直接影响消费。生产成果的分配量在很大程度上影响并决定消费的规模与结构，影响与决定人们的消费水平。而消费水平的提高反过来要求生产水平的增长。

从生产关系的角度看，分配关系是社会生产关系的一个极其重要方面。马克思明确指出："一定的分配形式是以生产条件的一定社会性质和生产当事人之间的一定的社会关系为前提的。因此，一定的分配关系只是历史规定的生产关系的表现。"[4]任何分配关系都是由生产资料所有制关系决定的。马克思指出："消费资料的任何一种分配，都不过是生产条件本身分配的结果。而生产条件的分配，则表现生产方式本身的性质。"[5]这里讲的"生产条件本身的分配"就是指生产条件为谁所有的问题，即生产资料所有制问题。可见，消费资料的分配在任何条件下都是生产资料所有制的实现与结果，从来不存在超越生产资料所有制的消费资料分配关系。任何消费资料的分配绝不是完全消极被动的，它反过来对生产资料的所有制关系有巨大的反作用，并在一定条件下起某种决定作用。例如，某种好的消费资料分配方式，可对生产资料所有制起巨大的巩固与发展作用；而相反，某种坏的消费资料分配方式，就会对生产资料所有制起巨大的破坏作用，甚至将这种生产资料所有制彻底瓦解掉。

收入分配的上述功能与作用并不会自发或自动发挥，它必须要通过一定的制度规范来实现。无论从生产力角度看，还是从生产关系角度看，收入分配要发挥"正功效"与"正能量"，必须形成正确的制度，即装在规范的"制度笼子"里。如果制度不加以规范，尽管生产再发展，生产的成果再多，分配无章无序，分配秩序混乱，分配原则不公平，分配结果严重不合理，大多数人创造的生产成果被少数人所掠取与占有，势必引致社会生产关系被破坏，最终使社会生产严重下降，乃至国家崩溃。可见收入分配形成一个好的规范制度至关重要。所谓好的规范的收入分配制度就是指适合社会一定发展阶段生产力水平要求，能够促进社会生产关系逐步完善，保证人民生活水平不断提高，社会稳定和谐的分配方式、分配原则、分配体制与政策的总称。

任何一个国家要稳定与和谐发展，实现现代化，都要大力加强这种收入分配制度建设。这已被近百年来的实践所证实。近百年来，现代西方发达国家尽管已建立了规范发达的生产制度，保证了社会生产力的较快发展，把"饼"做得很大，但却由于没有建设一个好的规范的收入分配制度，对"大饼"的切割与分配极其不合理，少数投机取巧者及"不劳而获者"分得太多，而绝大多数诚实劳动者甚至所谓"中产阶层"分得过少，扩大与加剧了社会两极分化，引致民众罢工不断，社会矛盾激化，发生严重社会危机。为避免走西方老路，重陷西方发达国家"重生产、轻分配"的覆辙，中国一定要建设一个好的规范的收入分配制度。它是将整个社会收入分配装进"制度笼子"的重要条件与保证。

二、中央企业的社会主义性质决定其必须贯彻按劳分配原则

中国国有企业是伴随解放战争胜利，在没收官僚资本与改造民族资本基础上建立起来的。新中国成立后，伴随社会主义建设的大规模展开，国有企业不断发展壮大，形成国民经济的支柱与主导力量。

中央企业作为国有企业的主体与精华部分，在国民经济发展中日益发挥骨干作用。中央企业即由中央人民政府直接所有与管理的企业，从所有制上说是社会主义全民所有制企业，具有与社会化大生产相适应的社会主义公有制性质。正是这种所有制性质要求中央企业必须实行按劳分配原则。

按劳分配思想，并非是马克思的发明，但科学按劳分配理论则是由马克思创立的。早在空想社会主义者那里，就曾提出按劳分配思想。他们抨击资本主义分配制度不合理，揭露其造成种种贫富悬殊及分配不公现象，但由于他们没有科学的唯物史观与劳动价值论，因而他们的按劳分配思想具有很大的空想性质。马克思的重大理论贡献在于去掉了其"空想"的成分，将按劳分配理论建立在科学社会主义基础上，即建立在科学唯物史观与劳动价值论基础上。1875 年，马克思发表著名的《哥达纲领批判》，使科学的按劳分配理论得以形成。马克思在这本著作中科学地将共产主义社会分为两个阶段，明确指出共产主义第一阶段为社会主义。社会主义社会的性质决定其只能实行按劳分配。因为这个社会"是刚刚从

资本主义社会中产生出来的，因此它在各方面，在经济、道德和精神方面都还带着它脱胎出来的那个旧社会的痕迹。所以，每一个生产者，在做了各项扣除之后，从社会方面正好领回他们给予社会的一切。他们所给予社会的，就是他个人的劳动量……他从社会方面领得一张证书，证明他提供了多少劳动（扣除他为社会基金而进行的劳动），而他凭这张证书从社会储存中领得和他所提供的劳动量相当的一份消费资料。他以一种形式给予社会的劳动量，又以另一种形式全部领回来。"[6]按劳分配是人类社会分配制度上的一个巨大历史进步，它实现了劳动权利与劳动报酬的平等。马克思指出："生产者的权利是和他所提供的劳动成比例的；平等就在于以同一的尺度——劳动来计量。"[7]如何使劳动成为尺度呢？马克思强调："劳动，为了使它能够成为一种尺度，就必须按照它的时间或强度来确定，不然它就不称其为尺度了。"[8]以上论述构成了马克思按劳分配理论的经典概括与主要内容。第一，它指明社会主义社会实行按劳分配的历史必然性。正是由于社会主义社会是"刚刚从资本主义社会中产生出来的"，"在经济、道德和精神方面都还带着它脱胎出来的那个旧社会痕迹"，生产力还不充分发展，共产主义道德与精神体系尚未完成，还不能实行按需分配，只能是实行按劳分配。第二，按劳分配并不是"不折不扣的劳动所得"，而是社会总产品中"作了各项扣除之后"的个人消费品，才能用于个人消费品的分配。第三，按劳分配实质上是一种等量劳动相交换，消除任何无偿占有他人劳动的剥削关系，因为"他以一种形式给社会的劳动量，又以另一种形式全部领回来"。第四，按劳分配以劳动为尺度分配消费品，只承认劳动差别，"不承认任何阶级差别，因为每个人都像其他人一样只是劳动者，但是它默认不同等的个人天赋，因而也就默认不同等的工作能力是天然特权。"[9]马克思的按劳分配是以"物质的生产条件是劳动者自己的集体财产"[10]为依据和条件的。全民所有制显然是"物质生产条件为劳动者自己的全民财产"，理所当然是中央企业实行按劳分配的根本依据和条件。按劳分配是物质生产条件的全民所有制在分配领域的根本要求与实现。

　　针对社会上出现的一股否定按劳分配的思潮和干部群众的糊涂认识，邓小平鲜明地指出："按劳分配的性质是社会主义的，不是资本主义的。"并强调："我们一定要坚持按劳分配的社会主义原则"。[11]所以，我们不能由于中央企业在改革开放前贯彻按劳分配方面出现种种问题而否定按劳分配的社会主义性质，进而否定其继续贯彻按劳分配的必要性和必然性。改革开放前，由于受传统苏联社会主义理论的影响，中国误读与曲解了马克思的按劳分配理论，误将平均主义当作按劳分配来施行。在企业中，劳动者干与不干一个样，干多干少一个样，干好干坏一个样，企业吃国家的"大锅饭"，劳动者吃企业的"大锅饭"，劳动者的积极性大受挫伤，劳动生产率低下，不仅导致经济发展严重停滞，更是使人否定了按劳分配的优越性和促进生产的积极作用。"劳动是财富之父"，劳动者的劳动生产率越高，创造的财富越多，可供分配给劳动者的成果便会越多，劳动者的生活水平便会越高，而劳动者生活水平越是提高，便越会调动劳动者的劳动积极性，从而促进生产更快地发展。所以，列宁讲，不劳动者不得食，是"社会主义的第一个主要根本原则……这个十分简单和明显不过的真理，包含了社会主义的基础，社会主义力量的取之不尽的源泉，社会主义最终胜利的不可摧毁的保障。"[12] 当然，这里的"劳动"，绝不仅仅指物质生产劳动，还应包括精神生产的劳动及从事服务的劳动。以往的问题就发生在我们对劳动的内涵理解得过于狭隘。

第二节 将中央企业收入分配装进制度笼子的现实性

一、社会主义初级阶段所有制结构多元化决定消费品分配方式多元化

正是由于马克思的按劳分配理论建立在科学社会主义基础之上，因而它适用于整个社会主义历史阶段。马克思早期曾依据资本主义社会的生产社会化高度发展的实际，预见社会主义革命会在所有发达资本主义国家同时取得胜利，因此社会主义社会将实现单一的社会所有制，消除了商品关系，即"生产者并不交换自己的产品，消耗在产品生产上的劳动，在这里也不表现为这些产品的价值。"[13] 由于改革开放前，我国从理论与实践上片面追求单一所有制的社会主义，否定商品经济，因而把按劳分配当作全社会唯一的分配制度，排斥多种分配方式并存。学术界一些同志以此为依据认为马克思的按劳分配理论原则不适用于中国社会主义初级阶段。因为现实的中国社会主义初级阶段不仅存在多种所有制，而且存在商品经济，它不是马克思所设想的社会主义社会，因此不能依据马克思的按劳分配理论来实行按劳分配原则与制度。这种意见偏颇之处，是没有看到马克思尤其是恩格斯对社会主义的认识是变化与发展的。事实上，马克思晚年已看到资本主义经济政治发展的不平衡，意识到社会主义革命"不是到处同时到来，也不一定在同一发展阶段上到来"。[14] 显然，这对以往社会主义在各国同时胜利的理论是一种修正与发展。社会主义在某个落后国家首先取得突破与胜利，尤其是在生产社会化程度不高，商品经济不甚发达的国家取得胜利并建立社会主义社会，就不一定是单一所有制，而可能是多种所有制并存，同时存在商品经济。1874～1875

年，马克思直接谈到农业私有制向集体所有制过渡的问题，明确指出："凡是农民作为土地私有者大批存在的地方，凡是像在西欧大陆各国那样农民甚至多少还占据多数的地方……无产阶级将以政府的身份采取措施……一开始就应当促进土地私有制向集体所有制的过渡，让农民自己通过经济的道路来实现这种过渡"。[15]尤其是恩格斯，在他逝世前一年（1894年）发表的《法德农民问题》，更是详尽具体地阐明了变农民私有制为合作社集体所有制的原则与方法。他指出："当我们掌握了国家权力的时候，我们绝不会用暴力去剥夺小农（不论有无报偿，都是一样），像我们不得不如此对待大土地占有者那样。我们对于小农的任务，首先是把他们的私人生产和私人占有变为合作社的生产和占有，但不是采用暴力，而是通过示范和为此提供社会帮助。"[16]

综上所述，马克思晚年尤其是恩格斯逝世前都已经看到了在法国及德国那样一些国家社会主义革命成功以后，会存在大批农民问题，由此会存在农民个体所有制及其转变为合作社的集体所有制的问题。这在事实上，马克思恩格斯已在理论上将单一所有制的社会主义模式转变为多元所有制并存的社会主义模式，那么，处在不同的所有制形式下的劳动者，实现其利益互换就必须相互交换其劳动及其产品，必须进行商品生产与商品交换，发展商品经济。故此，由所有制决定的分配方式就必然随之发生变化。马克思恩格斯设想的社会主义并不排斥所有制形式多元化，并不排斥商品经济，所以，把马克思的按劳分配理论与商品经济对立起来，认为按劳分配只是用于单一所有制的社会主义，根本不适用于多元所有制的社会主义，是不符合马克思恩格斯的科学社会主义理论的，因而在理论上是站不住脚的。

改革开放前，我国在理论上的一个重大失误就在于误读了马克思和恩格斯，没有从发展中认识社会主义，把马克思的按劳分配理论同商品经济对立起来，把它只看做产品经济分配模式，没有把它与商品经济统一与结合起来。

在马克思恩格斯的科学社会主义理论中，并没有明确的社会主义阶段划分。但社会主义作为一个"自然的历史发展过程"总会显现出不同发展阶段。由于中国社会主义社会并不是从资本主义社会尤其不是从发达资本主义社会中产生出来的，而是直接从半殖民地半封建社会中产生出来的，这就决定中国社会必然显现出以下几个主要特征：（1）社会生产力水平低下，商品经济不发达；（2）在废除封建主义土地所有制的"土改"以后，面临大量农民个体所有制经济，需要将其改造成合作社的集体经济；（3）为控制国民经济命脉没收官僚买办资本，建立了社会主义国有制经济；（4）对民族资本主义工商业及手工业进行社会主义改造，产生了城镇集体所有制经济，并扩大了城镇社会主义国有制经济。这些主要特征充分显示出中国社会主义是不发达的社会主义，只能是处于社会主义的初级阶段。正是由于社会生产力水平低，且在各个地区之间发展不平衡，因而决定并产生不同层次的多元化的所有制结构，既有与高水平的生产力水平相适应的全民所有制，同中等生产力水平相适应的集体所有制，又有同以手工劳动为主的个体所有制，还有与不同层次社会生产力水平相适应的股份制和集团所有制。尤其是改革开放后涌现出一种新的混合所有制，更是适合各种不同层次生产力的所有制。这多层次、多元化的所有制结构决定社会主义初级阶段的消费品分配方式多元化，既有由公有制决定的按劳分配，又有由资本主义私有制决定的按资分配，又有由混合所有制决定的按要素分配，分配方式的多元化，引致社会主义分配制度的深刻变革。

二、按劳分配为主，要素分配为辅的根本分配制度的确立，为将中央企业收入分配装进制度笼子提供了现实可能

自 20 世纪 70 年代末以后，中国的改革开放使生产资料所有制结构发生重大变化，由单一的公有制结构，变成多种经济成分并存与发展的混合所有制结构。坚持公有制为主体，多种经济成分共同存在与发展成为社会主义初级阶段的根本经济制度。与此相适应，坚持按劳分配为主体，多种分配方式并存的分配制度，就成为社会主义初级阶段的根本分配制度。这是改革开放以来，党和国家在深刻总结社会主义现代化建设实践经验基础上逐步探索建立的。

1987 年，党的十三大报告指出："社会主义初级阶段的分配方式不可能是单一的，我们必须坚持的原则是，以按劳分配为主体，其他分配方式为补充"。

1992 年，党的十四大报告继续坚持上述提法，并把"原则"上升为制度，明确讲："在分配制度上，以按劳分配为主体，其他分配方式为补充，兼顾效率与公平"。

1997 年，党的十五大报告则进一步明确指出："坚持按劳分配为主体，多种分配方式并存的制度。把按劳分配和按生产要素分配结合起来"。

2002 年，党的十六大报告将生产要素参与分配具体化，并明确提出完善根本分配制度："确立劳动、资本、技术和管理等生产要素参与分配的原则，完善按劳分配为主体、多种分配方式并存的分配制度"。

2007 年，党的十七大报告指出："合理的收入分配制度是社会公平的重要体现。要坚持和完善按劳分配为主体、多种分配方式并存的制度，健全劳动、资本、技术、管理等生产要素按贡献参与分配的制度，初次分配和再分配都要处理好效率与公平的关系，再分配更注重公平。"

2012 年，党的十八大报告则进一步把分配制度与基本经济制度联系起来，明确指出："要加快完善社会主义市场经济体制，完善公有制为主体、多种所有制经济共同发展的基本经济制度，完善按劳分配为主体、多种分配方式并存的分配制度"。

从上可见，按劳分配为主体、多种分配方式并存的分配制度，是党和国家规定长期以来都必须坚持与贯彻执行的一项根本分配制度。它是党和国家历经近 30 年的艰辛探索，付出巨大代价而换取的一项很好的分配制度。但是任何一个好的分配制度都不能自动实现，它必须由相应的分配主体落实于行动，贯彻与执行。以社会主义初级阶段按劳分配为主体，多种分配方式并存的根本分配制度，自它确立以来，在很多中央企业中并没有得到很好的贯彻执行，甚至可以说，我国一些中央企业的收入分配并没以装在按劳分配为主体，多种分配方式并存的根本分配制度的笼子里。这并非是我们主观臆断，而是有充分的事实依据。

第三节　中央企业收入分配未被关进按劳分配为主体、多种分配方式并存的根本分配制度笼子的主要表现及原因

一、按劳分配的主体地位被否定和丧失

按劳分配为主体，是社会主义初级阶段根本分配制度的重要内容，它是体现社会主义本质的重要特征之一。它是指整个社会的消费品分配中，相对于非劳动因素而言，必须居于主体地位。这个主体地位不可能由非劳动因素分配来体现，而只能由公有制经济的分配主体地位来保证与实现。作为公有制经济的支柱与核心部分的中央企业理所当然要承担与完成这个使命。

然而，我国的中央企业自改革开放以来一直处于激烈的改革、调整及各种冲击中。1998～2003 年，国家对 5 000 多户国有大中型企业实施破产重组，有 900 多万职工下岗、失业并重新安置。到 2003 年国务院国资委挂牌成立，其属下中央企业仍有 196 家，其中还有相当一部分企业生产经营困难，企业办社会、企业冗员及企业债务与历史包袱仍相当沉重，致使企业效率低下。经过 8 年多的战略调整、优化重组，到 2012 年中央企业已减少到 117 家。这种剧烈变动的客观情况造成中央企业基本经济体制与制度难以稳定成型，企业在原有计划经济体制下的收入分配制度被打乱或冲垮，原有的按劳分配制度伴随废弃计划经济体制一并否定与取消了，新的适应市场经济发展要求的按劳分配制度并没有形成与建立，

致使中央企业的收入分配陷入无正确制度规范的秩序混乱、结构失衡、差距扩大的局面。

一是收入分配主体错位。中央企业收入分配的主体是国家，国家掌握中央企业收入分配的决定权。改革开放以后，中央企业经历兼并、重组及战略调整，大部分已实行股份公司制，甚至成为国内外上市公司。一些中央企业的管理者误以为实行市场经济企业成为独立市场主体就自动掌握了企业收入分配的决定权，这就导致了中央企业收入分配权的"下移"，即由国家手里下移到企业手里。大凡中央企业，无论实行何种形式的公司制，其收入分配决定权都必掌握在国家手里，直接掌握在国务院直属管理部门——国资委手里，绝不可以因为实行股份公司制而下移到企业手里。因为国家代表全体人民行使大股东权利，委托给国资委具体实行这种权利，绝不能完全由"企业内部人控制"，即由企业经营者行使分配决定权。中央企业收入分配权的"下移"与错位，直接导致了企业经营者给自己决定"高薪酬"的错误行为及不合理的收入分配局面。

二是中央企业收入差距远远超出劳动收入差距。这不仅表现在不同行业收入差距无节制的扩大，如电讯行业与电力行业的收入攀比、博弈与竞赛，更表现为同行业不同的中央企业的收入攀比、博弈与竞赛，致使中央企业的收入高得令非中央企业瞠目结舌，令一般企业员工望尘莫及。据网易财经发布的《2011年中国央企工资报告》对全国117家央企在岗职工年平均工资整理后发现，2011年中央企业及其上市子公司在职员工年平均工资为102 965元，对比当年城镇私营单位在职员工年平均工资24 556元，前者为后者的4.2倍，而城镇非私营单位在职员工年平均收入仅为42 452元，央企也比其高出一倍多。[17]不同地区的央企收入差距也很大。处于广东地区的中央企业员工平均年薪为22万元，居全国最高，处于云南的央企为最低，员工平均收入仅为46 424元，二者相差将近5倍。从行业上看，处于不同行业央企员工的收入差距也很大。员工年平均收入最高的是金融业，达26万多元，最低是农林牧渔业，仅为7万元，不足金融业的1/3。最富有的招商银行员工年平均收入近48万元，而最贫穷的葫芦岛锌业员工年平均收入仅2万元。[18]金融、电力、移动通讯、烟草、盐业等垄断行业的中央企业员工收入，若算上各种形式的奖金、红包、福利及巧立名目的隐性收入，比一般企业员工的收入要高几倍乃至十几倍，这早已是世人心知肚明的。

更具典型意义的是，中央企业内部高管收入与一般职工收入的差距更是大得惊人。据前国资委主任李荣融披露：2004～2006年，国资委管辖下央企高管收入平均年薪分别为35万元、43万元和47.8万元。2007年平均年薪上升到55万元。2010年和2011年两年则分别达到65万～70万元。[19]这只是平均收入，事实上一些金融保险业高管实际收入均在年收入百万元以上，甚至有的高达几千万元。如中国银行的詹伟坚 2010 年年薪达 1 101 万元，中国平安的张子鑫 2010 年薪也达 1 067 万元。[20] 几大国有商业银行及国有控股银行高管们的收入恐怕也不会比前两位少许多，但是，"国家的最低工资真的很低，像广东这样经济发达地区也才 1 300 元，很多农民工只拿 1 300 元，一年不足 2 万元"[18] 高收入是低收入的 500 倍多。再从动态上看，近 10 年央企高管收入几乎是成倍增长，而企业一般员工则增长较慢，甚至几年或十几年处于停滞状态。

上述收入差距远远超出劳动收入差距。这种过分悬殊的收入差距，实际上是对按劳分配的背离与否定。因为按劳分配并不否认差别，承认"不同等的工作能力是天然特权"[21] 进而承认收入差别，但劳动者的劳动能力及其带来劳动成果的差别不可能无限的大；高级复杂劳动可以是简单劳动的 N 倍，其获取的劳动收入亦可以是 N 倍，但这个 N 总有是一个数量界限，要受各种经济社会条件限制与约束，不可能无限的大。N 的数量界限就是它一定不会是收入差距大到会导致两极分化。况且，在一定的生产力水平下，社会成员对这个 N 的数量界限有个承受力与容忍度，超过了这个"度"，就会引发社会成员的不满与愤怒，酿成社会动乱。然而，当今中国的中央企业中高管收入与普通员工收入显然已大大超越了这个数量界限，产生了明显的贫富两极分化现象，引发社会各界的关注和不满，或在酿成社会危机。

二、要素分配错误地被提升为分配的主体地位，甚是成为企业的根本分配方式

劳动、资本、技术和管理等生产要素参与分配，是社会主义初级阶段基本分配制度的一个重要组成部分，它打破了单一的按劳分配的格局，使社会主义按劳分配有了重要的辅助与补充形式。这是我们党和国家依据社会主义初级阶段的基本国情对马克思主义分配理论的一项重大创新与发展，是对西方经济学的分配理论的创造性借鉴与科学运用。社会主义社会各种类型的企业都要坚持按生产要素进行分配，中央企业也毫不例外，这是确定无疑的。但是，作为社会主义全民性质的中央企业，绝不可用它来否定和取代按劳分配原则，绝不可以将按要素分配作为主体分配方式，正如个体私营及外资企业只能以按要素分配为主，而绝不可以以按劳分配为主一样。

这里的"劳动、资本、技术与管理等生产要素参与分配"，是对西方经济学的要素价值论的合理借鉴，是将西方经济学的要素价值论运用到分配理论中的必然结果。劳动、资本、技术和管理都是社会生产必不可少的要素，它们都参与商

品价值的生产与创造，自然要参与生产成果的分配。这对于充分调动社会劳动资源，动员一切资本力量，充分发挥科技人才积极性，提升企业管理者能力与水平，都具有无可估量的作用。以往的传统计划经济体制根本排斥按要素分配，显然阻碍了企业的发展，无助于社会生产力水平的提高。中央企业深化改革，批判与否定传统计划经济体制，实现健康可持续发展，务必要认真搞好按要素分配，建立健全科学的按要素分配的体制机制。

必须指出，中央企业参与分配的劳动、资本、技术与管理等生产要素，除劳动力属于个人所有以外，其他资本、技术与管理等生产要素均属于国家所有，即：资本系国有资本，技术系国家技术，管理系国家之管理，当然它们的运营好坏，与它们的掌握者和使用者有很大关系。为了激励使用者更好地提高资本、技术与管理的效率，给予他们足够的使用效率报酬即取得相应要素收入，是完全应该的。但必须明确：国有资本投入收益、技术投入收益及管理水平提高收益理应全部归其所有者。所有者拿出一部分要素收入，激励要素使用者（即生产经营者）是不可无限的高，因为它不可能突破所有者的整个要素收入，因此，中央企业的要素收入分配只能是作为按劳分配的辅助与补充形式。近10年来，中央企业误将要素收入作为一种主要分配方式，实际上是未将企业收入分配关进根本分配制度笼子的一个重要表现。例如，中央企业每年都取得巨额红利，高达几千亿甚至上万亿元，它本应主要归其企业资本的所有者所有，上缴给国家用于为全体人民谋福利，但却只有5%的上缴，绝大部分被留在企业，这就是一个有力的佐证。

三、滥发奖金、补贴与各种消费购物卡

奖金有各种各样的形式，如全勤奖、加班奖、专利奖、科技发明奖、设备养护奖、完成任务奖、绩效奖及期权激励奖、增产节约奖、卫生合格奖、廉政清风奖、植树奖、知识大赛奖等。还分月度奖、年中奖及年终奖，可谓种类繁多，五花八门。

不管何种奖金，只要是对劳动者提供超额劳动所付报酬及对劳动者在生产经营活动中及科学技术发明中所作出的突出贡献给予报偿与物质鼓励，都应视为应该的、合理的，不属于滥发奖金范畴。所谓滥发奖金，即是超出上述范畴的，不管数量多少，都在滥发之列。

滥发奖金可谓是中国改革开放以来国有企业收入分配中一个顽疾。近10年来，不仅没有得到有效遏制，反而大有增长蔓延、愈演愈烈之势。"对于那些垄断企业（中央企业大部分为垄断性质企业——引者注）的职工来说，除了这些

（指工资及"五险一金"）还有各种补贴和奖金等，名目越多，工资条越长……比如，媒体上一年报道了河南省某油田任意设置奖金的内幕，该公司奖项之多，达到百余个，令人眼花缭乱。领导们每个月都有3个左右'得奖'机会，比如'合理化建议''党政评审及亲邻奖''党风廉政效能监察''员工礼仪答题奖''廉洁从业授课费'等，领导岗位获奖频率较高，有时一个奖就有六七万元，够一个工人忙活一年的。"[22]2015年12月19日《新京报》曝光的湖北恩施最牛的电力公司3 000人分掉6亿元，更能说明问题。普通职工分到上百万，高层则分到上千万。电力公司利用其垄断地位大发横财，由此可见一斑。

　　各式各样津贴补助，更是多得离谱。房补、车补、水补、电补、油补、图书补、保健补、健身补、子女升学补、单位得奖补、廉洁从政补……不一而足。据《人民日报》一则报道披露，在一家国有金融机构担任部门经理的王女士承认自己的"工资高得不符合国情"，自己"心里并不踏实"，享有很高的年薪不说，还有更多的福利补贴。"都有哪些福利补贴呢？包括每年5万元左右的养老保险，含社会保险和企业年金；每年7万多元的住房补贴公积金；每月的车费补助和汽油补贴2 000元；每年报销社保意外的各种保健医药费用单据5 000元；图书卡、旅游费2万元。这还不包括已经享受的两大福利，一是公司分给她一套100多平方米的福利房；二是子女就业，保证女儿大学毕业后也去金融口工作"[22]难怪有人直言："很显然，单看基本工资收入，垄断企业的高管并不多，与企业职工相比高不多少，差距体现在各种福利补贴。其实，不独垄断企业，一些事业单位的工资条也挺长。据报道，有的发达地区发放公务员津贴失序，名目混乱多达300项，如果都呈现在工资条上，工资条恐怕得有1米多长吧。"[22]

　　发放各种消费购物卡，是近些年来新出现的一种滥发钱物的形式。这种消费卡存钱款可多可少，具有很大的隐形性，各级领导的数目可不一样，各类职工的数目也可不一样，相互之间皆不相知，具有极大的私密性。这种消费卡的滥发，不仅扰乱了企业与单位的收入分配秩序，也会对市场物价水平正常运行及保持基本稳定形成一定的冲击，助推通货膨胀生成与发展。

四、灰色收入日益增多

　　所谓灰色是由白与黑二种色彩形成的。同理，灰色收入实际上是白色收入（阳光下的合法收入）被黑色收入（非法收入）浸染所致，或是白色收入掩盖下的黑色收入。其主要来源在于预算外资金与单位"小金库"，这里基本手段是化"公"为"私"。之所以说"主要来源"，并非说所有预算外资金和单位"小金库"统统为灰色收入，而是说其主要部分形成灰色收入。

灰色收入与黑色收入或多或少还是有些区别的。首先，看上去有色彩差异；其次，并非所有的灰色收入都等于黑色收入；最后，黑色收入完全是非法收入，灰色收入有时可能表现为半非法或掺有违法因素的收入。灰色收入具有很大的模糊性，并非像非白即黑那样较客观观察到，难以鉴别查处。正因为如此，对灰色收入是要认真甄别，对非法收入要坚决取缔。

应当承认，中央企业随着市场经济的深入发展，市场竞争日趋激烈，企业间往来日益增多与对外经济活动不断扩大，灰色收入不断增长。10 年前，有人估计全国灰色收入只有几千亿元，如今已达到 5.4 万亿元。据中国改革基金会国民经济研究所副所长王小鲁研究所得出的数据显示，"中国灰色收入总额高达 5.4 万亿元，其中相当部分存在于垄断行业"。[23] 已占到 2012 年全国 GDP51 万亿元的近 1/10，真是巨大的数字！如果这个数字准确的话，那么中央企业的"相当部分"占到 10% 就是 5 400 亿元。这么多钱并没有惠及全国人民（他们是央企的所有者），也较少惠及央企一般职工，它到底跑到哪里去了？

谜底被揭开了："为何灰色收入多集中在垄断行业？根源在于垄断机制，它们不仅拥有主宰国民经济命脉的基础性资源，还能以其垄断地位挟持国家的价格政策。以资源税为例，为什么央企只需上缴 10% 的资源税，这对资源收益丰厚的企业来说是否太少了点？再以上缴红利为例，为何央企只需上缴 5% 的红利，这对日进斗金的央企而言是否太少了点？据财政部公布的数据，2010 年国有企业累计实现利润近 2 万亿元，只拿出 5% 左右上缴'红利'，约 440 亿元。而 2007 年、2008 年两年，央企红利调入公共财政预算，用于社会保证等民生的支出只有 10 亿元，人均不到 1 元（2011 年 2 月 21 日《人民日报》）。那么，央企创造的巨额利润哪里去了呢？相当部分化作灰色收入进入了高管们的腰包。"[23]

引致上述问题的原因很多，其中主要的原因有：（1）按劳分配理论被否定与被抛弃。在改革开放日益深化与扩大过程中，由于西方新自由主义经济理论的猛烈冲击，马克思主义经济学指导地位被削弱和边缘化，马克思主义劳动价值理论在一片"创新"中被否定，自然按劳分配理论就在实际中被放到一边，甚至被抛弃了。（2）劳动者在经济上的主人地位在一定程度上丧失。在国有企业包括中央企业兼并、重组及战略调整中，尤其在深化产权制度改革的时候，这种劳动者主人地位一定程度丧失的状况表现得尤为明显、突出。一些国有企业包括中央企业的主管部门为了尽快"卸包袱"、"减负担"，往往将劳动者的主人地位与企业一起被"贱卖"，或"一化了之"（即私有化）。（3）所有者的权力约束缺位或被弱化。国有企业包括中央企业的主管部门，作为所有者代表，其基本职能在于牢牢掌握所有权，强化对企业经营者的所有权约束与监管，但由于种种原因，或机制不健全，或受大企业掌门人手中上千亿元资产利益的诱惑，使之成为企业经营者的俘虏，变成"内部人控制"的维护者。（4）缺乏"大多数人共同富裕"的政策保障机制，没有及时将"少数人先富"转变为"大多数人共同致富"。在改革开放初期，邓小平同志针对当时分配上的平均主义与"大锅饭"的状况，提出鼓励少部分人先富起来的政策，是十分正确的。但邓小平时先告知：要防止产生两极分化，先富要带后富，目标是大多数人共同富裕。问题就发生在：我们没有牢记邓小平同志的谆谆教诲，没有及时将"少数人先富"政策转变为"大多数人共同富裕"。（5）对国有企业包括中央企业滥发奖金、补贴、消费卡等行为没有实行有效的制度规范，对灰色收入没有采取强有力的法制措施。总之，最根本的原因在于没有建立一套将中央企业收入分配装进国家根本收入分配制度笼子的保障体制机制。

第四节　将中央企业收入分配装进根本收入分配制度笼子的路径与建议

基于上述对中央企业收入分配失衡、失控状况及原因的分析，我们认为，必须深化我国的收入分配体制改革，着力建立一套将中央企业收入分配装进根本收入分配制度笼子的体制机制。为此，特提出以下对策建议。

一、从理论上牢牢确立按劳分配的主体地位

理论是实践的指南。理论上的任何偏误，都会导致盲目甚至错误的实际行动，带来难以估量的实际后果与损失。

中国目前正处于社会主义初级阶段，这是中国最大最基本的国情。我们是共产党领导的社会主义国家，那就必须坚定坚持马克思主义理论的指导思想。当然，这里的马克思主义理论一定是现代化、中国化了的，那就是中国特色的社会主义理论体系（包括中国特色的社会主义经济理论）。以按劳分配为主体、要素分配为辅的根本分配制度，就是中国共产党对马克思主义理论的重大发展与贡献，是中国特色社会主义理论体系的重要组成部分。因此，必须站在共产党的指导思想理论指导的高度，强调确立按劳分配为主体地位的极端必要性、重要性。为何要讲"确立"？首先要确定不移，百分百地确认；其次，要"立"得住，绝不可倒下。如果理论上得不到"确立"，实践上怎么讲坚持与实行都是废话。以上是再基本不过的道理，可是近些年来一些人尤其一些领导被"钱"弄昏了头，

被"利"缠身，连这个基本道理都忘掉了。

"劳动创造世界""劳动是财富之父"，无论是马克思主义经济学还是西方经济学都无比崇尚、尊重与鼓励劳动，这是人所共知的。马克思在致路·库格曼的信中讲："任何一个民族，如果停止劳动，不用说一年，就是几个星期，也要灭亡，这是每一个小孩都知道的。"[24]然而，近些年来一些大人，甚至位居领导岗位的大人却不知道劳动的极端重要性了。劳动创造价值、劳动创造财富，劳动参与并主导劳动产品的分配，被那些标榜"创新"的人丢掉九霄云外去了，而喋喋不休地鼓噪"按权力分配""按地位分配""按能力分配"，推崇"要素分配至上"。谁能设想一个社会，劳动被亵渎，劳动者收入低下，地位卑贱，而巧取豪夺、不劳而获被奉为"荣光"与"尊贵"，并成为一种社会时尚，这个社会还会有什么希望吗？不也会走上马克思讲的"灭亡"之路吗？

二、在实际上重塑劳动者的主人翁地位

在社会主义社会，劳动者是主人，不仅在政治上主人，在经济上也是主人。政治上的主人翁地位必须由经济上的主人翁地位加以保证，否则主人翁地位就是空的，这在任何时候都是不能动摇的。现在的问题是：在改革开放以来的市场经济发展现实中，有一些人在这个问题上总是"扭秧歌"，因此，"老调"有必要"常谈"。

在资本主义社会，劳动者沦为雇佣奴隶，用马克思的话讲是"劳动隶属于资本"，资本掌握劳动者的命运，尽管资本主义制度演进到现代，劳资关系不断得以调整，但其资本无偿占有劳动成果的本质关系并没有根本改变与消除。改革开放以来，国内有些学者一直倍加推崇现代资本主义社会的劳资关系发生了所谓"本质"变化，变成"资本（人力）——资本（物质）自由、平等的契约"关系，从而不存在谁占有别人劳动成果的"剥削"因素了。笔者以为，这并不符合现代资本主义社会的客观实际。现代资本主义制度并没有根本改变劳动者隶属于资本的雇佣地位。资本疯狂追逐利润的贪婪本性，劳动者甚至"中产阶级"的劳动成果被侵吞和掠夺，在2008年以来的世界经济危机中不是已经暴露得更加充分了吗？

上述情况，在中国的外资企业以及中国私营企业也得到了足够的事实印证。在这类企业中由于外资方和私营企业主是生产资料和资本的所有者，劳动者不是生产资料和资本的所有者，只是出卖劳动力的雇佣劳动者，不可能成为企业的主人，从而不可能掌握企业收入分配的权利。有哪一个私营企业主和外方资本家心甘情愿地将企业收入分配大权交到企业劳动者手里？在当代中国恐怕难以找到，

因为它事实上不可能存在。

　　而中央企业作为社会主义全民所有制企业却根本不同。由于生产资料所有制成为社会主义全民所有制，所以这里根本不存在资本主义企业那种劳动隶属于资本的状态。全体劳动者是其生产资料及资本的所有者和主人，这从根本上决定了劳动者是企业的主人翁。但全体劳动者却不可能全部直接参与企业经营与管理，只能委托国家有关部门（国有资产管理委员会）专司其运营与管理之职能。这就是说，全体劳动者的所有者职能和主人翁地位要由国家的国有资产管理部门来保证与实现。在计划经济体制下，由于中央企业实行政企合一体制，企业劳动者的主人翁地位可以由政府主管部门从体制与机制得以保障。但是，改革开放以来，由于市场化改革，必须实行政企分开，保障企业的相对独立生产经营者地位，充分调动企业积极性，因此中央企业劳动者在经济上的主人翁地位就遇到挑战。尤其是，国有企业在破产、兼并、重组及战略调整过程中，企业劳动者的主人翁地位出现严重被侵犯与损伤的状况。企业职工被失业而无再就业，被低价买断工龄以及各种强行解除正常劳动契约关系，都是侵犯与损害劳动者主人翁地位的行为与表现。在股份制改革之后，中央企业的"内部人控制"现象尤为普遍。在股份公司中，股东大会和职工代表大会一般形同虚设，代表全体人民利益因失去组织机构保证而难以得到实现，董事会与经理层实际掌控企业运营权，企业收入分配的权力掌握在这些"管理层"手里，他们自己给自己划定工资标准，自己给自己增加工资及各种福利待遇，从而出现董事长、董事及经理人员的工资超常规迅猛增长，成倍地向上翻，而一般员工的收入却提高迟缓，致使劳动者收入长期低于劳动力价值之下。因此，中央企业以实际行动重塑劳动者的主人翁地位，在实际上而不是在口头上或名义上使劳动者成为社会主义企业的主人，这是中央企业落实按劳分配为主体的根本保障。舍此，在中央企业贯彻执行按劳分配为主体，要素分配为辅的根本分配制度便成为一句空话。

三、培育中产者阶层重点是普通劳动者而非社会"精英层"

　　所谓当代中国社会"精英层"构成尚有待进一步明确界定，但在企业界无论如何也包括中上管理层。这些人在改革开放后早已成中产者。所以培育中产者阶层的重点应在于普通劳动者，而非社会"精英层"。社会主义劳动者不应再是所谓"无产者"，而应在复兴"中国梦"，全面建成"小康社会"中成为富裕群体，当年的"少数人富裕"应转型为"大多数人共同富裕"。"大多数人共同富裕"，这是社会主义本质的一个根本要求。

　　为实现社会主义本质的要求，国家必须要把培育中产阶层的重点放在广大劳动者阶层上。那就是使大多数劳动者拥有更多的资产，包括固定资产与金融资产等。这样，整个社会收入分配就应向劳动者倾斜，不仅国民收入分配向劳动者个人消费品分配倾斜，而且企业（尤其中央企业）的初次分配也要向一般劳动者（或一般员工）倾斜，大幅度提高劳动收入在整个收入分配中的比重，保证劳动者的收入尽可能与劳动生产率的提高同步增长，坚决杜绝劳动者的实际收入低于其劳动力价值的现象。为此，中央企业应当成为初次分配中把员工培育成中产阶层的排头兵与样板，让他们在共同富裕的道路上起带头示范作用，借以充分显示社会主义制度的优越性。

把普通劳动者培育成中产阶层，我们认为有必要做到：

第一，大力推进劳动致富政策，为劳动者通过诚实劳动发家致富创造良好的环境与条件。在中央企业就是鼓励劳动者进行创造性劳动，劳动积极性高，劳动产品质量优良，就应获取高收入；鼓励劳动者提高劳动技能，技能高的劳动者要比技能低者应获取更多收入，更早更快进入中产阶层。总之，要全力提高劳动收入在整个企业收入分配中的比例。

第二，让更多普通劳动者有条件获取更多的要素收入。普通劳动者要发家致富不能单一依靠勤奋劳动一种途径，也要多种路径并行。进行企业员工持股，获取股息收入；进行各种证券、债券投资，获取更多投资收益；进行各种智力、信息、技术等服务，获取更多劳务收入，等等。

四、强化所有者对央企收入分配的约束与管制

所有者对收入分配权约束的弱化是几乎所有股份制公司高管收入失控的通病，中央企业也不例外。因为中央企业中"内部人控制"更为普遍、更为严重。所谓"内部人控制"并不是内部所有人都能控制，而是指企业内部掌握经营管理大权的各级经理人员，即所谓"经理层"。"内部人控制"的实质内容是经理层运用手中掌握企业经营管理权侵犯所有者（企业股东）的权益。这种情况是由所有者行为目标与经营者行为目标之间的矛盾所致。所有者行为目标是追求利润最大化，而经营者的行为目标则是追求自身收益最大化，二者形成明显的不同的差异与矛盾，这是由经济利益规律所决定的，不以人们的主观意志为转移。在中央企业这种经营者与所有者的利益追求矛盾几乎每年每月甚至每时每刻都上演着、表现着、继续着。这集中表现在：企业经营者追求高收入、高福利的势头十分强劲，即使是企业严重亏损也拼力"涨薪"，有些企业高管薪酬名义上虽有"下降"，但仍比社会一般行业收入高许多。

截至 2016 年 3 月 29 日，已披露年报的 151 家非金融央企去年实现净利润

2 819.43 亿元,同比下降 13.8%。受此业绩下降的影响,部分央企高管与员工薪酬有所"下降",但收入水平仍然远远高出社会平均收入水平,有些甚至不降反升。2012 年,S 上石化(600688,SH)归属公司股东利润由 2011 年的 9.44 亿元转为亏损 15.284 亿元。这一年,该公司董事长戎光道领取报酬 68.8 万元,副董事长兼总经理王治卿也领取 68.8 万元,其他执行董事在该公司或相关股东公司领取报酬都在 60 万元左右。而在 2011 年,戎光道的薪酬为 66 万元,王治卿为 60.1 万元,其他几位执行董事的薪酬也在 60 万元以上。[25]

再如:中国远洋在 2012 年亏损 95.6 亿元,较上年亏损的 104.5 亿元减少 8.51%。由于亏损,中国远洋董事会决定不派发股息,但企业高管收入却"不亏"。董事长精神可嘉,主动降薪,从 2011 年的 120 万元,"降"为 60 万元,看上去减少了不少,但由于其还可以从股东单位获取相应收入,年收入仍相当可观。[25]

这里,难免令我们有如下疑问和意见:其一,企业连续两年巨额亏损为什么还连续两年拿高薪?按理应只拿基本工资,年收入 20 万元就不少了。这个薪酬已远远超出全国平均收入水平。其二,若是私营企业,这样巨额亏损之企业,已濒临破产,老板还会允许其领导者拿这么高薪酬吗?

不仅如此,中国远洋职工的薪酬,在连续两年企业巨亏情况下也没怎么"亏"。据 2013 年财务报告披露,该公司母公司职工 364 人,子公司职工数量为 45 857 人,加上离退休职工 15 637 人,企业职工总人数为 61 858 人,2012 年实际发放各种费用 84.8 亿元,等于向每位职工支付约 13.72 万元。经记者调查核实,由于职工人数的差异,企业实际向每位职工支付 15.29 万元。职工收入不降反升。

从上可见:其一,企业 61 858 位职工均为全国全体人民委托的广义经营者,负担着为全国人民对中远资产保值增值之任务。企业利润增长,职工收入增长是应该的。但企业亏损,收入下降,更是理所当然的。其二,企业收入涨降多少,应由其所有者代表即全体人民之代表——国资委决定,不能由企业自身随意定之。其三,在企业连续两年严重亏损条件下,职工收入还远远高于全国职工平均水平,于情于理讲得通吗?是否有违于全国人民根本利益要求呢?

"企业收入分配,只是他们自己的事情,政府不便干涉",似乎政府一管就有横加"干预"之嫌。这一直以来是中央企业在收入分配上我行我素,反对政府干预的借口和"理论依据"。正是在这种不能"干预"理念支配下,中央企业收入分配才不断出现收入分配严重失衡、失控的局面。在市场经济条件下,政府对作为独立市场主体的企业正常生产经营行为是不许干涉的,也没有必要干涉。但由于中央企业与一般企业不同，其所有者代表是国资委，对企业生产经营成果——企业收入的分配必须行使权力，对过高收入进行约束与管制，这不仅是全民所有制在经济利益上得以实现的根本要求，更是确保国有资本不断保值增值的重要保证。因此，所谓"不干涉"论，是不对的。政府对中央企业收入分配是否合理负有不可推卸的监管责任，放任自流更是错误的。强化所有者对中央企业收入分配的约束与管制，是将中央企业收入分配装进中国社会主义根本分配制度笼子的一个重要手段与途径。

五、优化央企领导层业绩考核标准，实行严格的报酬与绩效相挂钩的制度

中央企业一些领导由于企业受经济危机影响引发业绩下滑，发生经营亏损而自动降薪，此种行为虽然精神可嘉，但非根本之策。根本之策在于制度规范，在于优化业绩考核标准，实行严格的薪酬与绩效相挂钩的制度。

2013 年 2 月初，国务院国资委公布了最新修订的《中央企业负责人经营业绩考核暂行办法》（简称《暂行办法》），这对规范中央企业收入分配秩序，充分调动央企负责人努力提高企业经营业绩水平，把企业做大做强，跃升为国际"一流企业"，具有重大指导作用与具体实用价值。

该《暂行办法》在对中央企业负责人任期内经营业绩考核指标中，保留了国有资本保值增值率指标，取消了主营业务增长率指标，相应将其更换为总资产周转率。这"一保一换"，反映了业绩考核指标更严格、更合理。提高国有资本保值增值率，是中央企业的根本任务与经营核心，也是考核中央企业领导人经营业绩的根本指标，必须坚持与不断强化。将"主营业务收入增长率"换成"总资产周转率"，更有助于全面考核企业经营业绩水平是否提升。由于主营业务收入自身界定比较困难，容易将一些本属主营业务收入排斥在外，纳入非主营业务收入，因而企业领导者可以人为制造主营业务收入"虚高"，从而捞取更高的主营业务收入报酬。

值得注意的是，《暂行办法》深化和加大了经济增加值 EVA 的考核力度，把 EVA 的比重提升到主要考核指标的位置。EVA 是指经核定的企业税后净营业利润减去资本成本后的余额。将 EVA 这个指标的权重提高到 50%，而将原来的利润总额指标权重下降为 20%。这一升一降，充分体现《暂行办法》制定者的主旨：从注重量的管理与考核转为注重质的管理与考核。从理论上说，已故著名经济学家孙冶方早在 20 世纪 60 年代初提出的考核社会主义企业的根本指标——利润指标，在如今改革开放后的企业管理实践中才得以贯彻与实施，是个了不起的

进步。EVA 考核就是对企业利润指标考核加以具体化。首先，企业所有经济活动必须为了一个最终目标——实现利润最大化。企业只有赚了钱，有了利润，并且这个利润要尽可能大，这是企业生存发展的基本前提。所以，"利润总额"这个指标设置是非常必要的。一个企业如果利润总额为零或为负数，那就意味生产经营亏损，意味着企业生存与发展濒临危境。其次，企业追求利润是有成本的。如果一定的"利润总额"是依靠高成本消耗取得的，那就意味着该企业的资本利润率很低。企业业绩考核如果只偏重于"利润总额"，就会容易导致企业不计成本消耗，单纯追求利润的倾向，这对提高国有资本运营效率是极为不利的。因此，必须强化 EVA 的考核，那就是促使企业在争取利润总额最大化的同时，切实注重降低资本成本的消耗，提高国有资本的运营效率。至于 EVA 权重提高到50%，利润总额权重降到20%，是否科学准确，二者的权重究竟各占到多大比重，还可以在实践中逐步探索，总结经验，每个央企也可以依据本企业实际而定，但引入 EVA 考核，并提高其在企业业绩考核中的比重，中央企业主管部门依据其实际状况来确定央企领导层的薪酬，无疑是中央企业业绩考核的一次深刻变革，是将中央企业领导层收入分配装进社会主义根本收入分配制度笼子的一个重大实际步骤。因此，各中央企业一定要认真贯彻实行。

六、将中央企业的奖金、补贴等的发放装进制度的笼子里

中央企业的奖金、补贴是一定要有的，不可能完全取消。它们对中央企业收入分配合理化，促进企业健康可持续发展，还是有重大积极作用的，它们可以激励劳动者付出更多的劳动或在特殊岗位上作出更大的贡献，促进企业效益的提高及社会财富的增加。

针对当前中央企业滥发奖金、补贴的乱象，必须进行制度规范，即装进制度的笼子里。

第一，明确其职能定位与作用。中央企业的奖金、补贴只能作为按劳分配为主体，要素分配为辅的根本分配制度的补充形式及辅助手段，任何时候都不能将其上升为企业的主导分配方式。有些企业大发年中奖、年终奖（有时这两种奖每次都达数万元，乃至十几万元），加上房补、车补、电话补、各种达标补等，使其收入超过正常工资薪酬收入，这就是收入分配上的"以辅代主"，是一种明显的"主辅错位"。必须看到，奖金与补贴的功能毕竟是有一定局限的，如果滥发，就不会真正起奖励先进鞭策落后，补助特殊岗位劳动与贡献的作用，丧失了其应有的职能作用。

第二，坚决控制奖金、补贴发放的总量。所谓重奖，一定要针对少数有特别

突出贡献之人，而绝不能对所有职工均施以重奖。重奖被滥用就失去奖金的真正意义。所有奖金的发放，一是进行总量控制，二是不能按人头平均发放。中央企业奖金和补贴的总量，要由主管部门像控制工资总额一样严加控制，一般不能超过工资总额的10%。滥发奖金、补贴，要追究财务部门及主管领导的责任，并纳入企业相关领导的业绩考核之中，相应处以一定的减薪处罚。

第三，奖金、补贴的发放要显性化。中央企业奖金和补贴的发放，可以有一些等级与层次，但一定要公开透明，什么奖项或什么补贴，获得者姓甚名谁，一定要让班组甚至整个企业的群众都知晓，以便对周边群众起到示范与激励作用，同时也便于群众对获奖者及获补贴者进行有效监督。奖金、补贴的秘密或隐蔽形式发放，是起不到这样作用效果的。因此，中央企业的奖金、补贴发放应该做到显性化。

七、坚决依法取缔各种"灰色收入"

"灰色收入"显然区别于"阳光"下的正当收入，它往往是游走于法律边缘，更多的是介于合法收入与非法收入之间的各种非正当收入，甚至可以断定，其主体部分为非法收入，因此在依法坚决取缔之列。

如前所述，著名学者王小鲁经长期研究得出数据，当今中国灰色收入高达5.4万亿元，并断定它"多集中在垄断行业"[23]当然，这并不排斥其他竞争性行业或企业存在灰色收入，更不排斥政府管理部门及事业单位也存在灰色收入。但事实是，我国的中央企业多数为垄断性企业，依此可以断定：中央企业无可辩驳地存在相当数量的灰色收入。

灰色收入的种类很多：（1）各种交易的"商业回扣收入"，如各种商品采购中，通过买贵或打折收取回扣等；（2）各种"潜规则收入"，如安排就业收取的就业岗位指标费等；（3）官员及企业领导人暗中非法经商、炒股或在其他单位兼职而取得的收入，如某企业董事长、监事长等在多家公司兼任董事或顾问而获取收入；（4）从事地下高利贷活动而取得的"高利贷收入"，如某中央企业利用从大银行取得贷款的便利，再不断地将贷款转贷其他企业而取得"高利贷收入"；（5）凭借岗位与职务特权获取的"权钱交易收入"；（6）偷漏及逃避税收入，等等。

灰色收入最显著的特点是具有隐蔽性、行业性。如金融行业、垄断行业、权力机关、医疗行业等，均为灰色收入"高发区"。除了上述两个特征以外，灰色收入已出现如下三大趋向：（1）谋取对象"公款化"。灰色收入的源头是公款，主要渠道是运用各种手段直接或间接地"化公为私"。（2）谋取人群"集团化"。

如单位偷税漏税或千方百计逃避税，然后经班子研究集体私分。当然领导层要"分大头"。（3）存在氛围"正当化"。在一些企业或单位，以各种理由和借口，使人们心安理得地接受灰色收入，甚至以获得较多的灰色收入为荣耀。

灰色收入已经严重地危害社会主义分配制度，破坏社会主义企业收入分配秩序，它是造成分配不公，扩大收入差距，引起社会两极分化的重要因素，更是导致企业领导和政府官员滋生腐败、违法犯罪的温床。因此，必须采取严厉措施，坚决打击与取缔各种灰色收入，铲除其存在的各种来源，堵塞其发生的各种渠道，没收灰色收入的各种所得，让其无有存身之地。只有这样，才能保证社会主义初级阶段按劳分配为主体，要素分配为辅的根本分配制度不受损害，并不断得以巩固、发展与完善。这是每个中央企业必须履行的神圣义务与职责。

总之，将中央企业收入分配装进"制度笼子"，是深化中国收入分配体制改革的迫切需要。上述对策措施的贯彻和执行，必然触犯既得利益阶层的利益，受到他们层层阻挠，也会涉及不同社会人群各种分配关系与利益格局的调整，因此会遇到相当大的阻力。但为了防止社会两极分化现象蔓延，保证经济社会健康可持续发展，建成全面小康的和谐社会，实现富民强国的伟大"中国梦"，全国人民必须齐心协力，攻坚克难，将这个改革进行到底。

参考文献

[1] 杨迪、刘阳：《评论：央企高管为何反对收入分配改革》，人民网，中国央企新闻网 2012 年 12 月 29 日。

[2]《马克思恩格斯选集》第 2 卷，人民出版社 1972 年版。

[3]《马克思恩格斯选集》第 4 卷，人民出版社 1972 年版。

[4]《资本论》第 3 卷，人民出版社 1975 年版。

[5]《马克思恩格斯选集》第 3 卷，人民出版社 1972 年版。

[6]《马克思恩格斯选集》第 3 卷，人民出版社 1972 年版。

[7]《马克思恩格斯选集》第 3 卷，人民出版社 1972 年版。

[8]《马克思恩格斯选集》第 3 卷，人民出版社 1972 年版。

[9]《马克思恩格斯选集》第 3 卷，人民出版社 1972 年版。

[10]《马克思恩格斯选集》第 3 卷，人民出版社 1972 年版。

[11]《邓小平文选》第 2 卷，人民出版社 1993 年版。

[12]《列宁选集》第 3 卷，人民出版社 1972 年版。

[13]《马克思恩格斯选集》第 3 卷，人民出版社 1972 年版。

[14]《马克思恩格斯选集》第 2 卷，人民出版社 1972 年版。

［15］《马克思恩格斯选集》第 2 卷，人民出版社 1972 年版。

［16］《马克思恩格斯选集》第 4 卷，人民出版社 1972 年版。

［17］《央企职工年平均工资超 10 万元，是私企 4.2 倍》，人民网，中央企业新闻网 2012 年 8 月 15 日。

［18］《广东央企员工平均年薪 22 万，全国最高》，人民网，中国央企新闻网 2012 年 8 月 20 日。

［19］国资委：《今年央企高管平均年薪约 70 万元》，人民网，中国央企新闻网 2013 年 1 月 26 日。

［20］《上市央企高管年平均薪酬 33 万，詹伟坚 1101 万年薪夺冠》，人民网，财经 2011 年 11 月 9 日。

［21］《马克思恩格斯选集》第 3 卷，人民出版社 1972 年版。

［22］王石川：《工资条越来越长　呼唤分配改革》，载《证券时报》2012 年 3 月 1 日。

［23］杨迪、刘阳：《评论：央企高管为何反对收入分配改革》，人民网，中国央企新闻网 2012 年 12 月 29 日。

［24］《马克思恩格斯选集》第 4 卷，人民出版社 1972 年版。

［25］张国栋：《媒体调查央企薪酬怪相：企业转亏薪水反增》，人民网，财经 2013 年 4 月 3 日。

第九章

中央企业资产管理体制改革深化

随着社会主义市场经济不断深入发展，国有资产管理体制改革也不断深化。在 2002 年党的十六大之前，从中央企业层面的改革实践看，国有资产管理体制改革对推动国有资产经营绩效提高起到决定性的作用。在党的十六大之后，国有资产管理体制改革取得了实质性进展，在监管组织机构、监管机制，以及法规体系方面做出了重大创新。从中央到地方的改革实践，对推动国有资产经营绩效提高起到了关键的作用。

第一节　中央企业资产管理体制的形成与演进

一、改革前国有资产管理体制的状况（1949～1978 年）

自 1952 年我国完成社会主义改造从而建立了公有制的国家经济基础，到 1978 年党的十一届三中全会召开的二十多年期年间，我国实行的是高度集中统一的计划经济体制。在这个体制下，国有资产归全体人民所有（即"全民所有制"），由国家最高行政机关作为全体人民的代表，对国有经济的运行与发展行使统一的计划管理。在国有资产管理方面，中央政府代表国家对国有资产实行行政化管理，地方政府由不同行政主管部门实行计划管理的政府直接出资形成条块分割、"五龙治水"的混乱局面。国有资产管理体制的集中矛盾体现为中央管理权与地方管理权的争夺，国有资产管理权的下放或上收成为政策焦点。

改革前的原有国有资产管理体制存在严重弊端，表现为政企不分、政资不分、多头管理、程序冗杂、效率低下。具体来说，由于专司型的国有资产管理机构上不存在，导致国有资产所有者权力被肢解，国有资产出资人本应统一拥有的"管资产"权、"管人"权和"管事"权被分散到各个不同的行政部门，同时也尚未形成权责明确、产权清晰的委托—代理链条，对同一国有资产具有重叠管辖权的所有行政主管部门之间往往存在争夺权利而推诿有义务与责任的现象。在这样的体制下，所有者权益的分割导致国有产权的虚化，形成所谓的所有者"缺位"或"越位"。而且，国有资产出资人机构完全是政府性质，也使出资人机构具有对企业经营进行行政干预的动机和便利，严重影响国有企业经营绩效的提高，再加上计划经济体制下行政机关垄断国有资产配置权的有限理性，致使国有资产管理效率不高，国有资产经营效益低下。

二、改革初期国有资产管理体制的探索（1978～1988年）

1978年党的十一届三中全会拉开了我国经济体制改革的序幕。改革开放初期，我国国有资产管理体制改革从国有企业经营机制创新入手，通过对国有资产经营的微观主体——国有企业进行"放权让利"，对国有资产管理体制进行改革的探索。党的十一届三中全会明确指出："现在我国经济管理体制的一个严重缺点是权力过于集中，应该有领导地大胆下放，让地方和工农业企业在国家统一计划的指导下，有更多的经营管理自主权。"

1984年召开的中共十二届三中全会，作出了建立具有中国特色的、充满生机和活力的社会主义经济体制的决定，会议通过了《中共中央关于经济体制改革的决定》，确认了企业的所有权与经营权适当分离的改革思路。这就突破了把全民所有制由国家机构直接经营混为一谈的传统观念，为建立由国家授权的国有资产出资人制度以及新型国有资产管理体制提供了理论上的指导。在这次会议精神指导下，以"两权分离"和"政企分开"为特征的多种经营方式，如承包经营责任制、租赁经济责任制、资产经营责任制等纷纷涌现，国有企业不断适应市场，从而使国有资产的经营效益不断提高。

另外，国有企业的改革实践也暴露出新的问题：一是仅强调企业经营自主权，忽视资产所有权；二是政府行业管理部门既当裁判，又当教练；三是企业只负盈不负亏；四是企业积累归属不清，短期行为盛行。国有企业改革提出的种种现实问题，归结到一起就是需要明确建立专门的国有资产管理机构，客观上要求上层建筑——政府的双重管理职能要分开，即政府的社会经济管理职能（面对全社会各种经济成分）与国有资产所有者管理职能（面对国有经济成分）在机构上分开。

三、改革推进中的国有资产管理体制探索与创新（1988～2002年）

（一）专司型监管机构建立——国有资产管理局

随着改革的不断深入，理顺国有资产产权关系，建立国有资产专司管理体系，深化国有资产管理体制改革愈来愈迫切地提上工作日程。1988 年年初，国务院根据国家体改委及世界银行的建议，开始酝酿把国有资产的产权管理职能从政府的行政管理职能和一般经济管理职能中分离出来，决定组建国家国有资产管理局，统一归口行使国有资产所有权管理职能。1988 年 5 月国务院批准成立国家国有资产管理局，将其规定为国务院直属机构，归口财政部管理。从 1988 年 9 月开始，国家及各省市相继成立了国有资产管理局。国有资产管理局的成立具有深远的历史意义和重要的现实意义。从政府管理职能体制上看，是政府双重职能（社会经济管理职能与国有资产管理职能）合一向双重职能分开的历史性转变；从国有资产管理体制上看，是国有资产多部门管理向职能化管理的根本性转变，标志着我国国有资产管理体制改革在设立专司国有资产管理职能的机构方面进行了实质性的探索。

1988 年 11 月，国务院批准了国有资产管理局的"三定"方案，确定国有资产管理局的主要任务是：对中华人民共和国境内和境外的全部国有资产行使管理职能，重点是管理国家投入各类企业（包括中外合资、合作企业）的国有资产。为了维护全民所有制财产，保护所有者利益，国务院授权国有资产管理局行使国有资产所有者的代表权、国有资产监督管理权、国家投资的收益权、资产处置权。国有资产管理局的具体职责是：（1）贯彻执行国家有关国有资产管理的方针、政策和法律、法规，拟订全国性的国有资产管理条例和各项管理制度，并组织实施；（2）组织对中央和地方各级国有资产现状和变动情况的调查研究及登记管理工作，监督国有资产的保值与增值；（3）参与国家投资的分配和回收投资的再分配，对各类国家投资公司的经营活动进行稽核和监督，促进提高投资效益；（4）对国有资产的运用情况实施检查，促进国有资产经营单位大力提高经营效益，保证资产保值、增值；（5）会同有关部门对中央级国有企业进行发包、租赁、合资、股权经营等项工作，并参与决定国有企业税后利润分配和合资企业国有资产股权收益的分配；（6）审批中央级国有企业承包、租赁、合资、股权经营和兼并、拍卖、破产清理等经济活动中涉及国有资产的评估、产权变动和财产处理问题，审批中央级行政事业单位国有资产产权转移、评估和财务处理问题；（7）组织推动中央和地方企业闲置国有资产的处理，提高国有资产的利用率；（8）管理设在中国境外的国有资产，维护其合法权益；（9）指导地方各级国有资产管理机构的工作。

国有资产管理局的成立意义重大，但由于政府机构改革的滞后，国有资产管理局成立后，政府各行政部门作为国有资产管理者的权利和范围没有能够进行及时调整，国有资产管理局的职能与有关行政部门的职能发生了交叉与冲突，因此拟通过建立专司型的国有资产管理局以逐步将各行政部门的国有资产管理者职能集中起来的目标并没有实现。1998 年推进的政府机构改革撤销了国有资产管理局，将其职能并入了财政部。

（二）国有资产管理局撤销后的继续探索

专司型国有资产管理部门撤销后，国有资产重新由政府多个部门分别行使出资人职责，国有资产管理体制继而又陷入即"五龙治水"的困境，这体现为：一是政府多个部门分别行使出资人职责，难以对国有资产全面负责；二是出资人不到位，公司治理结构难以健全，难以对企业管理层实行有效的激励和约束；三是企业改制、资产重组和国有经济结构调整中，哪些行业、企业需要保持国有独资？哪些需要控股？哪些可以参股？哪些允许退出？以及如何实施等？难以有一个部门负责做通盘研究、规划和统筹；四是国有资产量大面广，由中央政府作为唯一的出资人，难以对全部国有资产进行有效管理。因此，继续探索和研究政府管理国有企业的机制，与时俱进地深化国有资产管理体制改革十分必要。

1992 年党的十四大明确提出了我国经济体制改革的目标是建立社会主义市场经济体制。党的十四届三中全会通过的《关于建立社会主义市场经济体制若干问题的决定》明确了"对国有资产实行国家统一所有、政府分级监管、企业自主经营的体制"的同时，提出要"按照政府的社会经济管理职能和国有资产所有者职能分开的原则，积极探索国有资产管理和经营的合理形式和途径"。在阐述企业产权关系时，党的十四届三中全会决定第一次引入了"出资者所有权与企业法人财产权"分离的概念，为国有企业的股份制改造奠定了基础。

1999 年党的十五届四中全会通过的《关于国有企业改革和发展若干重大问题的决定》进一步提出"要按照国家所有、分级管理、授权经营、分工监督的原则，逐步建立国有资产管理、监督、营运体系和机制，建立与健全严格的责任制度"。党的十五届四中全会决定第一次明确提出了国有资产"授权经营"的概念，使国有资产管理体制改革进入了更深层次。但由于涉及政府职能转变，部门间权力、利益调整等深层次问题，这一时期，除一些省市在构造国有资产管理、营运机构方面做了有益探索外，从整体上讲，国有资产管理体制改革进展缓慢。

2002 年党的十六大明确指出："继续调整国有经济的布局和结构，改革国有资产管理体制，是深化经济体制改革的重大任务"，同时提出了"建立中央政府和地方政府分别代表国家履行出资人职责，享有所有者权益，权利、义务和责任相统一，管资产和管人、管事相结合"的国有资产管理体制改革任务。党的十六大提出的目标标志着国有资产管理体制的改革进入了新阶段，为深化国有资产管理体制改革指明了努力方向。

四、新型国有资产管理体制形成（2003 年至今）

党的十六大的召开标志着国有资产管理体制改革进入了发展的新阶段。针对国有企业改革和国有资产管理体制改革面临的深层次矛盾和继续深化改革的需要，党的十六大关于国有资产管理体制改革明确了几个重大问题：一是设立专门的国有资产管理机构；二是在坚持国家所有的前提下，中央和地方政府分别代表国家履行出资人的职责，充分发挥中央和地方两个积极性；三是实现管资产和管人、管事相结合。

2003 年 3 月，国务院成立了国有资产监督管理委员会，第一次在中央政府层面上做到了政府的公共管理职能与国有资产出资人职能的真正分离，基本实现了管资产与管人、管事相结合，解决了长期存在的国有资产出资人缺位问题，解决了国有资产多头管理的问题，这是我国经济体制改革的一个重大突破，为落实国有资产保值增值责任，防止国有资产流失，提供了可靠的组织保证。

国务院国资委成立以来，在党中央、国务院的正确领导下，国有资产管理体制改革工作取得了积极进展，国有资产管理体制框架已经建立并不断完善。按照党的十六大精神和《企业国有资产监督管理暂行条例》（以下简称"条例"）规定，从 2003 年开始，中央、省、市（地）三级政府国有资产监管组织体系基本构建，各级国资委（局）成为履行国有资产出资人职责的专门机构。国有资产监督管理机构根据授权依法履行出资人职责，依法对企业国有资产进行监督管理；建立和完善国有资产出资人职责体系，探索和创新适应现代企业制度要求的业绩考该体系和选人用人新机制；建立健全包括财务监管、监事会监督、纪检监察监督与审计监督相结合的国有资产监管的有效方式，并进行了广泛的国有企业董事会试点建设，使公司法人治理结构建立并逐步完善。

（一）国资委的性质——国有资产"出资人代表"

2003 年 5 月，《企业国有资产监督管理暂行条例》明确规定了国有资产监督管理机构的性质。其中，第十二条指出："国务院国有资产监督管理机构是代表国务院履行出资人职责、负责监督管理企业国有资产的直属特设机构。省、自治区、直辖市人民政府国有资产监督管理机构，设区的市、自治州级人民政府国有资产监督管理机构是代表本级政府履行出资人职责、负责监督管理企业国有资产的直属特设机构。" 2009 年 5 月开始实施的《企业国有资产法》第十一条也指出"国务院国有资产监督管理机构和地方人民政府按照国务院的规定设立的国有资产监督管理机构，根据本级人民政府的授权，代表本级人民政府对国家出资企业履行出资人职责。"由上述内容我们可以知道，国资委的身份是企业国有资产的"出资人代表"。

国资委的成立使得政府的公共管理职能与国有资产所有者职能分开，政府不再直接管理国有企业，而是通过国有资产监管机构间接管理企业，既做到了政资分开，又做到了政企分开。同时，国资委的成立，把分散的国有资产监管职能集于一身，改变了国有资产所有者缺位的状态。国资委作为国有资产的出资人代表，实现了国有资产所有权主体在法律上的实体化，从制度上杜绝了以往国有资产出资人缺位以及国有企业产权不清、政企不分、权责不明、多头管理的现象，确立起了全新的国有资产管理新体制。在实践中，随着国资委工作的展开，国有企业的经济效益有了大幅提高。

（二）　国资委所履行的出资人职责

根据《企业国有资产监督管理暂行条例》第十三条，国资委"对所出资企业履行出资人职责，维护所有者权益"，即对所出资企业履行管资产、管人、管事的职能。作为履行国有资本出资人职责的国有资产管理机构，国资委所履行的出资人职责具体包括以下方面：（1）对企业国有资产实施管理；（2）对所出资企业负责人实施管理；（3）对所出资企业重大事项实施管理。

（三）　国资委所享有的出资人权利

《公司法》第四条规定："公司股东依法享有资产收益、参与重大决策和选择管理者等权利。"《企业国有资产法》第十二条进一步指出"履行出资人职责的机构代表本级人民政府对国家出资企业依法享有资产收益、参与重大决策和选择管理者等出资人权利。"对于国家出资的国有企业来说，履行出资人职责的国资委可以被看做国有企业的股东，按照上述法律的规定，当然可以享有上述出资人权利。

（四）　国资委履行出资人职责的方式

《企业国有资产法》第五条规定，根据国家出资方式及国有资本占投资企业全部资产比重的大小，国家出资企业可以分为国有独资企业、国有独资公司，以及国有资本控股公司、国有资本参股公司。后三种公司制形态的国家出资企业的组织形式、设立方式、治理结构及企业的经营自主权等，主要适用《公司法》等专门的企业组织法律的规定。

随着国务院国资委的建立，地方国有资产管理体制改革也纷纷加速，普遍建立了国有资产监管职能与社会公共管理职能相分离的国资委（局）国有资产监管体系。组织机构建设上的更加明确与产权的更加清晰使国有资产管理体制更为完善，国有资产经营绩效显著提高。随着各级国有资产监管机构履行出资人职责逐步到位和国有企业股份制改革的发展，国资委作为被持股公司的股东，而且大多是第一大股东，开始了依法行使股东权的探索，各地国资委在其所监管的企业中，除国有独资公司及国有独资企业外，直接持有了国有控股公司和国有参股公司的国有股权。国资委行使股东权的做法缩短了管理链条，提高了效率，有利于企业发展，更有利于发挥国有资产的控制力、影响力、带动力。

第二节　中央企业资产管理体制的缺陷

2003 年之后，随着十六大所提出的改革方针的逐步实施，我国国有资产管理体制改革翻开了新的时代篇章，取得了里程碑式的卓越成果。专司型的中央国有资产管理机构与地方国有资产管理系统的建立与完善，对推动国有资产经营绩效提高起到了根本性的作用。从中央到地方的改革实践来看，成功之处存在共性，值得我们在未来的深化改革中借鉴：一是理顺了国有资产出资人机构与所出资企业的关系。国有资产出资人机构和所出资企业的关系得到进一步明确，它们作为人格化的出资人真正到位。这就为避免出资人"缺位"和国有资产经营责任无法落实提供了坚实的基础。二是赋予国有资产出资人适当的法律定位和构建完全的职责体系，即依法构建国有资产出资人机构以类似股东的"管人、管事、管资产"权利体系。三是普遍建立了产权清晰的三层次委托—代理关系（国有资产出资机构——国有资本运营机构——国有资产经营单位），确保了出资人职责层层到位与激励—约束机制的有效落实。激励越到位，国有资产的经营绩效越好。四是民主化、市场化的决策机制对传统行政审批议事规则的替代，有利于国有资产出资人机构实现"管人、管事和管资产"履职结果的科学性和效率性。

然而现实情况与改革目标的实现还有一定差距，集中体现为国有资产出资人机构——国资委，在模式选择与履职方式上还面临着诸多问题与困惑。改革到了攻坚阶段，这些瓶颈问题不解决，改革无从深入发展。

一、国有资产出资人的政府性质与市场化履职机制之间存在矛盾

在国有资产管理体制改革之前，政府部门对国有资产实施行政化管理一直是

国有资产监管的主要方式手段。国有资产管理体制改革开始以来，尤其是随着党的十六大后国有资产管理体制改革进入新的历史阶段，建立专司型国有资产出资人机构，实行政企分开、政资分开的市场化出资人履职机制，成为新时期国有资产管理体制改革的根本内容。中央及各地政府纷纷成立国资委，作为国有资产出资人机构，从国资委的职能定位、组织设计与工作机制等方面进行市场化改革，努力使国资委具备国有资产出资人机构的应有特征。改革取得了阶段性成就的同时，问题与矛盾也逐步暴露出来，最为显现的就是国有资产出资人机构仍然具有的政府身份使其自身定位面临困境。

《条例》和"三定"方案授权国资委依法履行出资人职责，理论上国资委应当与其他出资人一样，持有企业股权，享有资本收益，决定重大事项，从事资本运营等，法律地位上应当属于民商主体，而不是机关法人。然而考察我国的现实，国资委作为政府特设机构，首先要肯定它仍然具备政府机构性质，但它是去除了公共管理职能的"特设"政府机构，身份已经转变为履行出资人职责的专门主体，为保证国有资产保值增值的经济目标，必须以市场化的机制与手段作为国资委的履职方式。国资委对企业实施管理权的范围应该限定为在"管人、管事、管资产"方面的重大管理权，而没有其他，尤其要避免对企业的行政干预。实践中，国资委作为政府部门的性质和国资委工作人员的政府公务员身份，常常使国资委在履行出资人职责时面临困难。有的地方仍然把国资委视为一般行政机关，甚至要求国资委确认行政审批和行政执法主体资格，企业遇到问题也理所当然地认为国资委是上级行政主管部门。从目前来看，地方国资委的精力主要是用在履行出资人职责以外的工作，存在着国资委就履行出资人职责方面"缺位"，而在管理甚至干预企业经营方面"越位"的情况。因此，如何正确履行国资委的职能，真正做到出资人"不缺位、不越位、不错位"，还有许多关系需要研究和理顺，需要加快政企分开的步伐，确保国资委的履职权益；需要介入多种市场化管理模式和治理机制，实现国有资产出资人机构政府性质与市场化履职机制之间兼容协调的制度创新。

二、国有资产出资人职责范围与组织机构设置之间的矛盾

国资委作为国有资产出资人机构，其履职范围应当围绕"管资产与管人、管事"相结合的范畴展开，然而实践中国资委还没有从真正意义上实现完全履职，实然的履职范围与应然的职责范围之间存在缺漏和盲点。而且，现有的国资委组织机构设置也无法为国资委完全履职、实现出资人权益提供组织保证，存在着职能机构不健全、决策机制缺乏民主性与科学性等问题。

就"管资产"而言，目前国有资本经营预算等制度还没有完全建立，而且，包括股息红利分配请求权、公司剩余财产分配请求权、股份转让权、发给出资证明或股票请求权、优先认购新股权等内容的资产收益权有时不能切实得到实现，在企业治理结构不完善、国有出资人监管不力的情况下，通过企业"内部人控制"，本应由国资委代表国家履行的资产收益权被践踏，致使国有资产流失。这些都需要从制度和组织机构设置上加以强调和保证。

就"管人"而言，国资委选择管理者权利的弱化是实践中非常普遍的问题。目前，有的国资委对所出资企业管理人员的选择、提名与任免权利，还只具有理论和法律层面的意义，实际运行效果并不理想。对企业管理者的选任权在很多时候，仍然掌握在政府组织部门手中，国资委不能根据自己掌握的行业与企业经营信息选到合适的管理者。作为国有资本"股东"代表的国资委不能选择企业经营管理者，不利于国资委对管理者进行业绩考核与薪酬管理，也极大地削弱了出资人对管理者的激励效果。

完善业绩考核体系和规范薪酬管理方面也存在着亟待解决的问题。经过几年的积极探索，企业负责人的经营业绩考核与薪酬管理制度初步建立，并且取得了积极成效。但客观地讲，目前的考核办法和考核实践还是起步性的还存在不少矛盾和问题，需要不断加以完善和创新：一是需要研究业绩考核与薪酬管理如何引导企业现在与过去纵向比和企业与同行企业横向比相结合，引导企业与国际、国内具有先进水平的企业对比。二是需要研究如何通过业绩考核与薪酬管理引导企业加强战略管理，避免短期行为，着力引导企业提升可持续发展能力和核心竞争能力。三是需要研究如何构建起适合国有企业发展的中长期激励约束制度。随着股权分置改革的推进，需要积极研究把股票市值纳入对国有控股企业经营业绩考核体系的可行性。四是需要研究适应已有独资公司董事会的建立，如何评价董事会和如何指导董事会对经营层进行考核。

就"管事"而言，国资委实施重大事项审批和战略投资规划权的决策机构组织建设有待于进一步完善，切实保证国资委的重大事项管理权；行政化的决策机制与市场化的履职要求之间存在矛盾，亟须加强议事规则的民主性和透明度，从而实现决策的科学性；董事会建制正刚刚展开还任重道远；国有经济布局与结构调整有待于进一步优化。

三、行政化治理机制与市场化激励需求之间的矛盾

（一）激励不到位、"问责制"缺失

国有资产出资人机构本身的内部治理机制僵化也是改革中存在的严重问题。

从社会公共管理职能中脱离出来的国资委，不仅要用市场化的方法对所出资国有企业履行出资人职责，以股东的身份实现对所出资企业公司治理，而且，国有资产出资人机构自身治理机制也要符合市场化的运行特征，才能保证国有资本获得高效率的运营效果[1]，这就需要在国资委外部与内部实行市场化的激励—约束机制——政府对国资委机构和国资委管理者提供激励、国资委机构内部对工作人员提供激励。实践中存在的问题是，原有政府部门的管理模式仍然支配着国有资产出资人机构的激励机制，无论从物质刺激，还是从竞争压力、惩罚手段等方面，都不能为国资委管理者和工作人员积极履职提供足够的激励与约束。这主要体现为：一是与业绩挂钩的激励手段和力度不到位。国资委管理者和工作人员除了领取公务员工资外，一般都不能获得与履行出资人绩效相关联的其他物质，这极大地阻碍了他们作为出资人代表履职的积极性与创造性。二是国资委工作人员的晋级或降职等行为通常也无法用所出资企业绩效作为考评标准，这就使他们很难把自己的长远发展与履职效果相联系，做事往往不尽其责。三是国资委工作人员的"问责制"缺失或力度不够。

（二）工作程序烦琐、决策缺乏民主性与科学性

传统的行政化工作机制与程序为国资委面对企业履行股东职责带来障碍，这体现为：就决策机制而言，行政化的审批制度和信息不对称使国资委无法应对企业根据瞬息万变的市场需求所做出的决策请求，往往贻误战机，造成经营损失，决策机制亟须向科学化与透明化的方向改进；就工作程序而言，烦琐的行政公文送达制度也易造成时间拖沓、反应迟缓，不利于国资委作为面向企业的政府特设机构的履职要求，应予以深化改革。

第三节 建立防止国有资产流失的长效机制

缘起于美国的金融风暴给世界经济体带来一次深刻的反思，中国经济以其稳健、健康的发展态势迅速崛起，国有经济的特有功能与社会责任引发了全世界的惊叹与关注。数量庞大的存量国有资产是国有经济发展的物质基础，在社会主义市场经济中发展国有经济，保留并坚持相当数量的国有资产已经是不争的议题，关键是如何管好国有资产，如何实现国有资产配置的最大化效率，因此，探讨防

---

[1] 周玲：《关于政府设立出资人机构的几点思考》，载《科技与管理》2004 年第 6 期。

止国有资产流失的长效机制，成为后危机时代研究深化国有资产管理体制改革的重大课题。

一、"委托—代理"机制的构建与完善

委托—代理理论是研究存在于企业内外部委托—代理关系的一种前沿经济理论，是契约理论的重要分支。委托—代理理论从传统微观经济学角度对企业内部以及企业之间的委托—代理关系进行深入剖析，在解释像企业这样的组织现象时要比传统的微观经济学具有一定的优越性。委托—代理理论的前提假设是信息不对称，分析的方法是博弈论。在委托—代理协议中，无论是委托人还是代理人都有可能拥有另一方并不知晓的信息，这就产生了信息分布的不均衡问题。委托—代理理论认为，正是由于信息不对称，理性的经济人在与委托人达成委托代理协议后，会利用信息上的差异选择最有利于实现自身效用最大化的行为，当委托人与代理人之间不存在某种约束机制时，代理人很有可能利用信息的不对称在达成契约后，利用隐藏行为为自己谋利，而降低委托人的效用，因此有必要设计一种有效的激励与约束机制来规避或者降低风险。在委托—代理关系中，最重要的就是委托人如何有效地激励与约束代理人的行为。

在我国，根据国有资产出资人的概念，企业国有资产的最终出资人是政府。《企业国有资产法》第三条和第四条规定："企业国有资产属于国家所有即全民所有"，"国务院和地方人民政府依照法律、行政法规的规定，分别代表国家对国家出资企业履行出资人职责，享有出资人权益"。由此可见，从法律意义上讲，国务院和地方各级人民政府是我国企业国有资产全部产权的"享有者"。虽然企业国有资产的产权主体是政府，但如果让政府直接参与其投资的全部企业的经营与管理，会因为政府官员能力限制和数量限制而造成经营管理的无效率，因此需要一个专门机构代表政府履行这一职能，从而在政府与企业之间形成委托—代理关系。这种委托代理关系本质上是一种双层委托—代理，即"出资人——专门机构——国有企业经营者"。政府与国有企业之间的双重委托—代理关系在不同国家具有不同的表现形式：以美国为例，由国会将国有资产的运营交由特殊部门或设立专门机构，再由这些机构投资形成国有企业，形成委托—代理关系，如美国的国有原子能工业企业归属于联邦原子能委员会管辖，国有采矿工业企业则由美国矿务局管辖。在英国，国有资产经营与管理主要由议会授权给各行业的职能部门来完成，在国有资产的具体经营者与所有者之间同样形成了双层委托—代理关系。在我国，企业国有资产的经营管理本质上也是双层委托—代理关系——政府作为实际出资人，并不与企业直接签订委托—代理协议，而是通过授权某些机构履

行出资人职责，然后再由这一机构与企业之间达成委托—代理协议，如图 9 - 1 所示。

图 9 - 1 政府与企业之间的双层委托代理关系

　　回顾改革开放三十多年的历程，国有资产管理体制改革在探索中前进，在挑战中走向成熟，国有资产出资人模式也几经变革，不断推陈出新。改革开放前，计划经济体制下的企业国有资产出资人模式表现为由政府直接出资，中央政府代表国家对国有资产实行行政化管理。这种国有资产管理体制存在严重弊端，表现为政企不分、多头管理、程序冗杂、效率低下。改革开放后，国有资产管理体制改革进行了积极探索，取得了卓越成果，党的十六大的召开标志着国有资产管理体制改革进入了新阶段。2003 年 3 月，国务院成立了专门的国有资产管理机构——国有资产监督管理委员会，第一次在中央政府层面上做到了政府的公共管理职能与国有资产出资人职能的真正分离，实现了国有资产出资人的三项职能"管资产和管人、管事"相结合。随着国务院国资委的建立，地方也普遍建立了国资委（局）国有资产出资人模式。中央、省、市（地）三级政府国有资产监管机构基本构建，各级国资委（局）成为履行国有资产出资人职责的专门机构，从政府到企业的双重的委托—代理关系基本理顺。然而新的国有资产管理体制及国有资产出资人模式的实施效果与改革目标的实现还有一定差距，尤其是国有资产出资人在模式选择与履职方式上还面临着诸多问题与困惑，改革到了攻坚阶段，亟待应用理论来实现改革实践的创新。

　　应用委托—代理理论研究国有资产出资人模式创新，主要用来解决两个问题：一是企业国有资产出资人机构的角色定位与权利配置问题。有学者认为国有资产监督管理委员会作为我国的企业国有资产出资人机构就是股东，这种观点的出发点是国资委与其下属企业之间的关系，从这个意义上讲，国资委的确是股东。然而，如果从政府与国资委之间的关系看，那么国资委又成了代理人，因而我们认为企业国有资产出资人机构的身份是一个相对的概念。这种相对性至关重要，尤其是对企业国有资产出资人机构的权利配置，因为从产权理论角度讲，委托人应该拥有股东的全部权利，而代理人应该受到激励与约束，但是身份的特殊性决定了作为代理人的国资委不仅拥有代理人的权利而且要拥有股东的部分权利。另一个是激励与约束机制设计问题。企业国有资产出资人机构与政府之间形成的是具有与现代企业内部一样特征的事实上的委托—代理关系——政府是委托人，而企业国有资产出资人机构是代理人。根据委托代理理论，在不存在某种约束机制的情况下，身为代理人的企业国有资产出资人机构极有可能采取违背政府意愿的行为，从而造成国有资产流失。为了最大可能地防止这一问题，有必要对企业国有资产出资人机构及其成员设计一套有效的激励与约束机制。

二、国有资产监管法规体系的建立与完善

建立健全国有资产监管法规体系，是完善国有资产管理体制和进行体制创新的重要基础，使国有资产监管运行有法可依，从法律制度上构建起维护国有资产安全、防止国有资产流失的有效屏障。

（一）我国企业国有资产立法历程（1949～2002 年）

改革开放以来至党的十六大召开之前，我国国有资产立法工作逐步得到重视，并伴随着国有企业改革和国有资产管理体制改革的探索和深化而逐步展开和加强。

党的十六大以前的国有资产立法工作基本上是围绕国有企业改革展开的，有关国有资产管理的基本制度，主要体现在国有企业立法之中，同时也体现在部分国有资产管理专门法规之中。其中相关的法律法规包括《民法通则》《全民所有制工业企业法》《公司法》《全民所有制工业企业转换经营机制条例》《企业国有资产产权登记管理办法》《国有资产评估管理办法》《国有企业监事会暂行条例》等。同时，国务院有关部门在产权界定、产权纠纷调处、国有资产保值增值、租赁、承包、改制、出售、清产核资、境外国有资产管理等方面也分别制定了大量的部门规章及规范性文件。各地也制定了大量的地方性法规和规章，总数达 200多件，其中上海、海南、深圳等地还先后出台了本地区的《国有资产管理条例》等。据统计，党的十六大之前，我国直接规定或间接涉及企业国有资产监管的立法已达 800 多件（包括法律、行政法规、地方性法规、部门规章、地方政府规章及规范性文件）。

从立法内容看，这 800 多件立法对国有资产监管方方面面的工作都做出了不同程度的规定。但是，由于这些立法是在政资不分、政企不分、出资人不到位的体制背景下制定的，因此总体上看，立法中关注较多的是各级政府如何对国有资产进行行政监管，而从"政资分开"及履行出资人职责角度作出的规定则相对较少。同时，立法中也存在若干问题，如企业立法与资本立法、国有资本立法与非

国有资本立法、民商立法与行政立法交织在一起，立法依据主要是基于行政管理体制，立法层级以部门规章和规范性文件为主，立法工作零敲碎打不成体系，许多规定中资产与资本不分、股东权与法人财产权不分等。

（二）国有资产监管法规体系的跨越式发展（2003 年以后）

完善国有资产监管法规体系，是建立新型国有资产管理体制的重要保障，因此，推进国有资产监管法规体系取得实质性进展，是 2003 年之后国有资产管理体制发展过程中重要内容。与党的十六大以前的国有资产立法工作相比，当前的立法工作具有体制背景清晰、立法依据明确、立法内容规范统一等特点。

党的十六大提出，"国家要制定法律法规，建立中央政府和地方政府分别代表国家履行出资人职责，享有所有者权益，权利、义务和责任相统一，管资产和管人、管事相结合的国有资产管理体制"。随着新的国有资产管理体制的确立和各级国资委的逐步组建到位，企业国有资产立法进入新的阶段。2003 年 5 月，国务院发布了《企业国有资产监督管理暂行条例》（以下简称《条例》），以行政法规的形式，明确了国有资产管理体制的基本框架，规定了国有资产监督管理机构的职责，确立了企业国有资产监督管理的一系列基本制度。以《条例》为依据，国务院国资委在此后两年里出台了一系列规章和规范性文件，包括《国有企业清产核资办法》《中央企业负责人经营业绩考核暂行办法》《企业国有产权转让管理暂行办法》《关于规范国有企业改制工作的意见》等 11 部规章制度和近 30 件规范性文件，分别对国有资产的监管和运营问题进行了规范。各省国资委成立以来，制定发布地方性规章和规范性文件已达 450 多件，尤其是上海、北京、天津、深圳、河北、湖北等出台大量规范性文件。2009 年 5 月，《企业国有资产管理法》正式出台，第一次从法律层面上对企业国有资产监管体系进行规范，具有里程碑的重要意义。

总体上看，目前以《企业国有资产管理法》和《企业国有资产监督管理暂行条例》为核心的企业国有资产监管法规框架体系已经形成。

（三）企业国有资产监管法规体系存在的问题及建议

从目前我国企业国有资产立法的状况看，当前的立法任务仍然很重。一是原则性规定有待进一步细化；二是部分重要立法亟待修改或废止；三是立法的难度比较大。由于各方面的工作都处于探索和开拓过程中，加上没有更多经验可资借鉴，立法工作的探索性和原创性十分突出；由于国资委系统所监管企业面大量广，组织形态、行业跨度、资产规模、经营效益千差万别，要从出资人的角度以立法形式统一规范和明确，难度较大。根据党的十八大、十八届三中全会精神，对建立健全国有资产监管法律法规体系，提出以下对策建议：

明确立法原则。一是坚持国有资产管理体制改革方向。按照"国家统一所有、中央政府和地方政府分别履行出资人职责"的原则，"权利、义务、责任相统一，管资产与管人、管事相结合"的原则，"政资分开、政企分开、所有权与经营权分离"的原则等，把握国有资产监管机构与所出资企业的关系，与本级政府的关系，与政府相关行政部门的关系，以及与下一级国有资产监管机构的关系，依法规范国有资产监管机构的工作定位和工作制度。二是远近结合，突出重点，不断完善。在立法工作的总体安排上，应当采取总体规划、分步制定的办法，先研究提出一个 3～5 年的国有资产立法总体工作思路和工作规划，同时及时编制年度立法工作计划，根据监管工作开展情况和立法时机，着重解决工作急需又能明确规范的突出问题，成熟一个推出一个。三是从实际出发，增强可操作性。重点研究论证需要逐步细化的几个问题，加强内部工作规则、规章、实施细则和配套法规的制定工作。

当前需要研究起草以下法律、法规、规章：修订公司法（修订），建议从国有独资公司、公司的组织结构、股东会与董事会职权划分等方面提出修订意见和建议；中央企业授权经营管理办法；中央企业重要子企业重大事项管理办法；国有资产监管工作指导监督暂行办法；企业国有资本经营预算管理办法；中央企业投资监督管理暂行办法；企业负责人管理办法；企业职工收入分配调控办法；企业国有资产收益监缴办法；企业效绩评价办法等。

第四节　构建国有资产保值增值的新体制

一、深化改革的框架

一是继续理顺国有资产出资人机构与所出资国有企业的关系。探索和建立产权清晰的委托—代理关系（国有资产出资机构——国有资本运营机构——国有资产经营单位），赋予国有资产出资人适当的法律定位和构建完全的职责体系，使国有资产出资人作为人格化的出资人真正到位，为避免出资人"缺位"和国有资产经营责任无法落实提供了坚实的基础，确保出资人职责层层到位与激励—约束机制的有效落实，并探索委托—代理模式的创新。

二是探索国有资产出资人对所出资国有企业的监督机制与分配制度创新。如新型国有企业业绩考评机制、国有资产出资人下派监事会制度，以及国有企业利润分成合同制度等，关键是为所出资国有及企业提供有效的激励与约束机制，从而保障国有企业的经营效率和国有资产出资人的最大化权益。

三是探索新型国有资产出资人机构的组织制度和工作机制创新。有必要为全面履行出资人职责、实现出资人权益提供组织保证，并对国有资产出资人机构与工作人员的全面履职提供有效激励。

四是明确中央与地方两级国有资产监督管理机构的关系与职权界定。

二、国资机构的机制创新

针对政府特设机构在履职方式上还面临的诸多问题，基于"委托—代理"的理论基础，从出资人机构职能界定与职权重构、组织机构创新、改革激励机制，以及设计和落实保证科学决策的民主化、透明化议事规则等方面，为国有资产出资人模式创新提出可行性建议，展望改革深化的可预期成果。

（一）国有资产出资人职能定位与职权重构

国资委（局）为了有效履行出资人职能，必须彻底摆脱传统行政职能的干预和束缚，实现"行政型治理"向"市场化治理"的定位转型。国资委（局）应定位为在"管人、管事、管资产"方面拥有重要决策权的政府特设机构，而不是政府的执行机构，保证国资委在履行国有资产出资人职责时具有《公司法》对"股东"赋予的权威性，使其成为真正的企业出资人。

自 2003 年国务院国资委设立以来，经过改革实践的不断发展完善，作为政府特设机构存在的国资委，具备了《公司法》上企业"股东"的法律地位，与股东地位相适应的股东权，成为国资委职责范围的设立依据。股东权的内容，现代公司法大多将其归纳为资产收益、参与重大决策和选择管理者三项基本权利。国资委作为出资人机构，权限应以市场化的"股东权"为限，不能够超出股东所应拥有的权利，不能逾越股东权行使的程序。国资委不能代替股东会，更不能代替董事会。国资委的"管人"，应限于参加国有企业的股东会或股东大会，通过股东会或股东大会推荐和选举董事和监事，决定有关董事和监事的报酬等，而避免直接干预经营班子成员的产生；国资委的"管事"，应限于通过股东会或股东大会决定公司的经营方针和投资计划，对公司的经营提出建议或质询等，而不能干预国有企业的日常运营管理工作。此外，由于股东参与公司重大决策的前提是了解公司的经营状况和相关信息，知情权自然成为资产收益权、选择管理者和重大事项决策权三大权利的基础性保障权利。国资委作为国有资产的出资人代表，肩负着国有资产保值增值的职责，在对国有控股、参股企业的出资中，尤其要注意知情权的行使，通过查阅资料、建立信息共享平台、列席董事会及听取监事会报告等方式，及时、翔实地了解出资企业的经营状况和重大信息，为国资委全面履职提供信息保障。

根据《企业国有资产法》的规定，国资委还承担着推进国有资产合理流动和优化配置、推动国有经济布局和结构调整、保持和提高关键领域国有经济的控制力和竞争力、提高国有经济整体素质的重要职责，也担负着避免国有资产以各种形式流失的国有资产保值增值职责，可以统一归纳为国资委对国有资产的监督与管理职责。国资委履行的监管人职责与股东法律地位从实质上并不冲突和矛盾，二者存在统一性。国有资产管理体制与市场体制相匹配还表现在，对国有资产的监控和运营，要严格按照市场经济所要求的股东对企业的监控机制来实现。国资委对国有资产的监管、对国有经济布局及结构的调整，必须通过股东权利的发挥来实现。如国资委可以通过股东的决策机制和程序来推进国有资产合理流动和优化配置，推动国有经济布局和结构的调整，也可以通过自己派出的董事参与企业的重大决策管理；又如国资委对企业的监督职责可以通过由监事会监督、财务监督、审计监督构成的监督体系实现，而不是用行政手段实施指令性监督。

(二) 组织机构与决策机制创新

"管资产与管人、管事"相结合是国有资产出资人职责不可分割的有机组成部分，与职责范围对接的组织机构体系是国资委履职的组织保障。组织机构创新的方向是拟在国资委内部设立两类组织机构：一类是参谋职能机构，由相关决策参谋委员会组成，包括国有资本预算与收益委员会、提名委员会、企业薪酬与业绩考核委员会、企业重大事项决策审批委员和战略委员会，主要职责在于为了确保国资委领导班子决策的科学性、民主性和透明度，从"管人、管事、管资产"等各个方面为国资委履行出资人职责提供决策依据与基础，体现国资委在决策方面的"直线职能参谋制"。另一类是业务处室，主要负责处理不必由国资委领导班子作决策但属于国资委履行出资人职责所必需的其他事项，或者为国资委领导做决策提供基础性、服务性的、程序性的工作，主要由人事处、监事工作处、审计处、综合协调处，以及按照行业分类管理原则设立的竞争类企业处与非竞争类企业处组成。这两类机构统一在国资委领导班子的领导下，各履其职，各尽其责，相互配合，相互协调，确保全面实现国资委的出资人代表权益。根据国资委的职责范围需要进行内部组织机构创新，如图 9 - 2 所示。

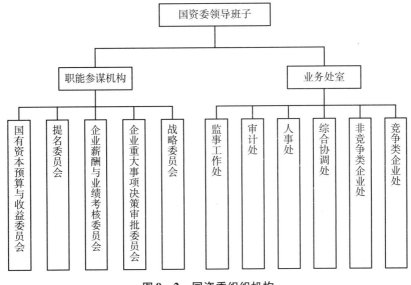

图9-2 国资委组织机构

构成国资委直线职能参谋制的五个职能机构——国有资本预算与收益委员会、提名委员会、企业薪酬与业绩考核委员会、企业重大事项决策审批委员、战略委员会，在人员组成与议事规则上遵循着共同原则：

第一，人员组成多元化。既有国资委领导、主管部门或行业领导，也有相关领域的专家和学者，以及来自企业的具有丰富实践经验的企业管理者；既有"内脑"，也有"外脑"，保证决策科学性；既有熟知企业的资本运作和具备相关法律与财务知识的综合性人才，也有在企业管理、项目管理、投资管理、法律及财务等方面各具优势的专业性人才。建议成立国资委专家库，为国资委五大参谋机构进行科学决策提供充分的智力支持。

第二，各参谋机构的组成人数为8～12名，实行组成人员与投票人数的"双数制"。各委员会成员人数应该是一个双数，因为如果实施"单数制"，任何一种议案都能够被通过或否决，由此降低了否定不合意方案的可能性，为公司的运行增加了风险，而"双数制"可以在一定程度上解决这个问题，一旦出现否决票与赞成票数量一样的时候，就将调整方案，然后重新投票，直至出现多数票的情况，增加了决策议案通过的科学性。

第三，决策机制凸显民主性与透明度。各委员会的决策机制可采用举手表决或者记名投票表决的公开投票方式；实施"一人一票"制，委员会领导没有特殊的投票权，其与其他委员一样一人一票、同票同权；实行"多数通过"制，仅当赞成票数达到半数以上时决策方可通过，当赞成票数不足半数时应放弃该项议案，当赞成票数与反对票数相等时，或者重新审议，或者放弃议案。

第四，体现五大委员会对国资委领导班子决策的权力制衡。国资委领导班子作出的重大决策应以参谋机构的集体表决结果为依据，未被参谋职能机构通过的方案，不能作为国资委领导的决策基础；国资委领导应尽量在参谋职能机构所提供的决策方案中选择，确实需要方案调整的应与参谋机构充分协调。

(三) 激励—约束机制及方案创新

为使国资委系统从整体到个人都充分有效地履行出资人职责，避免或减少各个层次的代理人风险，就要保证为国资委提供外部与内部两个层次的激励：一是政府对国资委的外部激励。这个层次的激励主要体现为政府根据国资委所监管企业的绩效和国资委的工作效率来评价国资委的履职效果，激励的对象应包括国资委机构与国资委高级管理人员；二是国资委机构对内部工作人员的激励。这个层次的激励主要把对工作人员的奖惩与其工作表现及所做贡献相挂钩。

第一，激励机制创新途径——市场化激励与行政性激励相结合。在原有的行政性激励框架下介入市场化激励机制，是促进国资委全面、有效履职和最大化实现国家终极出资人权益的必要手段。激励机制创新的途径是，改革国资委传统的行政化治理机制，建立权责对称的市场化激励方式与行政性激励方式相结合的激励—约束机制。

行政性激励方式主要体现为将行政职位升降、行政奖励或处罚与工作贡献相挂钩，物质利益方面除职级与岗位工资、相关待遇方面的增减外，不另作为激励手段。与行政性激励相对应的风险承担较市场化风险承担而言相对较轻，主要体现为不升职或降职，以及相应的行政处分，如警告、记过、开除公职等，一般不以承担经济责任为必须。某些精神激励手段可以起到积极的激励效果，如目标激励、荣誉和社会地位激励、信任激励等，因而可以作为行政化激励方式的有益拓展。

市场化激励主要体现为赋予出资人代表恰当的物质激励。物质激励的来源是国资委从所出资企业获得的拥有支配权的部分出资人收益。物质激励的基本表现为金钱激励，包括薪金与奖金，按激励周期划分为当期收益（短期激励）和延期收益（长期激励）。当期收益或短期激励主要指年度收益，包括年薪、年度奖金等货币性收入，延期收益或长期激励可以设计为根据其在任期间的综合评价，在管理人员与工作人员离任之前给予一次性较大奖励。坚持短期激励与长期激励相结合的原则，既要提高出资人代表的当期收益，为出资人代表积极履职提供现实、及时的物质激励，又要保证出资人代表的延期收益，防止出资人代表在职时和将离职前的道德风险。

第二，市场化激励与行政性激励相结合的激励方式。就三类被激励主体，有不同的表现方式：对国资委而言，激励主要侧重于市场化激励，体现为国资委拥有对出资人收益的支配权，即由国资委获得部分的剩余索取权。允许履职绩效高的国资委按照契约约定对企业上缴的国有资产收益获得部分的支配权；没有完成任务的不得获取收益，或倒扣收益。从收益支配权的实施结构看，国资委支配的出资人收益应该有两种用途：一是用于资本积累，为所出资企业扩大再生产提供支持，实现国资委作为出资人的战略投资权；二是作为物质激励的来源，用于实现对国资委管理者及一般工作人员因积极履职而获得的奖励，提高国资委内部员工的福利，从而提高国资委工作效率。

对国资委高级管理人员而言，将行政激励与市场化激励方式相结合。对考核合格以上的国资委管理者提供职位晋升或行政表彰与金钱奖励（当期收益与延期收益相结合）相结合的双向激励，对不合格的采取行政处分及不予物质奖励的双向约束。行政激励与市场化激励相结合的方式，既保证为国资委管理者提供了充足、全面的激励，使其出于对行政职位升降的追求和对市场化利益刺激的预期而积极履职；又有效地化解了完全运用市场化物质激励手段从而因履职效果不佳而可能由其承担的过重的经济风险。

国资委机构对内部工作人员的激励，也需将行政激励与市场化激励方式相结合。国资委工作人员除了领取公务员工资外，可以获得与履职效率与工作表现相关联的奖金物质奖励；将履职效率与工作表现作为工作人员职位晋升或下降等行政职级变化的主要依据；对经考核工作表现不佳、履职效果不理想的工作人员不发放物质奖励，并让其承担行政降职等否定性后果。

第三，激励机制创新方案——收益与绩效挂钩的国有资产保值增值合同。国资委机构与管理层的激励收益实现条件、激励强度和结构，应由政府与国资委通过激励契约来确定，避免政府评价的主观性和随意性，从而避免对激励预期的不确定性，因此，建议国资委与对其授权的政府签订国有资产保值增值合同。建立收益与绩效挂钩的责任合同，是兼具实践性、法律性、技术性诸多因素的复杂行为，要做到以下几个方面：一是建立细致合理的合同条款，对完成合同与未完成合同的条件与标准做出细化规定；对完全履约、部分履约与违约的后果以及免责条款做出明确规定。二是明确激励手段与幅度，如对国资委以何种方式、多大比例留利，如何分配收益等提供具有操作性的方案，使合同双方当事人都有确定的预期。建议借鉴新加坡淡马锡公司的做法，将企业税后利润的一半交给政府，而其余一半留在国资委，用于国资委的投资活动以及国资委内部人员的收入分配。

鉴于国有资产保值增值的终极目标，资本公积金提留比例可适当提高。因此，对于国资委享有支配权的 50% 的收益，建议将其中的 40% 作为资本公积用于战略投资，将剩余的 60% 作为提供物质激励的基础。三是建立国资委工作人员的"问责制"。对没有完成责任合同的国资委实施问责，取消物质激励，因为决策不利或监管不严导致投资失败或国有资产流失严重的，要实施惩罚，如倒扣收益，并追究具体履职人员的工作责任。合同须对惩罚手段与幅度做出明确规定。

三、国有经济战略性结构调整和布局

近年来，各地积极贯彻"有进有退、有所为有所不为"的方针，加快了国有经济结构调整的步伐。但由于缺乏具体、明确的结构调整的目标，各地实际上在按照各自的理解和需要来操作，结果导致国有经济结构调整陷入这样一种矛盾之中：一方面一些地方将国有经济战略性调整片面理解为"国退民进"，要求国有经济从竞争性领域里全部退出；另一方面国有经济战线长、过于分散、结构趋同问题仍十分严重。这时，规划先行就显得尤为重要。制定国有经济布局和结构调整规划，需要进行分类规划：

一是明确必须国有独资的产业、企业。主要指的是关系国家军事安全、经济安全、文化安全的产业和企业。规定这些产业和企业必须国有独资，或者有条件的多元化。

二是明确国家必须控股的产业、企业。主要指的是关系国民经济命脉的战略产业。规定这些产业的范围及控股企业的持股底线。国家控股有三种方式：绝对控股、相对控股和黄金股。黄金股是一个值得引入的持股方式，俄罗斯的《私有化法》里专门设有一章来阐述黄金股的设定条件、使用范围。

三是明确完全放开的产业、企业。主要指非战略性竞争性领域的产业。这些产业内企业的股权结构不是法定的，不是静态的，而是由资本经营、生产经营的需要和市场竞争来决定。

四是，明确国有资本完全退出的产业。这些领域多是不适合国有资本运营的产业，如餐饮服务业。一旦宣布退出，将不再进入。

五是明确国有资本需要进入的产业和进入方式。主要是指重要的新兴高科技产业、公益产业、基础产业、安排就业的产业等。

四、企业集团授权经营模式创新

（一）授权经营的界定

"授权经营"的实质是授权持股，即确认母子公司产权关系，是通过政府授

权明确集团公司与非产权关系的成员企业间的产权关系。非产权关系的成员企业是指国家投资设立的国有企业，并非集团公司直接投资设立的。授权前集团公司与这些成员企业间是非产权关系，经授权确立为母子公司产权关系，是一种非市场方式的产权重组。政府授权集团公司持有的是原非产权关系成员企业的产权（股权），而不是成员企业的经营权。既然"授权经营"的实质是"授权持股"，授权经营的范围就是授权集团公司持股的成员企业，而不含集团公司自身。

授权经营后企业资本性质将发生变化。授权经营前，未授权持股企业的资本性质为国家资本。授权经营后，集团公司仍为国家资本，授权持股的企业，资本性质由原国家资本转为国有法人资本。与此相对应，在会计账务上，需相应增加集团公司的国家资本和长期投资，与子企业的国有法人资本对应。

（二）授权经营的内容及意义

授权经营是在出资人虚位的体制下为推动大型企业集团的资本重组、扩大其资本经营的规模而提出的改革措施，产生了一定的积极作用，目前国资委对所管理的企业之间进行的重组仍然是这种方式。授权经营应定义为"国有资产授权经营（授权持股）是指政府将国家以各种形式直接投资设立的国有企业的产权授权集团公司统一持有，以确立母子公司产权关系。集团公司依据产权关系成为授权范围内企业的出资人，依法统一行使出资人职能，即资产受益、重大决策、选择管理者等权利。统一对国有资产保值、增值负责"。在新的体制条件下，可以赋予授权经营以新的内容。政府作为出资人将一部分出资人职权通过授权经营的方式让渡给企业集团公司，使授权经营的企业集团公司能担负起国有经济结构调整的任务。从这个意义上讲，授权经营就是进一步扩大了企业集团公司的经营自主权，如投资决策权、融资决策权、所属子企业的企业改制权、产权交易权、人事任免权、资产评估确认权、土地处置权、财务决算审核权、对外投资决策权、中外合资、合作审核权等。

五、完善公司治理结构

深化改革与创新的途径包括：
（1）设立专职的外部监事会制度；
（2）必要的审批制度；
（3）重大事项报告制度；
（4）业绩考核制度及相联系的分配制度；
（5）建立董事会并以外部董事为主，外部董事以专职董事为主的制度。

以上制度是按出资人角度考虑的，除此之外还应从社会监管的角度考虑其他监管措施，如审计监督、会计监督、税务监督等。国有资产是全体社会成员的资产，对国有资产经营状况的了解就是一种涉及全体社会成员的"公权"，而不应只是由决策者掌握的"私权"。把全体社会成员纳入国有资产的监督管理过程中来，其意义是重大。然而在企业经营的过程中，有很多信息涉及企业秘密，尤其是竞争性行业中的企业。可以通过控制信息披露的滞后时间和披露的范围来解决这一矛盾的。

参考文献

[1]《十一届三中全会决议》，载《光明日报》1978 年 12 月 25 日。

[2]《关于建立社会主义市场经济体制若干问题的决定》，载《人民日报》1993 年 11 月 15 日。

[3]《关于国有企业改革和发展若干重大问题的决定》，载《人民日报》2000 年 1 月 2 日。

[4]《全面建设小康社会，开创中国特色社会主义事业新局面》，载《光明日报》2002 年 11 月 8 日。

[5] 夏冬林、刘柱：《从深圳经验看国有资产管理体制改革软科学》，载《科技与管理》2000 年第 3 期。

[6] 胡健生：《关注江苏省级国有资产管理体制改革》，载《现代管理科学》2004 年第 7 期。

[7] 廖红伟：《资本重组与国有资产流失监管分析》，载《江汉论坛》2009 年第 9 期。

[8] 钱津：《论我国国有控股公司的组建与发展》，载《经济研究》1996 年第 6 期。

[9] 徐传谌：《剩余权扩散假说与国有企业改革》，载《学习与探索》2005 年第 2 期。

[10] 国务院体改办研究所课题组：《产权制度与国有资产管理体制改革》，载《经济学动态》2003 年第 1 期。

[11] 国务院国有资产监督管理委员会研究室：《探索与研究：国有资产监管与国有企业改革研究报告（2006）》，中国经济出版社 2007 年版。

[12] 廖红伟：《"委托—代理"机制与国有资产出资人模式创新》，载《江汉论坛》2011 年第 5 期。

第十章

第二次世界大战后日本国有企业私有化的特点、后果评析及启示

第一节 "国有企业"概念及"私有化"之界定

在日本并没有"国有企业"之概念，一般都使用"公有企业"范畴。关于"公有制企业"确切定义，在不同的学者或不同的经济学文献中有着十分不同的内涵及表述。日本著名学者植草益认为："公有制企业是中央政府或地方政府拥有其全部或部分资本的企业"，它大体上包括以下三种类型的企业：（1）"政府企业"：属于中央政府官厅的或地方政府的部、局的由官厅长（大臣）或地方政府（知事、市长等）负有最终经营管理责任而经营的事业，可称为国营企业；（2）"公共法人"：根据特别法所设立的，由中央政府或地方政府出资并具有法人资格的企业，委托给企业经营者进行经营（原日本的电话电讯公司最为典型）的企业；（3）"股份公司"：采取股份公司或有限责任公司形式由中央政府或地方政府拥有其全部资本的企业（如日本的烟草产业股份公司），或者拥有部分资本的公私混合企业（如日本的电话电讯公司）。① 上述三种类型按设立主体划分基本上可分为中央政府设立企业和地方政府设立企业两大类，相当于中国的中央直属国有企业和地方政府所属国有企业。在本章所讨论的日本国有企业就是上述两种国有企业。

在国内研究"战后"日本国有企业改革时，多数文献讲国有企业"民营化"，而不讲"私有化"，我们不赞成这种做法。"民营化"与"私有化"是两个范畴，二者是有区别的。"民营"与"官营"相对应，讲的是企业的经营方式；"私有"与"公有"相对应，讲的是所有制关系。"民营化"是指企业经营方式

---

① 植草益：《市场经济与公有制企业的作用》，引自陈建安编：《日本公有企业的民营化及其问题》，上海财经大学出版社1996年版，第3~4页。

的变化，即由官办官营变成民间经营；"私有化"是指企业所有制关系变化，即由公有制变成私有制。"战后"日本国有企业变革只用"民营化"来概括，似不科学。因为它不仅仅涉及企业经营方式的变化，而是触及企业所有制关系的深刻变化，最明显的特征是企业财产所有权主体发生了根本性改变，由官厅所有变成了民间法人所有或个体所有。因此，我们认为讲日本国有企业"私有化"更为科学。

第二节　日本国有企业"私有化"的背景与特点

若对日本国有企业"私有化"的后果作出客观公正的分析与判断，必须对日本国有企业"私有化"的历史背景与特点有所了解与认识。

第二次世界大战后，日本经济凋敝，一片凄惨景象，老百姓衣不遮体，食不果腹，可谓"民不聊生"。但在美国资本的扶持下，日本很快恢复了经济，平复了战争的创伤，于1956年经济开始起飞，到1970年便一跃成为仅次于美国的世界第二经济大国。然而好景不长，1973~1975年发生的战后最严重的一次经济危机，使得刚刚开始繁荣的日本经济遭受了重创，日本经济陷入前所未有的生产停滞与通货膨胀交织在一起的"滞胀"泥潭。应对生产停滞，需要国家的财政货币政策双双扩张，而财政货币政策的双双扩张客观上又加剧了通货膨胀。"医头医不了脚，医脚头又疼"，日本经济犹如被困的野兽，在"滞胀"泥潭中疯狂地挣扎。

直至20世纪70年代末，英国首相撒切尔夫人为了摆脱经济危机，走出"滞胀"困境，率先在英国推行了国有企业私有化，由此引发了世界私有化浪潮。这个浪潮很快波及日本。为了走出"滞胀"的泥潭，日本紧步英国的后尘，于80年代初开始大力推行国有企业"私有化"。1982年7月，作为当时权威咨询机构"第二届临时行政调查会"向执政的铃木内阁呈报了有关行政改革的第三次报告中明确提出：要对"日本铁道公社"（简称"国铁"）"电信电话公社"（简称"电电"）和日本专卖公社（如烟草公社）等国有企业实行"私有民营企业"的形态。到1984年8月，日本政府通过了《日本烟草产业股份公司法》等所谓"专卖改革五项法案"，从1985年4月1日起正式对"日本专卖公社"实施了私有化。1984年12月，日本政府又通过了《日本电信电话股份公司法》《电信通讯事业法》《相关法律整备法》三个法案，法律规定从1985年4月1日起正式对电话、电信业务全部实行私有化。为了加速推进日本国有企业私有化进程，于

1986 年日本国会又通过了《日本国有铁路改革法》等 8 项相关法律，并从 1987年 4 月 1 日开始对"国铁"进行分割、重组，实施私有化。截至 1987 年 8～9月，日本国会又废除了旧的《日本航空事业法》，对原有的日本航空业（简称"日航"）进行重新整合，又推行新的日本航空法案，于同年 11 月 18 日正式实现了私有化改革法案。至此，日本对电报、电信、电话、铁路、航空、烟草等原来国家垄断并直接规制的国有企业基本上完成了私有化。

日本国有企业私有化的显著特点是对第二次世界大战后一个时期曾大力推行国有化战略的矫枉过正。"二战"结束以后，西方主要发达国家包括英、美、法、德、日等均在凯恩斯主义政策支配下大肆进行国有化。一时间，国家垄断资本主义干预与调节社会经济过程风靡世界，企业国有化尤其公共事业与社会基础设施的国有化更是时兴。1947 年，英国成立国家煤炭局及国有铁道公司；1967 年又设立英国钢铁公司，到 1980 年私有化前夕，这三家国大公司的职工人数分别达到 30 万人，24.3 万人和 19 万人。1979 年 5 月撒切尔保守党政府上台前，国有企业几乎遍于国民经济所有部门，据《经济学家》1978 年 12 月 30 日资料，国有企业在英国采煤、造船、电力、煤气、铁路、邮政和电信等部门的比重达100%，在钢铁和航空部门达 75%。日本也不甘落后，于 1949 年设立国家钢铁公司（简称"国铁"），后又成立国家煤炭株式公社，在经济恢复时就向这两大部门实施"倾斜生产方式"，进行国家重点投资。然而，伴随科学技术进步，传统的钢铁、煤炭等传统工业在国民经济中的地位逐渐降低，现代汽车公路运输业发达起来，电子信息等高科技产业越来越成为国民经济的主导力量。这种产业结构的变化，使传统的铁路运输和钢铁及煤炭需求大幅下降。例如，1950～1980 年英国的煤炭产量由 2.2 亿吨减少为 1.3 亿吨，此间日本，煤炭在能源供应总量中所占的比重由 58.4% 骤降至 17%。1955～1983 年在日本货运总量中公路运输所占比重由 11.7% 上升为 45.8%，沿海航运所占比重由 25.5% 上升到 47.5%，而铁路运输所占比重则由 52.8% 下降为 6.5%。① 总而言之，英、美、法、德等国通过私有化对以前国有化过度问题进行矫正是适时的，基本上符合产业结构演进规律的要求，对经济发展是有利的，而日本通过私有化对其国有化过度问题的矫正，显然是过激和过头的，不符合国家经济发展实际需要，因而是一种矫枉过正。

日本国有企业私有化的另一个显著特点是虽然起步比英、美等国晚，但它"私有化"的程度远比英、法等国要厉害得多。具体表现是它"私有化"的范围

---

① 江瑞平：《日本民营化与英法私有化之背景比较》，引自陈建安编：《日本公有企业的民营化及问题》，上海财经大学出版社 1996 年版，第 360～361 页。

大，"私有化"的程度深，因而使国有企业在经济中所占的比重大幅度降低，除了必须保留的军事，电讯而外，把绝大部分国有企业，尤其是一些基础设施及关系国民经济命脉的自然垄断行业中的国有大企业以低价拍卖、分期付款等优惠的办法卖给私人或民间资本。"战后"在美军占领的特殊历史条件下，甚至一些军需企业也作为战争赔偿拍卖给美国，一些"国策企业"也难以支撑，更是为美国或私人资本所购买。这使得日本国有企业的数量及比重均大幅下降。据 1975 年的资料显示，日本中央政府及地方政府所有和管理的企业，在纯资产总额中所占的比重为 9.2%，在总固定资产形成中占 11%，在总就业者中只占 4.7%，这些比重比欧洲的英、法、意等国低一半还多。① 正是由于日本国有企业私有化得厉害，虽然从短期看甩掉了"亏损"的包袱，取得相当一部分收入，但从长期来看，国家失去了赖以生存的重要经济基础，失去了国家可以直接控制的物质力量，尤其是使国家失去了直接干预社会经济运行的重要依据和主要手段，因此其后果是相当严重的。这不能不引起人们的深刻反思。

第三节　日本国有企业私有化后果评析及启示

中外学术界和实际部门普遍认为，"战后"日本国有企业的"私有化"取得了相当大的成功，对经济社会发展产生了重大的积极效应与后果。

第一，促进了经营方式的转变，经济效益明显提高。在私有化之前，日本国有企业普遍是一种官僚管理体制，不仅机构臃肿，人浮于事，而且效率低下。私有化打破了这种官僚体制，一方面做到了减员增效；另一方面同时使企业的经营方式也发生了改变，即由官僚决策变为经理层民主决策。例如，改革前的日本国铁，职工人数由 1985 年的 27.7 万人减少到 1992 年的 19.1 万人，减少了 31%，职工平均每人运送的人数由 1.65 万人，增加到 4.92 万人，生产效率提高了 3 倍。改革前无论什么都由中央总公司决定后向下一级一级传达执行，使基层没有灵活性、自主性，基层及劳动者的积极性得不到有效发挥。现在领导直接到现场指挥，听取群众的合理化建议，实行"现场第一主义"，充分调动了基层及劳动者的积极性，使经济效益明显提高，人工费占运价收入的比率由 1985 年的

---

① 伍柏麟、焦必方：《关于日本国有企业民营化若干问题的理论思考》，引自陈建安编：《日本公有企业民营化及问题》，上海财经大学出版社 1996 年版，第 386～387 页。

73.6%降低到 1992 年的 32.3%，明显低于大型私铁的 39.7% 和中小私铁的 60.6%。①

第二，扭亏为盈，减少了国家的财政负担。私有化之前，日本国有企业普遍亏损严重，靠国家财政补贴过日子，大大加重了国家的财政负担。改革后的国有企业由于生产经营方式的改变和劳动生产率的提高，普遍扭亏为盈。例如，日本国铁，1985 年政府对它的补贴达到 6 001 亿日元，其税负为 478 亿日元，相抵后的纯负担 552 万亿日元，私有化之后 1991 年其各公司向政府支付 4 443 万亿日元法人税，政府对它的补助金为 1 082 亿日元，政府获得 3 361 亿日元的纯收入，使政府的财政收入状况大大改善。

第三，使企业劳动者的财产关切度增大，产权收益率明显提高。改革前，国有企业产权主体虚置并严重缺位，生产经营者和企业劳动者对企业财产关切度极低，企业财产运营好坏，与生产经营者和劳动者没有直接利益关系，因此他们对企业财产好坏及运营状况漠不关心。私有化改革最成功之处，使企业财产由原来"公有"变为法人（包括社团法人）私有，按照科斯定理，私有产权是产权主体明确、产权边界清晰的最有效率的产权关系，所以能够实现产权收益最大化。

如今，有必要对"战后"日本国有企业私有化真实后果进行全面的剖析与思考。笔者经冷静思考后认为，"战后"日本国有企业私有化之还有如下严重的不良后果及效应。

第一，急于转让或出卖国有企业，导致国有资产大量流失。日本的国有企业，尤其中央政府（官厅）直属国有企业的资产基本上都是优质资产，且科技队伍人才荟萃，结构合理，经验丰富，因为它们的主体部分战后初期在美国资本直接扶植下由国家投资建起来的，或者是由国家从民间直接收购优质民营资本而形成的。日本国有企业尤其是中央政府所属国有企业之所长时期亏损，一个十分重要的原因在于官僚领导体制，企业由政府官僚说了算，决策往往违背市场规律，官员只对上级负责，对企业盈亏漠不关心，这必然导致企业经营管理混乱，经营效益很差。这些问题本应通过国有企业体制改革来解决，但是日本政府没有这样做，反而"一转了之"和"一卖了之"。在世人看来，"便宜没好货，好货不便宜"，本来在日本政府手里的国有企业均是"好货"，但由于他们急于出手，结果被当成"便宜货"卖了个低价。其结果难免不造成国有资产严重流失。据日本权威人士估计，在整个国有资产拍卖和转让过程中所造成的国有资产流失，起码有几十万亿日元。

---

① ［日］广冈治哉：《日本铁道民营化的经验与教训》，引自陈建安编：《日本公有企业民营化及问题》，上海财经大学出版社 1996 年版，第 217 页。

第二，日本出卖国有资产的收入，大部分用于偿债和非实体经济方面。日本于 20 世纪 80 年代出卖国有企业的收入，有一大部分偿还美国资本的利息和债务，还有一部分用于偿还日本政府向国内民间的借贷。因为日本 60～70 年代经济起飞阶段向国内外举了大量的外债。此外，日本政府将出卖国有资产的收入的另一大部分用于发展第三产业或非体经济方面。这部分资金使用可以认为有相当的合理性，如发展第三产业，使第三产业在国民经济中的比重大幅度上升。1984～1987 年，日本第三产业的国内所得依次为 1 562 730 亿日元和 1 661 630 亿日元、1 737 440 亿日元、1 794 060 亿日元，它们在三次产业经济活动的国内所得构成比例，分别达到 62.4%、62.7%、63.2% 和 63.2%。[①] 但必须看到这其中也蕴涵着非实体经济发展过度，出现了产业空心化及金融泡沫化的问题。这些问题当时被虚假的"繁荣"掩盖着，后来越来越清晰地暴露出来。这或许是导致 90 年代以来日本经济长期低迷，走不出衰退泥潭的一个重要原因。

第三，下岗失业人数增多，一些科技和管理人才流失海外。日本国有企业出卖以后，新企业为了"减员增效"，大量裁减管理人员，重新整编工序流程，因而要使大量工人下岗失业。仅日本"国铁"在 1981 年 5 月运输部长许可的情况下，于 1985 年将削减职工 7.4 万人，确立 35 万人的体制，但到 1984 年又裁减 3 万人，实际变成 32 万人的体制。[②] 日本"国铁"和"电话电讯"两大企业私有化后，使大量铁路工程技术人员及电话电讯管理人员自谋生路，这些人凭着自己的技术，不少流失到日本周边国家，因为这周边不少国家（包括中国、韩国）正在进行工业化建设，急需这方面人员。

第四，国有企业退出自然垄断行业使国家失去了应对自然灾害等突发事件的有力支撑与物质保障。"战后"日本国有企业私有化之后，国有企业不仅退出了竞争领域，而且几乎完全退出了垄断领域，国家手里没属于自己直接支配的人力、物力及财力，应对突发事件的能力大为降低或大打折扣。自 20 世纪 90 年代以来，日本发生多次严重地震，例如，阪神大地震、福岛大地震及海啸等，都给日本人民的生命财产带来无比巨大的损失。倘若国家拥有一批重要的国有企业，直接掌握应对严重自然灾害的战略资本、物力和财力对灾区人民进行救助，而且在灾后重建中还可以发挥主力军作用。相比之下，中国四川汶川大地震、青海玉树大地震，伤亡人数和财产损失都不亚于日本福岛大地震，但由于国家直接拥有

① 程绍海：《日本国有企业民营化的背景、状况及启示》，引自陈建安编：《日本公有企业的民营化及问题》，上海财经大学出版社 1996 年版，第 191 页。
② 广冈治哉：《日本铁道民营化的经验与教训》，引自陈建安编：《日本公企业的民营化及问题》，上海财经大学出版社 1996 年版，第 213 页。

国有大企业的支撑，所以在国家统一调动下，各地国有大企业纷纷鼎力相助，不到 3 年时间便完成汶川、玉树两地灾后重建工作，灾区人民过上了比灾前还美好的幸福生活，与日本福岛地区灾后状况形成了鲜明的对照。

通过以上几点反思，给我们以重要的理论启示：

启示之一，对国有企业改革一定要循序渐进，进行分类改革。日本经济学家们虽然对国有企业进行了理论上的分类，划分为中央官厅企业和地方政府知事、市长负有经营管理责任的企业，但在改革实践上日本政府并没将国有企业依据规模大小及其在经济中的地位作用程度来进行渐进式的改革。中国对国有企业改革之所以取得重大成功，十分重要的原因在于：一是循序渐进，先通过承包、租赁、放权让利等经营管理方面进行改革，然后再深入到企业产权关系改变的体制机制改革。二是将国有企业划分为中央大企业及地方中小国有企业，进行分类分层次的"抓大放小"改革。对中央大企业施行战略性调整、重组优化的改制改革，成立国有资产管理委员专门负责中央大企业的改制改革，任务是在国有中央企业中推行股份制，建立现代企业制度，而对中央和地方的大量中小企业则实行兼并、破产、拍卖、转让等多种形式的转制改革。1998～2003 年国家对 5 000 多户国有大中型困难企业实施了破产重组，有 900 多万职工下岗再就业。到 2003 年成立国资委时，中央只抓 196 家大型企业，经过近 10 年战略重组改革，中央企业现已优化为 117 家了。这些大型企业，涉及国民经济命脉的战略行业和新兴产业，中央政府直接掌握在手里，就控制了整个国家经济命脉和战略新兴产业，使国家政权有了可靠的经济基础。对那些大量中小国有企业国家则完全放开，任由市场去调节，宜搞股份制者实行股份制，宜搞私人所有的则进行私有化。真正做到"大"的抓住抓牢，"小"的放开搞活。这是中国国有企业改革最成功的经验之一。

启示之二，对国家垄断企业切不可一律"私有化"，必须对垄断性客观正确对待，不要简单一律"反垄断"。主张将国有企业改掉的一个重要原因在于中央大国有企业（在日本即中央政府直属的官厅企业）在国民经济中居于垄断地位，甚至居于自然垄断地位。在传统经济学理论中，垄断被认为是自由竞争的否定和替代物，是一种市场失灵，会使市场经济丧失活力，导致国民经济发展停滞与僵化。这实际上是一种片面化的理解与认识，即只看到垄断不利的一面，没看到垄断的积极一面。垄断是自由竞争引起并在自由竞争基础上形成的，但它并不完全否定和排斥竞争，垄断和自由竞争可以同时并存。从单个国家来看，某国有企业是垄断企业，它垄断了某一行业的生产和销售；但从国际上来看，它不仅不居于垄断地位，反而自由竞争能力还较弱。目前，中国许多垄断型国有企业都居于这种情况。在中国加入 WTO 后，中国经济已融入世界经济体系，实现世界经济一体化的情况下，中国市场与世界市场融合为一个统一大市场，中国国有企业还能轻易断言垄断吗？1994 年，中国最大的 500 家企业，其年销售收入总和还不如美国通用汽车公司一家的销售收入①，美国施行反垄断法，不仅未把通用汽车反掉，反而还千方百计加以保护，令其继续发展壮大。垄断企业特别是大跨国公司由于规模巨大，实际上不仅不会产生停滞与僵化，反而更有于科学技术的应用与进步，更有利于采用先进生产工艺及方法，实现规模经济效益。创新主义经济学家熊彼特指出："垄断者能得到优越的生产方法，一大批竞争者根本得不到这些方法或者很难得到他们。……换言之，此竞争这个要素可能完全失去作用，因为垄断价格和垄断产量与那种和竞争假设相一致的企业能达到的生产效率和组织效率水平上的竞争价格和竞争产量相比，价格不一定较高，产量不一定较小。……没有理由怀疑，在我们时代条件下，这种优越性事实上是典型大规模控制单位的突出特征"②。

日本由于对国家垄断型企业彻底实行了私有化，直接废除了国家垄断组织，不存在如何正确对待垄断问题。但是，中国的国有企业改革，并没有改掉国家自然垄断型企业，那么就存在一个现实问题，即如何克服垄断带来的负面影响，又如何在反垄断的同时，发挥与保护垄断的上述积极作用？这是中国国有企业改革深化必须认真解决的问题。

启示之三，中国国有企业改革绝不以新自由主义理论为指导。日本国有企业私有化之所以产生上述严重的负面效应和后果，完全是新自由主义理论指导偏误的必然产物。20 世纪 70 年代末 80 年代初兴起的以英国首相撒切尔夫人为领头羊的私有化浪潮，完全是矛头指向凯恩斯国家干预主义政策的。1929～1933 年的世界经济大危机，无情地击碎了资本主义经济会自动调节平衡的神话。第二次世界大战后，以国家干预主义为标志的凯恩主义开始勃兴。一时间国有化浪潮在全世界范围兴起，西方主要发达国家运用凯恩斯主义为理论指导，纷纷在国内实行企业国有化。由于国家对市场的频频干预，市场竞争受到抑制，经济运行缺乏活力，不仅生产出现了停滞，同时又出现了通货膨胀，经济运行出现了"滞胀"的新现象。自由主义学派经济学家一致认为，"滞胀"现象的出现完全是由于推行凯恩斯国家干预主义政策所造成的。因此，摆脱"滞胀"困境，必须否定凯恩斯主义，反对国家干预市场，反对国有化，推行崇尚市场的新自由主义理论指导。国有企业私有化，就是英国、日本等发达资本主义国家，推行崇尚自由市场的新

---

① 邵宁：《珍惜"来之不易"，稳步推进改革》，人民网，2012 年 4 月 12 日。
② ［美］约瑟夫·熊彼特：《资本主义、社会主义与民主》，商务印书馆 1999 年版，第 196 页。

自由主义的结果。由此启示我们：中国实施经济体制改革绝不能以新自由主义为指导，切不可全盘否定国有化，把国有企业统统改掉，尤其垄断领域的国有企业更不能统统改掉。须知，这是社会主义国家政权的重要经济基础，是社会主义国家办大事，应付突发事件及严重自然灾害的直接可用的力量。当然，也不能因此否定国有企业改革的必要性，国有企业改革尤其是中央直属企业的改革，重要的是转变发展方式，调整内部结构及优化股权结构，如何进一步引进市场竞争机制等问题，而不是像有些同志主张那样彻底废弃国有制。如果像日本那样完全彻底地将国有企业私有化，定将遗患无穷，这是我们应牢牢记取的经验和教训。

参考文献

[1]［日］大岛国雄：《公有企业改革的时代》，国文馆1984年版。

[2]［日］今井贤一、小宫隆太郎编：《日本的企业》，东京大学出题版会1989年版。

[3]［日］植村利男：《公企业民营化和X效率性》，引自柏奇编：《经济政策的形成过程》，文真堂1991年版。

[4]孙执中：《日本垄断资本》，人民出版社1985年版。

[5]［日］冈野行秀、植草益：《日本的公企业》，东京大学出版会1991年版。

[6]［日］松原聪：《民营化与缓和限制》，日本评论社1991年版。

第十一章

中央企业海外投资的困境与对策研究

——一个社会责任的视角

随着中国经济实力的提升，大型国有企业开始逐步向海外拓展其经营领域。中国海外投资呈几何级数快速增长。据商务部统计，2008年我国对外投资达到521.5亿元，比上一年剧增96.7%。根据汤森路透集团发表的报告称，从2009年年初起，在全球跨境并购规模同比下降35%的情况下，中国企业海外收购总额却增长40%。在海外投资过程中，国有企业是作为最主要的投资者出现。到2007年年末，我国的对外投资存量中，国有企业占71%，有限责任公司占20.3%，股份有限公司占5.1%，私营企业和合作企业占1.2%，台港澳及外商投资企业占0.8%，集体企业占0.4%。大规模的投资带来了丰厚的收益，根据国资委的公开数据，2009年中央企业境外资产总额占中央企业总资产的19%，实现的利润占中央企业利润总额37%。

但在这种大幅度投资和获利的背后，却是大量海外投资陷入困境的案例。按照麦肯锡的统计结果显示，过去20年里，全球大型企业兼并案中，真正取得预期效果的比例不到50%，而中国67%的海外收购不成功。在国有企业海外投资的过程中出现了大量的劳资纠纷，甚至出现投资所在地居民集体反对中国收购本地企业、在当地投资的问题，导致这种困境的一个重要原因，是中国企业在海外投资过程中过分强调经济因素，忽视了企业承担社会责任的问题。

第一节 社会责任缺失制约着国有企业海外投资的成功

许多企业并没有意识到，社会责任是国有企业海外投资过程中的关键问题。海外投资并不仅仅是一个经济活动，而是一个全范围的社会活动。承担投资所在国的社会责任对于中国企业树立良好声誉至关重要。一个能够承担社会责任的企业，通常会得到当地企业员工乃至工会支持，甚至能够赢得政治力量的支持，而这恰好是中国国有企业在海外投资过程中所缺少的。

1992 年，首钢公司购买了濒临倒闭的秘鲁国有铁矿公司，由于秘鲁工会组织强大，职工福利要求高，劳资纠纷不断，引发了一波又一波的罢工风潮，公司的日常生产长期处于不稳定状态，企业产量始终无法提升，原计划 1 500 万吨的年产能最终只实现了 50% 左右。"中国人完全没有与公民社会接触，没有与工会及其他组织沟通，说服他们相信中国的投资没有威胁。"

2004 年，"上汽"以 5 亿美元的价格成为韩国双龙汽车的大股东，成为首个国内汽车业跨国并购的公司。但是，在上汽并购双龙后，由于企业文化和习俗传统的冲突，企业内部就一直存在着极强的矛盾。2004 年 7 月，在"上汽"集团和双龙汽车债权团就上汽收购双龙股份一事签订了具有约束力的谅解备忘录后的第 5 天，双龙工会就举行了总罢工。2005 年，由于上汽并未遵守与工会之前达成的裁员的协议，要以国内惯用的"减员增效"的手段进行改革，又造成了与工会方的冲突，劳资关系持续恶化，双方的冲突也不断升级。在外部经济环境恶化的情况下，2010 年 1 月，双龙汽车最终走到了申请破产保护的境地，"上汽"面临着超过 18 亿元海外投资损失的境况。

从上述案例中可以看到，国有企业在海外投资陷入困境的原因，表面上看是由于对被投资国的文化、法律、习俗不熟悉，其实质却显示出国有企业自身缺乏应有的社会责任承担感，在国内长期以来享受劳动力过剩和制度、政策优势的大国企，习惯性地把在国内的经营思维融入海外并购的未来经营预期之中，长期的社会责任承担缺失令其管理层根本不会也不愿与外界和企业内部职工进行沟通交流，只是一味地追求经济目标，没有改变自己社会形象的观念，使得出现劳资纠纷和社会问题后不是得到化解，而是不断地激化，最终酿成失败的惨剧。跨国活动的一个重要考虑因素就是，总部和运营在母国的公司要遵守别国（东道国）的治理规则。在积极承担公益事业已成为全球企业对外宣传和塑造企业形象一个重要手段的背景下，以这种态度进行海外投资，遭遇困境也就是必然的结果了。

反观日本等发达国家企业在海外扩张的过程中，我们可以看到它们在进行全球性扩张的过程中，采取了长期性发展战略，积极宣传企业内部和谐的管理文化，主动融入当地社会，投入大量的公益事业，承担社会责任，最大限度地减少了非经济因素造成投资失败的可能。中国的许多国有企业也在海外投资过程中承担社会责任的过程中获得了良好的经济效益。如中国石油在苏丹积极投身当地社会公益事业，获得了良好的经济和社会效益，根据中国石油发布的国别报告，截至 2009 年年底，中国石油集团累计向苏丹捐助近 5 000 万美元，直接受益人数超过 200 万人，在苏丹当地修路、打井、培训人员、开展医疗活动；中色集团在赞比亚的投资也获得良好的效益，其背后是中色集团为当地人民无偿提供医疗设备及服务、捐助教育、免费供水供电等承担社会责任的努力。

第二节　社会责任缺失的根源在于改革过程中的制度缺失

国有企业承担社会责任的缺失并不仅仅存在于海外投资的过程中，从国有企业改革的过程中，就已经隐藏了忽视社会责任的制度缺失。在计划经济模式下，幼儿园、学校、医院等非营利性机构作为企业的福利机构与企业紧密地结合为一体，离退休职工的养老、职工子女的接班就业等制度成为国有企业职工享受福利的大原则，这些优良的福利一度成为国有企业最明显的标志，"以工人利益为重""以厂为家"的企业文化也给国有企业带来无穷的吸引力和推动力。随着时间的推移，由于企业盈利的持续上缴造成的积累不足和"福利"包袱不断的加重，国有企业逐渐丧失了活力，无法继续维持原有的福利体系。国有企业改革的一个重要部分就是让企业甩掉"福利"包袱，重新回到纯粹的生产经营活动上，这使得改革成为以牺牲"公平"来换取"效率"的过程。职工下岗、公费医疗取消、幼儿园等机构被剥离⋯⋯在社会保障并未完善的条件下，处于弱势的企业职工承担了大量的改革成本，长期按照计划经济思维模式运行的职工、社会和国家都是国有企业改革成本的承担者，这些沉重的改革成本所换来的，就是国有企业盈利能力、生存活力的再一次显现，但同时也使国有企业不再承担任何的社会责任，出现了严重的制度缺失。这种制度缺失在国内由于国有企业拥有政策优势、享受低价的过剩劳动力市场，造成的后果并不明显，但一旦国有企业将扩张的步伐延伸到海外，但在法律、制度与文化都和中国差异极大的异国，原本在国内有效的改革手段和管理体制就会出现问题，根植于企业内部的制度问题最终造成大量的纠纷，使海外投资面临严峻的困境。

衡量国有企业的效益标准不是其经济效益的增加总量，而是企业经济活动所带来的社会总福利增加额。以对国家整体经济运行贡献作为国有企业效益衡量的标准体系，社会责任的完成程度是这个评价体系必须指标之一。但根据基层单位行为目标的一般性特征假说：公有制基层单位以自身净收益最大化为其经济行为的目标。国有企业改革无论是承包制还是建立现代企业制度，其过程都是以提高经济效率为主要的改革依据，在这一时期，"公平"被最大限度地牺牲，损害了社会经济长期稳定运行的基础。不过从改革的效果上看，国有企业强调经济效益的行为带来了社会总福利的大量增加，并未违反其效益衡量的标准。不过，当社会经济发展到一定阶段后，如果国有企业继续片面强调效率，其生产活动所带来的不稳定性将会不断增大，获取的经济效益会因为其行为对经济环境的破坏而抵消，负面的外部效应使社会总福利遭到损失，最终使整个社会的经济效益都无法得到保证，企业生产的结果是社会总福利的负增长。因此，企业必须在获取经济效益和承担社会责任中选择一个均衡点，以符合其特殊的效益衡量方式，承担社会责任成为国有企业的必须制度要求。

从制度经济学的角度上看，制度变迁的动因在于潜在利润的存在。制度之所以会被创新，是因为有许多外在变化形成了"潜在利润"，"从理论上讲，有许多外部事件能导致利润的形成。在现有的经济安排给定的情况下，这些利润是无法获得的，我们把这类收益称为'外部利润'"。正是由于国有企业这种承担社会责任带来的"外部利润"，使国有企业重新承担社会责任成为制度变迁的客观要求，这与国有企业改革初期放弃社会责任是完全一致的而非对立的。当国有企业在海外投资过程中遇到这种因为自身制度缺失而造成的潜在利润损失的制约时，制度自身就要求进行调整，以使企业获得进一步的发展。

第三节　解决国有企业海外投资过程中社会责任缺失的途径

国有企业要摆脱目前海外投资过程中面临的尴尬境地，需要从整体上改变企业的外部形象，这是一个长期、艰巨的过程，而承担社会责任就是其中一项至关重要的工作。通过承担社会责任，可以树立中国国有企业服务社会、承担责任、关心民生的形象，获得当地民众的支持和理解。只有这样才能逐步减少政治因素的影响，获得海外投资的长期稳定，实现国有企业增长、保障国家能源、资源与经济安全的长期战略。

一、建立良好的企业文化

中国国有企业海外投资过程中出现了大量的管理问题。这主要是因为企业内依旧沿袭着国内的管理体制，并未针对投资目标国的实际情况进行相应的改革。中国的国有企业往往将管理的重点放在获取当地政府支持上，忽视了当地社区和企业内部员工的意愿。而在承担社会责任的过程中，最直接的也是最有效的部分却是针对企业内部员工的措施。良好的职工福利是企业承担社会责任的前提，"以人为本"的企业文化是社会责任的最基础部分。

员工是企业组成的基本要素，而一个关爱员工的企业文化不仅能带来是良好社会效益，更能带来良好的经济效益。在不同的经济环境与企业性质，使企业拥有不同的企业文化。但无论是微软的办公室涂鸦、免费水果茶点，还是谷歌办公室可以作为"亲子乐园"，都显示出他们以人为本的观念。这种企业内部温馨的氛围正是以往国有企业在改革过程中被抛弃的优良部分。在海外投资过程中，良好的企业文化会通过当地雇员为企业带来极大的辐射效应，尤其是基层工人基本来自于当地社区，他们的感官就是当地人对外来企业的第一印象。

国有企业现行的管理体制往往忽视了对基层工作人员的关爱，如果在海外直接投资过程中能够保持这种传统的"以人为本"的企业文化，"双龙"事件很可能不会如此激化，而企业员工的辐射效应也会大幅改善中国国有企业的社会形象。

二、制定长期战略，融入所在国的社会

国有企业由于核心竞争力的缺乏，能够选择投资的产业范围很小，其企业所有制的特性会造成被投资国对"国家安全"的担忧。这种被动的局面在于国有企业在海外投资过程中往往高调出击。国有企业近期海外投资的目标简单明确：在短期内"为了获取石油""为了获取矿石""为了获取技术"而投资，这种大规模简单意图的投资自然会受到重重的阻挠。只有以一种长期战略进行投资行动，一步步打好基础，先通过小幅的股权投资获取知情权和投资收益，而后通过增大股权的方式但不以控股方式获得存在的认同感，消除对方的不安，再到建立起长期稳定的资源供给、技术合作，这一系列的工作不可能在短期内完成，需要一个系统性、完整性的长期计划来实施，以图最大限度地减少阻力。

跨国公司在参与国际市场竞争的过程中，不仅要适应他国的经济环境，更要适应他国的文化环境。国有企业是以一个外来者的身份进入到投资所在国的。政治、经济、文化和历史上的差异会造成与当地居民天然的隔阂与不信任。要消除这种不信任感，就必须在尊重当地文化的基础上，通过长期、大量的公益活动和宣传逐步树立正面形象，获得当地民众的认可，使企业渐渐成为当地的一员，融入其中。只有真正成为投资目标地的一员，才能逐步淡化国有企业的政治背景，实现长期的战略目标。事实上，英、美、日等国家的企业都曾经在海外扩张的过程中遇到过类似的情况，这些企业也是通过长期的努力，用几十年的时间逐步融入当地社会，才最终获得成功。而中国国有企业才刚刚起步，遇到的困境也远甚于这些先行国家，更需要加倍的努力与耐心。

三、建立公关信息服务平台

在海外投资过程中，国有企业不应该盲目地承担社会责任，而是要有选择、

有技巧、有计划地进行，以获得最优的社会效益。这就需要一个公关信息服务平台对企业进行相应的服务支持。这个公关信息服务平台是由各种智库构成，对企业海外投资大环境的政治、经济、文化、宗教、自然地理等情况进行评价。这些问题对于国有企业而言属于完全的信息不对称，信息收集、整理、评估及相关对策研究完全由企业自身完成，难度极大。如何选择自己承担社会责任的方向与方式、投入的成本与社会效益的评价，遇到问题时如何选择出有效地针对措施都是企业自身很难解决的问题。

按照国外相关的经验，企业进行跨国投资时，往往委托一家或几家智库为自己提供信息服务，效果很好。如日本企业在 20 世纪七八十年代经济高速发展后，因为与中国类似的资源问题而进行全球性的扩张，最初也是举步维艰。在经历了一些挫折后，开始聘请专业的智库为企业服务，采取了长期性发展战略；融入当地社会、主动承担社会责任以增强其存在感；由智库公司进行形象宣传，最终实现了海外投资目标，取得了成功。而中国公司对非经济类信息重视程度不足，对海外投资时所遇到的各种困难几乎完全没有准备。如"上汽"在韩国双龙的投资，就是因为对客观环境评估不足而失败的典型例子。进入经济稳定发展期的韩国劳资冲突日益频繁，大型罢工件数急剧上升。韩国工会组织实力非常强大，常发生大规模罢工事件，韩国的劳资关系、外商投资环境对竞争力影响排名均为 OECD 组织国家之末，而这些信息在最初上汽确定投资过程中并未引起重视。如果在投资之初就有了相关的信息分析报告，相信上汽对此项投资会更加慎重，也会在危机爆发时采取更灵活的解决方案，不会最终造成重大的损失。

第四节　中央国有企业海外投资所面临的困境

进入 21 世纪以来，随着中国的经济实力与综合国力的增强，中国的海外投资也呈几何级数不断增长。据商务部统计，2008 年我国对外投资达到 521.5 亿元，比上一年剧增 96.7%。根据汤森路透集团发表的报告称，从 2009 年年初起，在全球跨境并购规模同比下降 35% 的情况下，中国企业海外收购总额增长 40%。在海外投资过程中，国有企业是作为最主要的投资者出现。到 2007 年末，我国的对外投资存量中，国有企业占 71%，有限责任公司占 20.3%，股份有限公司占 5.1%，私营企业和合作企业占 1.2%，台港澳及外商投资企业占 0.8%，集体企业占 0.4%。截至 2003 年，中国累计对外投资额为 334 亿美元，从 2003～2009

年，中国非金融类对外直接投资出现了快速增长的趋势，如表 11 - 1 所示。

表 11 - 1　　　　　　中国非金融类对外直接投资数额表（2003~2009 年）

年度	2003	2004	2005	2006	2007	2008	2009
对外投资额（亿美元）	28.5	36.2	69.2	161.3	187.2	406.5	433.0

资料来源：本表格根据资料国家统计局公布数据整理。

但在中国国有企业对外投资过程中，其结果却并不尽如人意。麦肯锡的统计显示，过去 20 年里，全球大型企业兼并案中，真正取得预期效果的比例不到 50%，而中国 67% 的海外收购不成功。大量海外投资失败的案例显示，中国国有企业海外投资还处于一个低级的起步阶段，对海外投资的认识，还停留在"买资源、买设备、买技术"的简单层次，无论自身条件还是外部环境的制度支持，都直接限制了国有企业海外投资的能力与水平，使其无法实现预期的投资目的、获得良好的投资收益。

一、核心竞争力的缺乏限制了海外投资的水平

国有企业的海外投资包括直接对外投资与金融投资，而在直接对外投资的过程中，核心竞争力的缺乏直接制约了海外投资的水平。根据邓宁的"国际生产折中"理论，企业对外直接投资所能够利用的是所有权优势、内部化优势和东道国区位优势，只有当企业同时具备这三种优势时，才完全具备了对外直接投资的条件。其中，企业的所有权优势是构成企业核心竞争力的最重要因素：即技术优势、规模优势、组织管理优势和金融货币优势。

中国的国有企业与发达国家企业相比，技术优势并不明显，甚至处于相对落后阶段；刚刚建立完善的现代企业制度还在探索磨合期，委托代理机制不合理、所有者缺位、内部人控制、企业内部管理体制等制度问题令其组织管理方面甚至处于相对劣势地位。所能够利用的，只有规模优势和金融货币优势两种。通过国家的有力支持，中国的国有企业在规模上极其庞大，但这种庞大并不一定意味着规模效益的增加，只是企业有能力进行大额的海外投资而已；不过，在"次贷危机"中，人民币的升值使得国有企业拥有了更大的海外投资优势，而这也是国有企业在后危机时代出现大量海外投资的重要因素之一。

根据 2007 年的国家统计局统计公告，中国对外投资的结构表 11 - 2 所示。

表 11 - 2　　　　　　　　　　　**2007 年中国对外投资结构表**

行业分类	所占比重（％）
制造业	8.0
批发和零售业	24.9
建筑业	1.2
商务服务业	21.2
采矿业	15.3
农林牧副渔业	1.0
科学研究、专业技术和地质勘查业	1.1
交通运输、仓储和邮政业	15.4
电力、煤气及水的生产和供应业	0.6
信息传输、计算机、软件服务业	1.1
房地产业	3.4
金融业	6.3
其他	0.5
合计	100.0

资料来源：本表根据国家统计局 2007 年对外直接投资统计公报整理。

　　从表 11 - 2 中可以看出，中国的对外投资大部分集中在技术含量极低的行业中，这正是因为核心竞争力的缺乏，直接限制了国有企业对外投资的产业选择，没有了中国国内的人力成本和制度支持优势，缺少核心竞争力的国有企业海外投资只能处于一个简单的"资源收购"型扩张阶段，无法向高技术、高附加值的产业扩散，将中国的"世界工厂"变为世界的"中国工厂"。少数生产型企业投资也多以生产初级产品为主，技术水平相对较低；而相对高技术含量的海外直接投资往往无法取得预期的效果。如 TCL 集团收购阿尔卡特的行动，尽管引起很大的轰动，但其最终结果却是令人失望的。2004 年 4 月，TCL 与阿尔卡特组建手机合资公司的有关谅解备忘录签订。根据该备忘录，TCL 通讯拥有 55% 股权，将是控股合资公司的大股东，阿尔卡特将向 TCL 转让其旗下手机业务。为此，TCL 通讯投入 5 500 万欧元，获得了阿尔卡特在手机业务上的全部知识产权及与手机业务相关的交叉知识产权使用许可，但所有的这些知识产权只限于 2G 或 2.5G，并没获得其预期的与 3G 相关的技术与专利，同阿尔卡特组建的移动合资企业 2004 年亏损竟然高达 2.58 亿港元，在预期盈利无法实现的情况下，双方的合作不得不于 2005 年草草结束。可见，在自身缺乏核心竞争力的情况下，国有企业试图通过对外投资进行技术、销售渠道的收购行动往往充满了风险和阻碍，具备极大的不确定性。

二、政治性风险直接限制国有企业海外投资的进程

在中国国有企业对外投资的过程中，由于国有企业特殊的企业性质，使其在海外投资过程中不仅要面对激烈的商业竞争，还要承受大量的政治压力。许多大规模的投资，都是因为政治性风险的原因，限制了其海外投资的进程，甚至最终导致投资失败。

2002 年 12 月，中石油参与俄罗斯斯拉夫石油公司的拍卖，但由于俄罗斯临时修改法律阻挠，反对将实行私有化的国有公司股出售给外国公司、法人和自然人，中石油被迫退出俄石油企业的竞购；2004 年，五矿集团以现金方式收购加拿大诺兰达矿业公司，由于加拿大政府的阻挠，导致交易失败；2005 年，中海油以 185 亿现金收购优尼科石油公司，但由于美国国会议员以国家安全受到威胁等理由强力阻挠，最终中海油不得不退出收购；同年，华为集团收购英国马可尼公司，也是因为国家安全因素导致收购失败；2007 年，华为与贝恩合作，对美国 3Com 公司进行收购，被美国外国投资委员会以"危害美国政府信息安全"为由阻止；2009 年中国铝业战略入股力拓，同样是由于政治原因被拖延调查多日，最终力拓摆脱财政危机，错失良机。

之所以出现这种情况，一方面，是由于国有企业背后有着中国政府的背景，在海外投资的过程中其行为更多地被解读为政治性、国家战略性动作，遭到政治势力的阻挠；另一方面，国有企业自身缺乏核心竞争力，在海外投资过程中，或者试图以并购的方式提升技术水平，将并购目标直接瞄准他国的领先科技，或者凭借资金优势抢占自然资源，而这两者都直接涉及投资目标国的国家利益，很容易授人以柄，令政治势力以"国家安全"为理由进行干涉，国有企业在海外并购期间所受到的压力脱离了作为经济实体所能承受的范围，这已经不是单纯的商业竞争，而变成了国家之间的博弈行为。国有企业的正常生产经营扩张步伐受到了严重的制约。

三、急功近利的投资目标加剧了因文化习俗带来的摩擦

中国的国有企业在经营过程中一直存在着大量的制度性缺陷。尽管经历了现代企业制度改造，但其内部的监管体制、经营体制还存在着很大的漏洞。即使在国内比较成功的企业，在进行海外投资过程中，由于对目标国的文化、传统、法律等因素并不熟悉，使其在国内应用比较成熟的管理体制无法适应国外的环境，出现了大量的纠纷。

国有企业在改革的过程中，曾经以职工下岗待业等措施进行减员增效的改革，在国内政府支持和当时的社会、经济背景下是成功的，但在法律、制度与文化都和中国差异极大的海外，类似措施往往成为令企业深陷泥潭的陷阱。

四、投资时机选择失误

国有企业在进行海外投资过程中，往往不注重时机的选择，对客观经济、政治环境没有详细的评估，投资过程或者过于草率，或者久拖不决，而这两者都是造成投资损失的重要原因。

"富通集团通过其旗下全资子公司富通银行，间接持有富通投资管理公司100%的股权。截至 2008 年 1 月 22 日，中国平安控股子公司中国平安人寿保险股份有限公司已通过二级市场购入富通集团约 1.1 亿股股份，占富通集团总股本约 4.99%，并为其单一最大股东。总对价为约 21.1 亿欧元。"到 2008 年年底，中国平安拿出 238.74 亿元投资欧洲富通集团，浮亏超过 200 亿元，此项投资遭到巨额亏损。之所以中国平安损失如此巨大，其重要一点就是对外界经济环境评估不准确，投资时机选择失误。

美国的次贷危机从 2006 年春季开始逐步显现，2007 年 8 月席卷美国、欧盟和日本等世界主要金融市场，而中国平安在 2007 年年底开始在二级市场投资富通公司，几乎是选择在股价的最顶部，投资时机出现巨大失误。而与此类似的失误，同时出现在了中石化、中石油、中铝、中投公司等多家国企的海外投资过程中。其中，中铝集团出现了巨额的投资失误：截至 2008 年 10 月 19 日，中铝所持力拓股份市值已缩水约 73 亿美元，跌至 68 亿美元，2008 年我国海外并购的损失超过 2 000 亿，大型国企在海外投资时机选择的随意性给国家造成了巨大的损失。

第五节　解决中央国有企业海外投资困境的对策

一、着眼于长期投资战略，淡化政治影响

国有企业由于核心竞争力的缺乏，能够选择投资的产业范围很小，造成被投资国对"国家安全"的担忧。这种被动的局面在于国有企业在海外投资过程中往往高调出击。国有企业近期海外投资的目标简单明确：在短期内"为了获取石油""为了获取矿石""为了获取技术"而投资，这种大规模简单意图的投资自

然会受到重重的阻挠。只有以一种长期战略进行投资行动，一步步打好基础，先通过校服的股权投资获取知情权和投资收益，而后通过增大股权的方式但不以控股方式获得存在的认同感，消除对方的不安，再到建立起长期稳定的资源供给、技术合作，这一系列的工作不可能在短期内完成，需要一个系统性、完整性的长期计划来实施，以图最大限度地减少政治阻力。在实行长期战略的同时，企业的核心竞争力也在不断进步，在长期的海外投资过程中不断增加己方优势，呈现出加速增长的态势，取得显著的长期效果。

在这种长期投资战略进行过程中，要注意减少国家行为的特色。国有企业的特殊性质使其有着"政企不分"的特点，在国内特定的制度环境下，政府监管和企业市场化经营出现大量的重叠，这种经营习惯在对外投资过程中就会造成极大的政治障碍，只有在海外投资过程中逐步淡化国有企业的政治背景，才能更好地实现长期战略目标。

二、建立海外投资服务平台等相关制度支持

大量国有企业海外投资失利的原因都在于信息的不对称性。对投资目标国的经济、政治、文化、法律等方面认识不足，使国有企业海外投资出现诸多的问题。建立一个广泛、有效、全方位制度支持的信息与服务平台，最大可能地消除信息的不对称性，在投资之前对风险和相关问题进行有效的评估，是提高国有企业投资效率，增强投资效益的重要制度支持。

（一）建立海外投资信息服务平台

海外投资信息服务平台，其重要的一点，就是由各种智库构成，对企业海外投资大环境的政治、经济、文化、宗教、自然地理等情况进行评价。国有企业海外投资所遇到的问题，非经济类因素占了极大的比重，这些因素对企业而言，属于完全的信息不对称，信息收集、整理、评估及相关对策研究完全由企业自身完成，难度极大，按照国外相关的经验，企业进行跨国投资时，往往委托一家或几家智库为自己提供信息服务，效果很好。

如日本企业在 20 世纪七八十年代经济高速发展后，因为与中国类似的资源问题而进行全球性的扩张，最初也是举步维艰。在经历了一些挫折后，开始聘请专业的智库为企业服务，采取了长期性发展战略；融入当地社会、主动承担社会责任以增强其存在感；由智库公司进行形象宣传，最终实现了海外投资目标，取得了成功。而中国公司对非经济类信息重视程度不足，对海外投资时所遇到的各种困难几乎完全没有准备。如"上汽"在韩国双龙的投资，就是因为对客观环境

评估不足而失败的典型例子。进入经济稳定发展期的韩国劳资冲突日益频繁，大型罢工件数急剧上升。韩国工会组织实力非常强大，常发生大规模罢工事件，韩国的劳资关系、外商投资环境对竞争力影响排名均为 OECD 组织国家之末，而这些信息在最初上汽确定投资过程中并未引起重视。如果在投资之初就有了相关的信息分析报告，相信"上汽"对此项投资会更加慎重，也会在危机爆发时采取更灵活的解决方案，而不会最终造成重大的损失。

（二）建立海外投资金融服务平台

由于中国的外汇管理制度相对严格，国有企业在海外进行投资的过程中，资金问题就成为一个经常面临的窘境。一方面，国有企业拥有雄厚的资金实力；另一方面，在投资项目运作调集资金的过程中，却由于制度上的约束增加了大量的机会成本。同时，由于海外投资涉及被投资国的相关金融制度、法律，尤其是审计、会计、税务、融资等方面问题，由企业单独处理必然耗费大量的人力、物力，降低效率，因此，建立一个海外投资金融服务平台势在必行。

这个平台既要面对被投资国的金融体系，又要与中国国内的金融体系对接，实现资源的整合与流动。如国际间的资金流动、税收服务等方面，方便企业在海外融资，并可选用货币互换、利率互换、远期外汇买卖、套期保值等多种金融创新工具来规避风险，降低成本。这样，既可以为企业在海外投资铺平道路，又可以对国有企业资金安全做出监管，避免非法的资金流动和国有资产的流失。

（三）建立海外投资法律服务平台

由于对国外法律的不熟悉，中国国有企业在海外投资过程中常常受到法律问题的困扰。法律服务平台在海外投资过程中显得至关重要。这个法律平台要包括商业、贸易、投资、税收、环境、劳工和反垄断、国家安全等各个方面，以便一旦国有企业在海外投资过程中面临相关的法律问题，能够从容面对，应对自如。

2006 年 1 月，中集集团试图以合资公司的方式控股荷兰博格工业公司，但由于欧盟以反垄断名义进行调查，致使中集集团被终止交易；同时，中国许多企业在海外的业务拓展都会受到诸如《反倾销法》等相关法律的困扰，一旦单个企业因缺乏应对能力而选择回避，就会为整个行业带来巨大的经济损失，而这些问题如果由相应的法律专家应对，往往会取得良好的效果。在国有企业海外投资过程中，一个运行良好的法律服务平台所能创造的经济价值是不可估量的。

参考文献

［1］马宇:《国企海外投资热潮与规制》,载《西部论丛》2009 年第 7 期。

［2］贺军、杨磊:《蛋糕还是陷阱,中国企业走出去》,载《双周刊》2009 年第 19 期。

［3］秦利:《中国平安 21.5 亿欧元购富通投资管理公司 50% 股权》,载《证券时报》2008 年 3 月 20 日。

［4］栗新宏:《中国铝业并购后遗症》,载《证券市场周刊》2008 年第 45 期。

［5］黄晶、陈工孟:《国际视野下的公司治理研究评述》,载《现代管理科学》2010 年第 7 期。

［6］樊纲、张曙光等:《公有制宏观经济理论大纲》,上海三联书店 1990 年版。

［7］［美］道格拉斯·C·诺恩:《经济史中的结构变迁》,上海三联书店 1991 年版。

［8］赵云龙:《中国企业国际化成长中的跨文化管理》,载《河南社会科学》2011 年第 1 期。

第十二章

提升国际竞争力，有效开发利用国外资源

中央企业要成为国际一流企业，必须不断提升国际竞争力，充分有效地开发利用国外资源，以创造更多的价值和财富，实现民富国强目标。在国内资源日益短缺的条件下，中央企业的生存与发展，日益受到资源的强制约束。并且，随着国际资源市场竞争与争夺大战越来越尖锐激烈，中央企业对外资源的依赖程度越来越大。因此，中国中央企业只有勇敢"走出去"，积极参与国际市场竞争，敢于有效地开发与利用国外资源，才是根本出路，也是正确的必然选择。

第一节　企业国际竞争力与相关概念分析

一、企业竞争力

何谓企业竞争力？国内外学者对此观察研究的视角不同，因而得出的认识和结论也大不相同。

（一）国外机构与学者的定义

1985 年 1 月，时任美国总统里根特别任命的"产业竞争能力总统委员会"提出的《全球竞争新的现实》报告中，将企业竞争力定义为：在自由良好的市场条件下，企业能够在国际市场上提供好的产品、好的服务，同时又能提高本国人民生活水平的能力。

在世界经济论坛（WEF）发布的《关于竞争力的报告（1985 年）》中，对企业竞争力作如下定义：企业竞争力是指企业在目前和未来，在各自的环境中以比它们国内和国外的竞争者们更有价格和质量优势来进行设计、生产并销售货物及提供服务的能力和机会。

国外学者对企业竞争力研究起步于 20 世纪 50 年代。萨尔尼科（Philip

Selznik）在 1957 年指出，企业竞争力是使一个企业比其他企业做得更好的能力。以后的研究，广泛展开，尤其是进入 80 年代以后，著述颇多，其中主要有：

迈克尔·波特把竞争力等同于竞争优势，在《竞争优势》一书中指出："企业竞争优势归根结底来源于企业为客户愿意创造的超过其成本的价值。""企业竞争优势有两种基本形式，即成本领先和标新立异"。

前美国竞争力委员会主席 George M. C. Fish 认为，企业竞争力是指企业具有比竞争力对手更强的获取、创造、应用知识的能力。美国哈佛大学肯尼迪政府学院企业与政府研究中心 A. M. Spence（1998 年）认为，企业竞争力是指一国企业在国际市场上可贸易的能力。

普拉哈拉德和哈默尔（Prahalad and Hamel）更看重企业内部组织能力的重要性，认为企业竞争力是企业内部存在的一组独特的、难以仿制的、有价值的核心技术和技能。

Hideo Ramashita 强调竞争力是一种比较能力，认为企业竞争力是企业在公平、自由的市场上保持长期的、稳定的优势和能力。

（二）国内学者的定义

国内学者对企业竞争力的研究，相对于国外学者的研究起步较晚，研究文献主要集中于 20 世纪末 21 世纪初。概括起来，主要有以下几种意见。

一是"能力论"。胡大立在 2001 年出版的《企业竞争力决定因素及其形成机理分析》一书中认为，企业竞争力是企业在市场竞争过程中，通过自身要素的优化及与外部环境的交互作用，在有限的市场资源配置中占有相对优势，进而处于良性循环的可持续发展状态的能力。卢进勇（2003 年）认为，企业竞争力是指企业通过对自身及外部资源的整合，在特定的环境中比其他竞争者更成功进行产品和服务的生产与销售的能力，即能够更好地满足用户和消费者需求从而促使企业持续发展的能力和优势。李卫东（2008 年）也认为，企业竞争力就是企业作为竞争主体在市场竞争环境中赖以生存与发展的能力。在"能力论"中，还有两种提法不同的定义：一是"优势能力论"。韩中和（2000 年）认为，企业竞争力是企业面向市场与顾客，合理地利用企业内外部的经营资源，提供市场和顾客所需要的产品与服务，在与竞争对手的角逐中建立竞争优势的能力；二是"综合能力论"。张志强、吴健中（1999 年）认为，企业竞争力是企业在市场经济环境中相对于其他竞争对手所表现出来的生存能力和持续发展能力的综合。

二是"综合素质论"。金培同志认为，企业竞争力是指企业在竞争性市场中所具有的能够持续地比其他企业更有效地向市场（消费者，包括生产性消费者）

提供产品或服务，并获得赢利和自身发展的综合素质。

（三）企业竞争力定义评析及我见

综上国内外机构及学者对企业竞争力的定义，我们可以得出以下基本认识与判断：

第一，企业竞争力与企业竞争优势并不画等号。企业有竞争力可以在市场竞争中谋取一席之地，但不必然等于在市场竞争中取得优势地位。有人将企业竞争力划分为强势竞争力、均势竞争力和弱势竞争力三个层次，以此来说明企业力竞争力在程度上的差别。竞争优势显然属于强势竞争力范畴，而绝非是一种均衡与弱势的竞争力。

第二，企业竞争力是一个相对的、动态概念。所谓相对概念，即是它是某一企业作为市场竞争主体，相比较于其他竞争者能够取得生产与服务上的优势，取得生存与可持续发展能力上的优势。各不同企业的竞争力水平差异，只能在不同时段进行横向比较。所谓动态概念，就是指它是不断发展变化的，尤其它是生产力发展及生产关系调整变化的结果。企业的某种竞争力（强势的、均势的或弱势的）一经形成，不是凝固不变的。经过努力可以使弱势竞争力向强势竞争力提升，而强势竞争力如不努力奋斗加以保持的话，完全可以衰减为弱势竞争力，甚至根本丧失竞争力的。

第三，企业竞争力必须体现在过程中与结果上，尤其是结果上。把竞争力看作为一种能力是对的，这种能力也不是由某一种单一因素形成的，而是企业通过对自身及外部资源进行合理整合与优化配置的综合结果，因此"综合素质论"是合乎科学逻辑的。但必须看到，竞争力正如劳动能力是潜在于劳动者体中的一种能力一样，其也是一种潜在力量，它必须在市场竞争过程中加以体现，并最终体现在竞争结果上，即为消费者（包括生产性消费者）提供优质产品与服务，并从中获取尽可能多的赢利。企业的赢利能力及水平，应该是检测企业竞争力强弱或大小的根本标准及指标。因此，我们认为，企业竞争力说到底是企业的赢利的能力与水平高低问题。否则你空有竞争能力，没有实际本事与效果，算什么能力？

基于上述认识，我认为企业竞争力应当定义为：企业竞争力是指企业在市场竞争中能够比其他竞争者提供更优质产品与服务，持续地保持市场优势的地位，获取更多利润的能力。

二、中央企业国际竞争力

中央企业尽管不同于一般国有企业，更不同于民营企业，其所有制性质上的不同性质，并不改变其企业的一般属性。上述企业竞争力的定义完全适用于中央企业。

中央企业竞争力的国际化拓展与实现，就是其国际竞争力。

中国目前还是一个发展中的大国，也是一个经济比较落后的大国。目前中国经济总量虽然已超过了日本，占世界第二位，但按人口平均的 GDP 仅为美国的1/20，还不到日本的 1/10，仍位列世界 100 名之后，远未达到富裕强国。中国要富强起来，必须有一大批中央企业居于世界前列，即居于世界 500 强前列。

中央企业作为企业界的国家队，"走出去"参与国际市场竞争，是企业义不容辞的职责。因此，提升中央企业的国际竞争力，对把中国建成世界强国具有特别重要的意义。

第一，提升中央企业国际竞争力，是实现国有资产保值增值的重要路径。实现国有资产保值增值，是中央企业生产经营的一个重要目标。实现这个目标，中央企业不仅要提高国内市场的竞争力，而且要提升其国际市场上的竞争力。因为当今中国经济是开放型市场经济，国内市场与国际市场连成一片，仅仅利用国内市场，提高企业在国内市场上的竞争力来实现国有资产保值增值已是不可能的，更是不现实的。如果中央企业仅有国内市场竞争力，缺乏国际市场的竞争力，在国际市场一旦遭遇竞争失败，就社会使企业资产迅速贬值，及至破产。因此，利用国际市场，提升中央企业的国际市场竞争力，来实现国有资产保值增值，已成为开放型市场经济发展的一种内在本质要求。

第二，提升中央企业的国际竞争力，会大大保障与促进国内整个国有经济的控制力与带动力。国家通过国有经济的地位功能，对整个国民经济发展发生重大影响，即控制国民经济发展走向并带动其前进。中央企业作为国有经济的领头羊，提升了其国际市场上的竞争能力，为国家创造并获取更多的外汇收入，增加了国家的外贸经济实力，反过来会大大增强其对国内经济发展的促进作用，大大增强国有经济对整个国民经济发展的控制力和带动力。提升中央企业的国际竞争力与提升其国内市场竞争力是辩证统一、互相促进的关系，将二者割裂开来、对立起来是不对的，也是有害的。

第三，提升中央企业的国际竞争力，是保证国家全球战略实现的重要支柱。到 21 世纪 50 年代，将中国建成文明发达的世界强国，是我国国家战略的重要目标。实现这一宏大目标，需要中国各类企业跨出国门，参与国际市场竞争，在国际舞台扮演更重要的角色。其中，中央企业特别要发挥主力军作用。国家的全球发展战略任务，需要中央企业代表国家去承担和完成，如开发与掌握全球各地的战略资源及能源、全球的网络交通通讯，在国际重要产业部门的市场销售上占有较大份额及打破国际大垄断集团对某一产业的垄断等，这都需要一批具有高度国际竞争力的中央大企业集团去完成。美、英、德、法、日等国之所以强大，一个重要原因在于它们拥有一大批在全球范围竞争力很强的大企业集团。我国中央企业的现状是：不仅规模不够大，更重要的是竞争力不强，尤其国际竞争力薄弱，因此，提升其国际竞争力乃是建设世界强国的一项战略任务，切不可等闲视之。

三、提升企业国际竞争力的理论基础探究

从理论上探究企业提升国际竞争力的基础，对实践上指导企业更好地提升国际竞争力是大有裨益的。盲目的实践，往往事倍功半，甚至导致失败。科学理论指导的正确实践，往往事半功倍，胜券在握。所以，提升中央企业国际竞争力，有必要对其相关的理论基础与理论支撑进行深入系统的分析与研究。

（一）有效市场竞争理论

有效市场竞争理论建立在有效市场基础之上。所谓有效市场或市场有效性，就是市场能正常发挥配置资源的作用。现代经济学中的市场，已不仅仅是指交易场所，而且更重要是指交易行为与交换关系的总和。有效市场主要包括：一是有效供给与需求及其均衡规律。任何市场上，某种商品的供给大于需求，该种商品价格就会下跌；某种商品的供给小于需求，该种商品价格便会上涨；供给与需求平衡形成均衡价格。市场上商品价格总是在供求规律与价值规律作用下自发地生成与波动。二是价格机制信号正常发挥作用。商品价格变化大体上反映商品价值变化，否则价格失真，价格信号失灵，就会误导资源配置，导致社会资源配置混乱与失衡，产生市场失效，甚至发生市场危机。三是市场秩序规范。有效的市场，必须是有合理规范的市场。这包括市场主体规范、市场进入规范、交易行为规范、市场出清及退出规范。没有规范的市场，必然是无序、混乱的，必然是主体不清、进入无序、交易无序、出清及退出无序，这样的市场自然难以形成有效市场。

中央企业参与国际市场竞争，提升自身的国际竞争力，必须充分认识与把握国际市场的有效性与规范性，以便把握市场竞争的主动权，加强提高国际竞争力的自觉性。

目前，国际市场竞争现状是：世界贸易组织（WTO）对各国贸易争端仲裁不力，国际市场贸易、生产、就业等方面保护主义严重，各种产业进入壁垒、关税壁垒服务贸易壁垒等在"绿色环保"大旗掩护下空前盛行。这些不仅影响国际市场竞争及竞争力提升的有效性，而且也对我国中央企业参与合理的国际市场竞

争形成巨大的威胁与挑战。中国中央企业不应畏惧与退缩，而要积应对挑战：一要坚决按照国际市场规范与规则办事；二要千方百计打破与规避各种壁垒；三要按照国际价值规律从事商品及服务的生产与销售活动，追求自身利益最大化；四要规避国际投资的政治经济与战争的风险，把各种风险降到最低程度。例如，对伊拉克、利比亚和叙利亚等国的投资，由于缺乏必要的严格的政治经济风险评估，尤其对战争风险考虑不周，因此带来巨大的风险及损失，使中央企业的国际竞争力大受影响。这种情况，中央企业在今后的国际竞争与合作中应尽可能避免。

（二）企业成长理论

企业成长理论是伴随企业产生与发展而产生和发展的，它一直是企业健康持续发展的重要理论支撑。

企业成长理论始于古典经济学伟大奠基人亚当·斯密。他在《国富论》(1776) 中用分工的规模经济利益来解释企业的成长，即规模经济利益促使企业数量增加和规模扩大问题。这就是著名的古典企业成长思想。

马歇尔 (Alfred Marshall) 在继承斯密的思想基础上明确提出了企业成长理论。为了解决稳定的市场竞争均衡条件与规模经济利益决定企业成长的理论矛盾，他创造性地引入外部经济条件、企业家生命有限性和居于垄断的企业避免竞争的困难性三个因素，把稳定的竞争均衡条件与规模经济利益决定企业成长相协调起来。从而企业成长理论得以形成。

此后，出现了形形色色的企业成长理论，或者说在马歇的企业成长理论基础上引申或衍生企业成长理论的各种流派。

一是新古典经济学的企业成长理论。新古典经济学的企业成长理论就是企业规模调整理论，企业成长的动力和原因就在于对规模经济（以及范围经济）的追求。斯蒂格勒 (1975) 以企业的功能划分为基础，根据产业寿命周期分析了企业成长的一般规律，重新解释了基于规模经济利益的企业成长与稳定的竞争均衡条件相容的原因。他认为，在一个产业形成之初期，市场规模较小，这时企业的成长主要通过内部分工来实现，随着产业与市场的扩大，一方面原有企业通过专业化分工来实现规模扩大；另一方面市场竞争加剧则导致企业数量增加。这些都是在追求经济利益最大化目标下实现的。可见，新古典企业成长理论是传统古典企业成长理论在新的条件下的继承与发展。

二是新制度经济学的企业成长理论。罗纳德·哈里·科斯作为新制度经济学的代表人物，是这个理论的主要创建者。1937 年，他在《企业的性质》一书探讨企业性质时，创造性提出了交易费用理论。该理论侧重探讨企业与市场的关系，试图揭示企业的性质及其边界。企业的成长通常表现为企业经营规模扩大，也表现为企业功能的扩展，即企业把以前一些通过市场进行交易活动纳入企业内部进行，这就意味着企业边界扩大。因此从新制度经济学来看，企业成长就是企业功能与边界扩大的过程。企业成长的动因在于节省市场交易费用。新企业成长理论十分重视制度变迁对企业成长的作用。钱德勒（1977，1992）和威廉姆森（1975，1985）各从不同角度论证了制度变迁对企业成长的重要作用。在钱德勒看来，真正的企业成长是现代工商业出现之后的事情。而现代工商业的出现，是与两项重大企业制度变迁相联系的：一是公司制使企业所有权与经营权相分离；二是企业内部层级管理结构的形成与发展。企业成长的重要方面在于企业内部组织变革。以经理层为经营核心的垂直层级组织结构是现代企业区别于传统企业的显著特征。钱德勒称之为经理式资本主义。

三是后凯恩主义的企业成长理论。凯恩者主义虽然是当代宏观经济学的一个流派，但它在微观经济学上的企业成长理论还是颇具特色的。它把企业目标确定为增长最大化，在此目标下将企业构建一个把企业产量决策、投融资决策和定价决策融为一体的模型。它是以现代大公司作为典型的企业组织形式来揭示企业成长目标的。该理论认为，企业目标为利润最大化的假设，由于现实生活充满种种不确定性，使其失去事实依据与基本前提。另外，由于公司制的所有权与经营权的分离，也使利润最大化目标与企业经理集团相矛盾而难以实现，因此，公司制企业目标应是企业增长率最大化。为实现增长率最大化，扩大投资，增加产量，扩大就业，就成为企业成长的重要因素。为扩大投资，必须增加投融资金，这就会引起市场通货膨胀，这同凯恩斯宏观经济扩张理论是相一致的。

四是彭罗斯（Penrose）的企业成长理论。该理论系内生企业成长，由彭罗斯提出。该理论坚持以单个企业为研究对象，分析企业成长的决定因素和成长机制，建立了一个企业资源——企业能力——企业成长的分析框架。首先，企业拥有的资源状况是决定企业能力的基础。企业内部物质资源所能提供的服务及其质量，依赖于人力资源的知识拥有量。管理团队是企业最有价值的资源之一，它决定企业的管理能力。彭罗斯还把企业未利用资源作为企业创新能力的重要来源，因而创新也是企业内生的过程。其次，企业能力决定了企业成长的方式、速度和界限。企业能力的关键是管理能力，管理能力不可能通过市场获得，它是企业管理团队的专业化经验与能力，最终制约企业成长的速度。最后，创新能力对企业成长起至关重要的作用。产品创新和组织创新均是企业成长的推动要素。

（三）市场竞争优势理论

20世纪80年代，波特（Porter）教授将市场分析方法引入企业战略管理领域，发表了《竞争战略》（1980）、《竞争优势》（1985）、《国家竞争优势》（1990）等著作，系统地提出与阐发了市场竞争优势理论。该理论建立在SCP（结构—行为—绩效）分析架构基础之上。波特认为，成本领先、标新立异、目标集聚是企业取得竞争优势的三种主导战略；企业的价值链差异以及产业进入与退出壁垒是企业产生竞争优势及其持续存在的主要原因。依据上述分析架构，他提出了影响竞争力的五要素即：（1）市场新进入者的威胁（进入壁垒）；（2）替代产品或服务的威胁（替代威胁）；（3）客户议价能力；（4）供应商议价能力；（5）竞争对手决定行业赢利的能力与水平。上述五要素之合力决定了企业的赢利能力与水平。从上述可知，波特的市场竞争理论区别于企业内部成长理论，它侧重于企业外部市场结构的分析，认为市场结构与行业吸引力均是企业建立市场竞争优势，获取更高赢利的决定性因素。

市场持续竞争优势理论是市场竞争理论的深入与发展。这种理论衍化于马歇尔的竞争理论，其特征仍是"内在论"，认为企业之间的竞争优势源于企业内部。沃纳菲尔特（Wemtefelt）1984年发表了《企业资源基础论》，进一步发挥了企业资源能力论。企业内部获得知识的能力及管理能力能使企业获得持久的超额利润，且另一些企业对比难以模仿，企业可以保持持久的获取超额利润的能力。

核心竞争力理论是市场竞争理论的另一个重要流派。1990年，C. K. 普拉海拉德和G. 海默在《哈佛商业评论》发表《公司核心能力》一文，首先使用"核心竞争力"一词，并将它定义为"技能与竞争力的集合"，明确指出："核心能力是组织中的积累性学识。特别是关于如何协调不同的生产技能和有机结合多种技术流派的学识"。美国学者伊·巴尼认为，如果一个企业的资源和能力具有三个特点：有价值、稀缺性和难以模仿性，那么该企业就建立了核心竞争力。企业核心竞争力一般包括独特的创新能力、品牌形象、顾客服务、管理模式、技术诀窍和成本管理能力等。企业核心竞争力的培养离不开创新、积累、转移和共享，为此要把企业建成一个知识型或学习型组织。它应注意学习与吸纳企业外部和内部的知识，并将其整合起来，形成其他企业难以模仿的自身的核心竞争能力。这种企业核心竞争力是引导企业成功的关键要素。

综上理论分析可见，中央企业若要在激烈的国际市场竞争中取得优胜，一定要努力培养自身的核心竞争能力，夺取持续市场竞争优势，以使企业健康与可持续成长，成为国际一流企业。中央企业绝大部分建成国际一流企业之时，便是强盛中国建成之日。

第二节　影响中央企业提升国际竞争力的因素与机制分析

中央企业提升国际竞争力，是中央企业走出国门，参与国际市场竞争的必要条件。若无国际竞争力，难以进入国际市场；若国际竞争力很弱，则必被激烈国际竞争市场竞争所淘汰。那么，中央企业如何不断提升自身的国际竞争能力，则是每个中央企业必须认真考虑与解决的问题。

中国现存 110 多家中央企业，基本上有以下三类状况：一类是根本没有国际竞争力，近期乃至今后一个较长时期尚不能进入国际市场；二类是国际竞争力较弱，少数已进入国际市场，但生存与发展十分艰难；三是国际竞争力较强的企业，已经在国际市场上拼搏多年，并积累一些经验与教训。以上前两类企业占多数。所以，提升国际竞争力仍是中央企业的一项重要任务。

一、影响国际竞争力提升的因素

企业登上国际市场舞台受多种因素影响和制约，因此其提升国际竞争力也必然受多种因素影响和制约。分析并明确是哪些因素，在何种情况下影响中央企业国际竞争力的提升，无疑具有重要的现实意义。

（一）政治因素

国际市场是世界各国企业互相角逐，进行利益争夺的场所，体现各国经济实力的较量。虽然它基本上是经济交易关系的总和，但它无时无刻不受政治因素的干预与渗透。在其之上或在其背后，总是有政治力量在活动和争夺。

国际政治形势的变化，会影响国际市场竞争格局。国际市场竞争格局的变化，无疑对各国企业参与国际市场竞争状况，对各国企业国际竞争力的变化，发生不同的影响与作用。

战争是流血的政治，是政治冲突的最高体现。世界大战会对全球市场造成极大的危害与破坏。两次世界大战都使世界经济倒退十几年，造成国际市场大萧条。局部战争也会给全球局部市场带巨大的冲击与破坏。中东战争、两伊战争、阿富汗战争、伊拉克战争、利比亚战争等都在实践上给予充分的证明。

当今世界，尽管和平发展是世界的主流和主题，但局部战争的硝烟仍然在弥漫。这是我国中央企业进入国际市场所必须认真面对的。中央企业在过去十多年来由于对政治因素尤其是局部战争因素对局部国际市场竞争的影响与冲击估计不足，因而在伊拉克战争、利比亚战争及叙利战乱中遭受巨大财产损失，严重地损伤了我国中央企业的国际竞争力，教训是极为深刻的。

今后，中央企业对世界市场的进入，对某国进行投资与合作，以及对某国的长期贸易等，都要进行充分的国际市场政治风险评估，尽可能减少政治风险给企业国际竞争力造成重大损伤。单纯为了政治关系和政治利益，严重地损伤企业的国际竞争能力，是不可取的。但是，为了追逐经济利益，损伤政治关系和政治利益，同样应该加以避免。

（二）外部影响因素

影响企业国际竞争力的经济因素很多，也是十分复杂的。我们认为，以下几个因素是值得重视的。

第一，国际市场进入壁垒。国际市场是一个全球性的自由市场，世界各国和独立经济实体，都可以作为独立市场主体自由进入。但由于国际市场又是不同的各国局部市场统一构成的，各国又实行不同的关税制度，因而事实上存在着各式各样的关税壁垒，形成不同的市场进入障碍和壁垒。

关税壁垒的高低，直接影响企业的市场进入状态，直接影响企业国际竞争力的状况。中央企业若进入国际市场从事经济贸易活动，必须对进入国的关税水平及其走向进行充分了解与把握。同时，对进入国的投资、贸易、金融、服务等方面的政策、规定与行为规则也要有深入的了解与把握，否则，盲目进入或进入后贸然行事，必然招致损失或失败，损伤企业的国际竞争能力。

第二，国际市场退出壁垒。市场出清，是市场经济正常运作的必要规范与规则。同样，它又是国际市场保持合理竞争的有效手段与措施。企业在国际市场竞争中，一旦遭遇失败或破产，应在市场法规保护下，依照法定程序进行出清或合理退出。若不能合法合理退出，或由于合法经营而因种种不公正待遇被强令出清，必然使企业国际竞争力大受影响。企业在市场竞争中失败，本是市场经济发展的正常现象，明智的企业一定审时度势，及时或早退出，拖延退出，无疑会带来更大损失，无助于企业国际竞争力的保持与提升。

第三，产品与服务的替代。在国际市场竞争中，同样产品与服务的竞争主要体现为技术与质量上。生产同样产品的技术水平越高，所耗成本越低，在市场竞争中优势越大；同样服务的质量越高，越受客户的喜爱与欢迎，就越有竞争优势。市场上一旦出现同样产品与服务的替代产品与服务，就会对企业的产品生产与服务形成冲击，影响企业的国际竞争力。这个替代品倘若是真品，对企业国际竞争力的冲击还可以认为正向的，这会激励企业注重科技创新进而实现产品创新，激励企业提高服务质量。但如果这个替代品是伪冒品或伪劣假冒者，则对企业国际竞争力形成负面冲击，会极大地损伤企业的国际竞争力。

第四，客户的需求与议价能力。客户是企业产品消费主体与服务对象。对企业来说，客户可以说是永远的"上帝"，因为他的需求力就是企业产品的市场竞争力。客户对市场上企业提供商品与服务的议价能力直接影响并决定企业提供商品与服务的数量与质量，直接影响企业产品与服务的竞争力。中央企业进入国际市场，参与竞争时，一定要瞄准客户的需求，研究需求产品的数量及质量要求，否则，企业提供的商品与服务不符合客户的需求，或质量不符合要求，就会影响商品销售与服务的实现，甚至会导致企业在竞争中失败。

第五，竞争对手决定行业的赢利能力与水平。只要不是独家垄断的市场，在市场竞争中就存在着多个竞争者。在同行业的国际市场竞争中，竞争对手在影响和决定商品赢利率乃至行业赢利率中的能力大小和水平高低，对企业国际竞争力有着不同程度的影响。一般来说，竞争对手决定商品乃至本行业赢利能力与水平越高，对企业国际竞争力的影响会越大，提升企业国际竞争力难度越大，因为这时企业处于竞争劣势，改变这种状况的唯一出路就是尽快提升企业的商品乃至行业的赢利能力与水平。

第六，企业所处区位与交通状况。企业所在地区与国际市场的距离远近直接影响企业产品的销售成本，因为距离市场越远，交通运输费用越高，产品的销售成本越高。产品的销售成本还取决交通运输的状况，在同样市场距离条件下，交通越是发达便利，交通费用越低，反之，交通费用越高。所以，企业在参与国际竞争中，不仅需考虑市场的距离及交通运输状况，尽可能选择最优的市场距离及交通便利的销售市场。倘若产品的市场销售成本费用过高，便会直接影响企业的利润收入与赢利水平，进而影响企业的国际竞争力。

（三）企业内部决定性因素

企业国际竞争力虽然与外部政治形势与市场环境有关，但其根本性的决定因素应该在企业自身，在企业自身内在的各种因素的综合。就是说，企业的各种资源的综合优势是企业具有国际竞争力的根本性决定要素。它主要包括以下内容：

第一，优良的管理体制与制度安排。内生增长理论及第二次世界大战后世界经济发展的实践证明；制度变迁与制度优化已成为世界经济增长的内生因素，企业的成长已在很大程度上依赖于体制与制度安排的变革与优化。

现代公司制是现代企业制度的典型形式，它是一种最科学、最具效率的企业管理体制模式与制度安排。中国中央企业原来是计划经济体制与制度的典型形式，它实行高度集权的、缺乏活力与效率的管理体制模式，必须改为企业拥有高度自主权的灵活有效运行的市场经济体制模式。经过近30年的改革，已初步建成了社会主义市场经济的企业管理体制模式。但改革远未完成，至今尚有相当一部分中央企业还没有完成公司制改造，还未建立起以两权分离为特征的、科学规范的职责分工明确的现代企业制度。已经建立起现代企业制度的企业，在管理方式、组织形式、治理结构等诸多方面还需要进一步规范与完善。只有中央企业管理体制与制度安排得以全面提高与优化，其对企业竞争力的积极促进作用才能充分发挥出来。

第二，优良的管理团队。这是企业最优质的人力资源，更是带领企业在激烈市场竞争中制胜的核心。经理层——即所谓公司制企业"经营管理班子"，是否能有高超的运营企业的能力，是否有灵活科学的决策能力，是否有持续不断创新精神，不仅在很大程度上决定着企业的发展及命运，更在很大程度上决定企业的国际竞争力。为此，中央企业必须全力抓好管理团队的建设，建设一支具有高度凝聚力、团结奋斗、敢于拼搏、敢于创新的管理团队。当然，这样一个团队绝不是出自"政府任命"，而一定产生于"市场竞争"。可喜的是，中央政府已经开始由市场来选择企业管理团队成员，今后应进一步扩大完善"市场选择管理团队"的机制，以使全球范围最优秀的管理人才进入中央企业，为提高中央企业的国际竞争力做贡献。

第三，具有世界级的名牌、品牌产品。世界市场上商品竞争，一般表现为名牌、品牌之战。在竞争中，往往是具有独立知识产权的名牌和品牌产品获胜。名牌和品牌产品的生产与创造，要靠一系列的科技诀窍与商业秘密来支撑与保护，总而言之，要具有独立的知识产权。具有独立知识产权的名牌和品牌产品就是竞争力和生产力。美国的通用汽车公司和日本的丰田汽车公司，受2008年以来的世界金融——经济危机的重创，企业生产经营遭遇前所未有的困难，但由于他们都各自拥有自己的名牌和品牌汽车产品，在世界市场尤其在中国市场十分畅销，赢得十分可观的市场份额，获得巨大赢利，因此使得企业仍保持强劲的竞争势头，企业并未被经济危机所击垮。可见，名牌和品牌产品乃是企业生存与发展的"生命线"，更是夺取国外市场，取得国际市场竞争胜利的重要法宝。当年，马克思恩格斯在《共产党宣言》中讲：廉价的商品是摧毁一切万里长城、征服野蛮人顽强仇外心里的重炮。如今，质优价廉的名牌和品牌产品，是行销世界，摧毁一切贸易壁垒，征服"顽强仇外心里"的贸易保护主义的"重炮"。中国中央企业之所以在国际市场上竞争力疲弱，很重要的原因在于缺乏质优价廉的名牌和品牌产品这门"重炮"。就拿中国汽车行业来说，就是典型一例。中国庞大的汽车市场一直被美、德、日三国的品牌汽车所占领，而中国的国产汽车却被挤压得只有一隅之地。所以，研发名牌和品牌产品，对中国中央企业来说，已是关系产业安全、生死攸关的大问题了。

第四，培育自主创新能力。企业管理体制与制度安排的完善，管理团队素质的提高，名牌产品和品牌产品的创造及其系列化，以及企业各种潜力的发掘及充分运用，这一切都依赖于企业的自主创新。企业管理体制与制度安排永远不能固化，一旦固化，就要僵化，它要随着企业生产经营活动的发展要求不断加以完善，而企业管理体制与制度安排完善的过程就是企业的自主创新过程。企业管理团队素质的提高，首先要求其在国际市场激烈竞争中，敢于冒险，敢于拼搏，敢争天下先，这就需要有开拓创新能力。企业研发出系列名牌和品牌产品，必须要有先进的科学技术与生产工艺，而这没有科学技术的创新是不可能做到的。挖掘企业各种生产经营潜力，如节能减排，发展绿色循环经济，生产资料的综合利用，经营方式与经营模式的调整等，都要靠企业内部的自主创新来实现。企业自主创新永远是企业成长的根本动力，更是企业提高自身国际竞争力的源泉之一。企业自主创新当然要重视原始创新，但由于这种创新起点高，难度大，投入多，亦可以实施"引进、吸收、消化、再创新"。这是快速提升企业创新能力的一条捷径，可以更快更有效地提升企业的国际竞争力。

第五，先进的购销策略和能力。先进的购销策略就是指在国际市场上拥有先进购销理念及议价能力。企业面对日益挑剔的国际市场客户，要把自己的产品顺利销售出去，才能将产品价值实现，从而获取赢利。这就要求企业有一套先进的产品营销理念与策略。要善于运用国际价值规律，把握国际市场价格波动行情，将优质产品卖个好价钱，不能再干那些单纯为了多换几个外汇而贱卖或赔钱赚吆喝的蠢事。另外，企业作为国际上一买家，作为其他国家企业的客户，也要有一套先进的购买策略即以高超的谈判艺术及灵活的讨价还价技巧，尽可能以较低的价格或适中的价格买入自己所需产品或原材料。应全力避免企业之间的盲目过度竞争，组成企业联盟，以应对并打破外国大垄断集团对市场销售价格的垄断。只有中国中央企业拥有先进的购销理念和策略，才会在国际贸易竞争中，夺取竞争的优势和主动权。

二、中央企业提高国际竞争力的路径与机制

（一）中央企业提升国际竞争力的机制

从上分析可见，中央企业提高国际竞争力的过程是一个多因素作用过程，是

一个外部条件与内在因素相统一、相互作用、相互促进的机制发挥作用的过程。

首先，要全力培育与提升企业自身的核心竞争力。这是中央企业提升国际竞争力的基础与核心。俗话说："打铁先得自身硬"，中央企业提升国际竞争也需要先练好"内功"，把提升企业自主创新能力、优化资源配置、打造优秀管理团队，采用先进的购销意识和策略等企业"基本功"练好，形成过硬的核心竞争力。只有这样，才可能在激烈的国际市场竞争中，抗风雨，经击打，站得直，立得稳。有些企业只是眼睛向外，仅看到外部条件及市场环境好坏，忽视了自身核心竞争力的培育与提升，这是不利于企业提升国际竞争力的。

其次，要充分创造与利用外部条件与良好的市场环境。这是中央企业提升国际竞争力重要条件与保证。中央企业培育与提升核心竞争力不可能封闭起来孤立地进行，不可避免地受到企业外部条件及市场环境的影响与制约。事实上，中央企业所处的外部条件及市场环境因素对企业内部核心竞争力的培育和提升，也有重大的积极促进作用。因为外部条件及市场环境的任何变化，尤其是一些重大变化，都要求企业调整自身的竞争意识、竞争方式、竞争行为及竞争策略，否则的话，不仅妨碍企业核心竞争力的提升，还会导致企业的国际竞争失败。所以，中央企业提升国际竞争战略重点，还不能仅顾及自身内在因素，即不能只管自身核心竞争力的培育与提升，还要充分利用企业外部条件，千方百计创造与培育良好的市场环境。忽视或否定良好的市场环境的利用与创造，也不利于企业国际竞争力的提升。

基于上述认识，中央企业必须立足于提升企业自身核心竞争力的培育与提升，在此基础上再充分考虑运用外部条件与创造良好的市场环境，将"内"、"外"因素结合起来，统一起来，形成综合、交互作用机制。只有这样，才能全面提升中央企业的国际竞争力，掌握国际市场竞争的主动权。

（二）中央企业提升国际竞争的主要路径

中央企业提升国际竞争力的途径很多，通过运用影响中央企业国际竞争力的内外因素都可以提升其国际竞争力。从中央企业实际情况出发，结合国际市场竞争实际，中央企业提升国际竞争力的路径主要有以下几条：

第一，扩大对外投资。

2003 年以来，中国企业对外直接投资的年增长速度在 26% 左右，大大超过了 GDP 的增长速度。2009 年，中国企业对直接投资流量达 565.3 亿美元，其中非金融类投资为 478 美元。2010 年，对外直接投资稳步增长，流量达到了 680 亿美元，其中非金融类投资流量达 590 亿美元。

中国对外直接的主角是国有企业，尤其中央企业。2010年，中央企业和单位非金融类对外直接投资424.4亿美元，占总流量的70.5%；2010年末，国有企业对外直接投资存量为2 099.9亿元，占66.2%；在非金融类对外直接投资存量中，中央企业和单位占77%；在资源类企业中，中央企业更占据绝对优势。近10年来，中央企业通过不断扩大对外投资，有效地促进了其国际竞争力的提升。

但是，中央企业的对外直接投资由于受企业生产率水平低，抗风险能力差等因素影响与制约，发展水平还是较低的。并且，投资结构也不尽合理。说其发展水平低，是与发达国家相比较而言的。

异质性企业贸易理论是新贸易理论（Nes – New Trade Theory）的重要分支，它以生产率体现企业异质性。它认为企业"走出去"的额外利润与其额外的生产成本和经营成本成反向关系变动。企业生产率越低，这种沉没成本越高，越不利于企业参与国际市场竞争。例如，中国石化产业的累积相对全要素生产率从1998年的0.8805提高到2007年的2.2575，累积相对技术水平也从1998年的0.881提高到2007年的2.109。中国国有重点煤矿采煤机械化程度由2001年的75%提高到2010年的89%以上。但中国资源类领先的企业劳动生产率较国际先进水还有很大差距。神华集团是中国采掘行业中很先进的企业，但它的劳动生产率却不足澳大利亚必和必拓的1/10，中石化已是中国石化行业的"行业老大"，但其劳动生产率也不足荷兰皇家壳牌的1/5。正是由于劳动生产率上的差距，使中国一些中央企业的国际竞争力备受影响。所以，中央企业提升国际竞争力的根本路径，必须全力推进企业科技进步与创新，提高劳动生产率。

中央企业"走出去"，参与国际市场竞争，无时无刻不面临着各种风险。扩大对外投，首先，要面临投资决策风险。企业不仅要对投资地、投资项目、投资可行性进行先期调研，而且要对投资预期收益、面临的各种困难及风险进行预警分析与风险评估。否则，贸然决策，极易投资失败。其次，要尽可能规避政治风险。政治风险系指投资国各种政治力量变化使投资的经济社会环境发生巨变，给企业造成风险。中央企业近些年海外投资由于对政治风险评不足，又缺乏必要的防范机制，因而造成巨额损失。例如，利比亚的政局动荡使中国在建的约50个大项目停滞，估计涉及合同金额188亿美元，使企业蒙受巨大损失。

中央企业扩大海外投资还要注意投资结构的合理化。目前，中央企业的海外投资结构失衡主要表现在：一是地区结构失衡。由于发达国家早已将投资环境与资源丰富的地区市场瓜分完毕，或基本瓜分，并且形成森严的市场壁垒，中央企业作为迟到者很难进入。中央企业只好到市场环境较为恶劣的中东、北美、拉美地区进行投资，结果导致地区结构单一化与不平衡。二是投资行业结构失衡。中央企业海外投资多集中在资源类产业，非资源类过少；中央企业海外投资多集中于第二产业，第三产业过少；中央企业海外投资多集中于非金融类，金融投资过少。投资结构的失衡，不仅影响中央企业的海外投资总体经济效益，而且在很大程度上影响了中央企业国际竞争力的提升。

第二，理性海外并购。

同理性投资一样，中央企业的海外并购也必须理性。毋庸置疑，加大海外并购，是中央企业海外拓展，提升国际竞争力的有效途径之一。但若贸然行事，盲目进行海外并购，或对并购风险评估不是，十之八九导致并购失败，不仅达不到海外拓展的目的，更于企业国际竞争力提升无补，甚至有大害，以致使企业垮台。自2008年以来，世界金融——经济危机爆发及发展，使美、英、德、法、日等主要发达国家陷入了第二次世界大战以后最严重的经济萧条，为中国中央企业"走出去"，实施海外并购提供了良好的机遇与条件。由于改革30多年来，特别2003年国资委成立以来，中央企业改革与发展取得重大成就，中央企业积累起较为雄厚的资本，有了实行海外并购的能力。对外开放的扩大，又为中央企业"走出去"进行海外并购创造了现实条件。这使得中央企业的海外并购取得长足进展和一定的成功。2010年，中国石化收购了加拿大油砂项目，耗资46.5亿美元，创海外油气并购规模的新纪录；中国石油以35亿美元联合壳牌收购Arrow公司100%股权；武钢集团投资4亿美元认购了巴西矿业公司MMX21.52%的股份；中铁集团物资公司投巨资入股非洲矿业公司，成为非洲矿业公司一大股东；国家电网公司以9.89亿美元收购了巴西输电公司及输电资产30年的特许经营权；等等。这些海外并购的主体均为中央企业。它们是中国企业海外并购的主力军，并为其他类型企业做出了经验示范与先行榜样。

但是，不能不承认，2008～2013年，在全球金融经济危机带来的历史性海外并购机遇中，多数企业海外并购失败，都是由于非理性所致，即以为只要手中握有巨资，随意并购哪一家企业都会赢。实际再一次证明，非理性海外并购，必然招致失败。因为再好的机遇中也蕴涵着危机，成功中往往通向失败。但失败又是成功之母，经历失败，总结经验教训，终会成功。

第三，转变外贸发展方式。

扩大对外贸易，促进对外贸易迅速增长是中央企业提升国家际竞争力的有效途径之一。

目前，国际贸易市场在金融——经济危机剧烈冲击下，贸易保护主义日趋严重，市场壁垒重重，各种所谓"反倾销"、"反补贴"调查迭出，仅2011年以来中国企业就遭遇上述调查立案上百起，并由此大幅度上调关税，使企业产品出口难上加难。这给中央企业扩大对外贸易带来严峻的挑战和困难。

挑战亦是机遇。中央企业要以此为契机，加大出口产品结构调整的力度，加速转变国际贸易发展方式。

一是从劳动密集型产品为主向以知识密集型产品为主发展与转变。改革开放以来一个很长时期，中国外向型企业多集中于东南沿海一带，一直沿袭"来料加工"体制，出口产品多为依靠廉价劳动力进行简单加工的初级产品为主。中央企业虽然与这些中小企业不同，但在其出口产品中劳动密集型产品仍占较大比重。虽然产品的加工度要比中小型复杂精细得多，但主要还是靠劳动力廉价，工资成本较低来取得市场竞争优势。但进入21世纪以后，知识经济迅猛发展，知识密集型产品畅销于世界市场，这给中国中央企业的国际贸易产品提出了新的要求与挑战，即：必须加速发展知识经济，扩大知识密集型产品的生产与出口。

知识密集型产品比劳动密集型具有更大的市场竞争优势。这在经济危机中已得到充分显示和印证。向国际市场提供大量优质的知识密集型产品，需要大力发展知识经济。知识经济并不等同于虚拟经济。知识经济尽管包含一部分虚拟经济在内，但它还包括相当大一部分知识密集型产品，如文化创意产品、电影、电视、书刊等精神产品都有物质载体的，或有物质条件支撑的，并非全部是虚拟的。目前学术界有一种观点认为，2008年以来，世界发生金融经济危机，尤其是美国发生经济危机，一个重要原因在于知识经济发展导致虚拟经济过度脱离实体经济。这是不正确的。美国经济危机固然有虚拟经济脱离实体经济而孤立发展的问题，但它并非是引发经济危机的根本原因，根本原因在美国基本矛盾加剧或日益尖锐的结果。中国经济同美国经济有重大差距，一个重要方面就是知识经济落后，包括知识密集型产品质次价高，数量供给过少这就必然导致知识密集型产品出口难以形成规模经济与竞争优势。

二是从低附加值产品向高附加值产品发展与转变。原材料和低级加工品，一般都是低附加产品，靠这些来扩大对外贸易不仅不会赚到大钱，而且难以更快地提升自己的国际竞争力。用几万吨原煤换一套采煤机，用上亿件衬衣换一架客机，用上万双皮鞋换一套制革设备等，总是用低附加值产品与高附加产品相交换，这种国际贸易行为由于它违背了国际比较收益学说，因此一般被认为是得不偿失的。我们中央企业虽然很少发生此类蠢事，但是为了出口创汇，靠出售原材和初级产品来扩大出口则是存在的。今后，应尽可能对原材料和初级产品进行深加工、精加工，大幅度提升产品的附加值。如内蒙古、山西煤炭企业大搞煤炭深加工，可使煤炭的附加值提高原来的7～8倍。为此，中央企业要推进科技进步，做长产品价值链，增加产品的科技含量，同时千方百度降低产品生产成本与流通成本，只有这样双管齐下，才能在国际市场上赚到大钱，增加企业国际竞争力。

　　三是由制造大国贸易向创造强国贸易发展与转变。当今中国已成为世界知名的制造大国，与此相应的国际贸易明显显出"中国制造"的特征。这个"中国制造"，并不是"全面"的，而主要是消费品和一般生产资料产品，高档生产资料工业品即自动化、机械很高的机器设备等产品，"中国制造"并不发达。尤其是在国际贸易中国自动化、机械化的机器制造业产品不仅品种、数量有限，竞争力不强，并且许多高、精、尖设备还依赖于从外国批量进口。在消费品和一般生产资料制造产品中，"中国制造"的品牌与名牌产品也很少，在国际市场上的份额甚至微乎其微。如法国香水、葡萄酒；意大利皮鞋、服装；美国的饮料、制药；瑞士钟表等世界知名的大品牌，"中国制造"能有几何？由"中国制造"提供给国际市场的产品结构决定了中国出口贸易产品结构。因此，要改变中国的贸易结构，说到底必须改变中国制造业的结构，即由一般消费品工业转向重点发展新兴消费品工业，在一般消费品工业中，重点发展名、优、特产品制造；由一般生产资料工业转向重点发展高、精、尖、生产资料工业产品。只有制造业产品结构优化了，中国对外贸易的产品结构才能合理化。中央企业是"中国制造"的大户与主体，对改变中国的制造业结构，优化中国对外贸易结构，起着举足轻重的作用。所以，中央企业一定要从国家发展战略全局出发，把产业结构尤其是产品结构优化摆上议事日程，为国家实现"贸易强国"计划做出应有的贡献。

第三节　有效利用国外资源：建设世界强国富国的要求

　　中央企业提升国际竞争力的根本目标是把中国建成世界强国富国。为达到目标，有效地利用国外资源，则是中央企业提升国际竞争力的一个具体目标与任务。一是，中国是一个资源短缺的国家。以往所谓中国是一个"地大物博、资源丰富"的国家，其实名不符实。且不说中国地盘不为世界最大，物产也并不十分丰富，许多资源在国内是稀缺的。在大庆油田发现之前，中国就是一个世界上"贫油国"；至今虽然新发现一些新油田，但中国油气资源并十分丰裕，大部分油气资源仍依赖进口。二是20世纪以来，中国工业化进程加快，对大量资源尤其是大宗矿产资源的需求迅猛增长。国内资源品种不全及总量不足对国民经济发展形成约束日益加剧。中国对外资源的依赖程度日益加大。为了保障中国工业化可持续进行与顺利实现，中国必须面向国际市场，充分有效地利用国外资源。作为中国工业化的主力军的中央企业，如果没有很强的国际竞争力，就不可能在国际市场取得可靠的资源，国内工业化建设和强国富国目标都将付诸东流。所以，中央企业提升国际竞争力，充分有效地利用国外资源就是中国实现工业化、现代化的必然选择。

　　然而，国际资源也并非"取之不尽，用之不竭"，也呈稀缺性，并且，日益稀缺的资源集中度越来越高，越来越被少数大跨国公司所控制。据统计，规模在行业中居全球前十位的10家公司控制了西方国家的70%铁矿石、80%的锡矿、75%的铀矿、58%的金和57%的锌产量。大型跨国公司形成了寡头垄断，在全球资源配置中处于绝对优势地位。不仅如此，西方各国政府出于对本国产业安全考虑，纷纷采取矿产资源国有化，增加税种税率等措施，加强对本国资源尤其矿产资源的实际控制。

　　面对如上严峻形势与挑战，一大批中央企业勇敢"走出去"，克服重重困难，敢于登上国际市场竞争拼搏，积极参与海外资源开发与利用，做出了榜样，并取得成功经验。近10年来，中国五矿集团、中国有色矿业集团、中国冶金科工集团等企业，大胆"走出去"，运用风险勘探、矿权购置、工程换资源、长期合同等多种形式，在境外建立资源供应基地，既有效地保证了我国对资源增长需求的满足，保证了国家工业化与现代化建设的需要，又在"实战"中锻炼与提升了自身国际竞争力，保证了企业可持续健康发展。

　　中央企业提升国际竞争力，充分有效利用国外资源的途径很多，主要有以下几种：

　　第一，购买外国产能。顾名思义，即是通过投资购买国外企业某种产品的生产能力来换取一定期限（10年或20年）的资源供应。1997年，为解决国铝工业发展原料紧缺问题，中国五矿集团与世界最大铝工业公司"美国铝业"签订2.4亿美元生产能力投资协议，从而获得该公司按其全球平均生产成本为中国五矿供应为期30年、每年40万吨氧化铝的长期供货合同。这项购买产能的合作协议，使中国五矿所属企业"中矿国际"成为全球第16大氧化铝供应商。2005年，为解决国内铜生产原料短缺问题，中国五矿与国家开发银行一起同智利国家铜业公司成立合资公司，按照双方签订的协议，智利国家铜业公司将在此后15年内向中国五矿集团提供84万吨金属铜，同时中国五矿集团于2009年前后获得GABY铜矿25%～49%的股份选择权。这个项目的实施为中国铜行业获取国外资源取得重大突破，为中国中央企业开拓海外市场利用国外资源树立了典范。

　　第二，整合国内资源，开展境外并购。中央企业要"走出去"，参与国际市场竞争，一定要把自身做大做强，成为本行业的"领头羊"。如果本行业有众多企业，规模不大，实力不强，又竞相出口竞争或进口竞争，势必出现"自相厮杀"局面，对企业对国家的发展均不利。为此，中央企业应主动站出来，带头组合国内同行业资源，形成本行业领头的大的企业集团，以便加大在国际市场上的竞争实力与"话语权"。中国五矿集团就走出了这样一条成功之路。钨是应用于国际工业、航天航空业及信息产业的重要资源，其储藏量、生产量及消费出口量均居世界第一位，全球 80% 的钨需求由中国提供。然而，由于国内钨行业集中度过低，中小企业互相恶性竞争，相互压价，盲目出口，导致价格低下，收入甚低。如 2003 年，中国出口到美国钨品 2 900 吨，占美国钨供应量 1/3，出口收入不到 2 600 万美元，而美国利用进口钨品加工硬质合金，销售收入达 20 亿美元。为了改变上述局面，2003 年，中国五矿集团确立并实施整合国内资源向国际市场进军的发展战略，当年出巨资控股江西钨业集团和江西香炉山钨矿区，控制了全国近 40% 的钨产量。江西香炉山矿区原为 11 家企业所控制。中国五矿集团这11 家企业，关闭 4 个不符合环保要求的选矿厂、6 个坑口、1 个小加工厂。通过整合，尽管产量从日均 2 500 吨矿石减少 2 200 吨，但钨价和利税明显上升，年上缴税收 8 000 多万元，比整合前 11 家企业两年上缴的税收还多 4 000 多万元。2005 年，中国五矿集团又重组了国内最大的独体矿山企业——邯邢冶金矿山管理局。两年后，邯邢局依托中国五矿集团走出了河北，在安徽、山东、河南及毛里塔尼亚等国外区域开展矿产勘探开发，资源控制达 5.3 亿吨，走出了一条国内整合—利用国外资源的新路子，成为中央企业提升国际竞争力的榜样。

第三，开展境外资本并购。这是直接有效利用国外资源的重要渠道和形式。收购和并购外国企业，可以直接利用当地资源进行生产，节省了国内资源，并可以在当地市场进行销售，节省交通运输费用与成本，有助于提高企业经济效益。所以，世界各国都青睐于境外并购，建立跨国公司。

如前所述，中央企业的境外并购如今取得了长足进展。但目前最大的问题是：一是不少中央企业尚未形成实力强大的企业集团，境外并购的实际能力并不强。尽管欧洲债务危机加深、美国经济危机发酵，为中央企业实施海外并购提供了可喜机遇，但也不可贸然突进，一定要充分考虑自身的资本实力，能否有实力与同行业国际垄断巨头相抗衡，能否在国际市场竞争中占据有利地位，否则，即便一时并购成功了，也会由于资本实力差距，最终导致并购失败。二是缺乏清晰正确的国际化战略。现有中央企业在实施境外并购行动时，往往缺乏清晰正确的国际化战略，只注重眼前并购是否成功，忽略了并购成功之后企业经营国际化战略是否可行，能否成功。企业没有经营国际化的正确方针与策略，没有对境外生产经营政策与市场环境的正确认识，没有很强的资本运营和金融运作能力，没有一个强有力的国际化经营团队的领导与管理，即使并购一时成功了，也会由于国际化经营不善而最终导致并购失败，已是我国中央企业境外并购失败的一个重要经验教训。上述企业国际化经营能力不可能凭空一时具备，而要在实践中培养与提升。

第四，与外国政府、企业签署战略合作协议，订立长期供货合同。2005 年，中国五矿集团与牙买加政府签署全面合作框架协议，双方合作在牙买加开展铝土资源勘探与开发。中国五矿集团还与玻利维亚矿产资源和冶金部签署项目协定书，共同开发玻利维亚的矿产资源。近年来，中国五矿集团还分别与巴西 CVRD、南非 PMC 等重要铁矿石供应商签署了年供应约 230 万吨铁矿砂的长期协议，与土耳其的 ETIKROM 公司签订了年供应 40 万吨铬矿石的长期协议，与加纳锰业公司签订了年供应 30 万吨以上锰矿石的长期协议。此外，中国五矿集团围绕铜、铝、铅、锌等有色金属、钢铁及煤炭、焦炭、铁合金等冶金材料的跨国采购与销售，与全球主要矿业集团与金属品跨国公司，建立各种不同层次资源生产与供销联盟，既保证国内稀缺或短缺资源的有效供应，又使中国五矿集团的国际竞争力明显提升。

总之，中央企业"走出去"，利用国外资源为我强国富国所用，并不存在固定不变的模式与途径。尚有许多模式和路径需要我国中央企业在实践中开拓与创造。不过，在开拓与创造新模式路径的过程中，一定要结合中国实际，充分考虑国内的实际需要，获得政府的支持与政策许可，同时充分考虑境外市场的经济因素及非经济因素的影响，尊重当地文化习俗及消费习惯等，只有这样，才能确保利用境外资源渠道的模式有效运转，才能确保利用境外资源渠道的畅通，才能使我国中央企业步入健康、快速与可持续发展的轨道。

参考文献

［1］迈克尔·波特：《竞争优势》，华通出版社 1997 年版。

［2］刘文炳：《中央企业国际竞争力研究——并购重组的视角》，中国经济出版社 2011 年版。

［3］Prahalad，ck，G. Hamel. The Core Competence of the Corportion ［J］. Harvad Businese Review，1990.

［4］胡大立：《企业竞争力决定因素及其形成机理分析》，经济管理出版社 2001 年版。

［5］张志强、吴健中：《企业竞争力及其评价》，载《管理现代化》1999 年第 1 期。

［6］金培：《企业竞争力测一语道破的理论与方法》，中国工业经济 2003 年第 3 期。

［7］李显君：《企业竞争力形成机理》，载《数量经济技术经济研究》2002 年第 10 期。

［8］［美］罗纳德·哈里·科斯：《论生产的制度结构》，上海三联书店 1994 年版。

［9］韩太祥：《企业成长理论综述》，载《经济学动态》2002 年第 5 期。

［10］邹国庆、于桂兰：《企业竞争优势理论综述》，载《经济学动态》2004 年第 8 期。

［11］严勇：《国外核心竞争力理论综述与启示》，载《经济学动态》1999 年第 10 期。

［12］马克思恩格斯：《共产党宣言．见马克思恩格斯选集》第一卷，人民出版社 1972 年版。

［13］李俊江、孙黎：《中国资源类企业"走出去"的成本与风险》，载《中国社会科学文摘》2012 年第 6 期。

［14］周中枢：《发挥中央企业优势，有效开发国内外资源》，载《求是杂志》2007 年第 14 期。